〈自閉症学〉のすすめ

オーティズム・スタディーズの時代

野尻英一
高瀬堅吉
松本卓也　編著

ミネルヴァ書房

まえがき

本書は、今日広く社会的に認知されるようになってきた「自閉症」について、多様な学問分野から視点を提供し、読者とともに「人間」と「社会」についての理解を深めようとする本である。

この本で一番、伝えたいことは、「自閉症」はこの本を手に取る一般の読者にとって、決して無縁の事柄ではないということだ。「定型発達」と呼ばれる多数派の人々にとっても、「自閉症」を理解することは、「自分」とは何かを理解し、「障害」とは何かを理解し、「社会」とは何かを理解するために、とても役に立つことなのだ。この本の執筆者たちは、そのことをそれぞれの学問分野から伝えようとしている。

第1章から順番に「心理学」「精神病理学／精神分析」「哲学」「文化人類学」「社会学」「法律」「文学」「生物学」「認知科学」の各分野からみた自閉症についての理解を述べていく。またコラムでは、障害者雇用、芸術、知覚論、政治学、数学・物理学、コミュニケーション支援などといった切り口から「自閉症」についての考察を展開している。巻末の鼎談では、本書の編者の一人である精神病理学の松本卓也さんの進行のもと、現代思想分野で活躍されている國分功一郎さん、障害の当事者研究の第一人者である熊谷晋一郎さんに加わっていただき、「自閉症」について、また新たな試みとしての〈自閉症学〉の意義について語ってもらった。こうして文系理系の学問を縦横に駆使した総合的なアプローチとしての〈自閉症学〉（Autism Studies）を提唱しようとしている。

「自閉症」は現代社会において、発達障害であると理解されている。そしてここが大事なところだが、ひっくり返していうと、今日の社会は、「自閉症」をもつ人々が苦手とするある特性を高度に発揮することを前提に組み立てられ維持される社会になっているということだ。このことを多数派である「普通」の人々は、ふだん意識すらしていない。あたりまえだと思っている。だけれども、「自閉症」の世界を経由すると、そのあたりまえのことがあたりまえではなく、一般社会もまた一つの特殊な世界であることが、徐々に理解されるようになってくる。

「自閉症」が発達障害の一つとして一般社会の話題となりはじめたのは、振り返るとだいたい二〇〇〇年代のはじめ頃だった。八〇年代末頃から九〇年代を通して日本の社会では、「自分探し」「いやし系」「アダルトチルドレン」など自己の内面性を模索するキーワードや書籍の流行があり、精神世界の描写が話題を呼んだアニメ『新世紀エヴァンゲリオン』のヒットがあり、それらがひとくぎりつく頃に、自閉症をもつ人たちの自伝が書店に並ぶようになった。たとえば、グニラ・ガーランド『ずっと「普通」になりたかった。』(花風社)が二〇〇〇年、泉流星『僕の妻はエイリアン』(新潮社)が二〇〇五年、東田直樹『自閉症の僕が跳びはねる理由』(エスコアール)が二〇〇七年に出版され、二〇一〇年代に入る頃には「発達障害」という言葉で自閉症を含意する記事がメディアで多くみられるようになったと記憶する。

それと符合する時期に、日本の社会では特にビジネスや就職活動、教育の分野で「対話力」「コミュニケーション力」「共感力」といったキーワードが目立つようになってきた。「自閉症」は今日の研究では遺伝的な背景をもつ発達障害の一種と考えられている。ということは、「自閉症」をもつ人は昔から一定数、存在していたはずである。しかし現代になるまで、そのことは注目されなかった。以前の社会では「自閉症」は今ほど「問題」でも「障害」でもなかったのだ。こうしたことを考え合わせると、今日「自閉症」が注目されるようになった背景には、あきらかに私たちの社会の変化が関係している。そういう意味で「自閉症」は現代の社会と人間を理解するキーワードなのだ。

「自閉症」は、現代日本の社会の制度では「発達障害」とされているので、生物学や脳科学や医学や福祉の問題であると、一般の人は考えがちだ。けれども、どんな「障害」でもそうだけれども、「障害」を「障害」として浮き上がらせるのは、その社会の状況である。だから「障害」をほんとうに理解するには、人文科学や社会科学の知を含めた総合知が必要となる。

と同時に〈自閉症学〉の試みは、多数派である定型発達の人たちだけではなく、「自閉症」の人たちに向けても、人文社会科学を含めた広い文脈で「自閉症」についての知見と「自閉症ではないこと」とはどういうことであるかについての知見を提供することにつながるはずだ。このように「自閉症」であることとないことの双方がお互いを理解しあう世界を、〈自閉症学〉はめざしている。

＊

最後に一つ、重要な点について説明しておきたい。この本では、書名に「自閉症」という言葉を用いている。専門的な英語では Autism Spectrum Disorder と記し、「自閉症スペクトラム障害」という呼称が多く用いられるが、専門家の間でも日本語での呼称や表記にはちがいがある。その理由の一つは、「自閉症」がいまだ解明途上の現象であり、それがどのような「障害」なのか、どういう意味で「障害」であるのかについて、様々な意見があるためだ。この本では、様々な見方があることを表現するために、各章ごとに筆者が用いている呼称（自閉症、自閉スペクトラム症、自閉スペクトラム障害 etc.）をあえて統一せず、そのままとした。

それでは、第1章の「心理学」のページをめくっていただき、〈自閉症学〉の世界へ入っていこう。

〈自閉症学〉のすすめ
――オーティズム・スタディーズの時代

目次

第1章

心理学
心の世界の探究者からみた自閉症

高瀬堅吉

▼この章を読む前に

この本は自閉症をいろいろな方向からみていく本だ。それぞれの専門家が、それぞれの視点で自閉症を眺めて語っていく。そういう主旨で書かれているのだから、この章でも読み進める前に視点の確認をまずしたい。この章は心理学の視点で自閉症を眺めていく。でも、そもそも「心理学の視点」とはどんな視点なのだろう?

こういうときには辞典を引いてみるのがいい。米国心理学会が作成した『心理学大辞典』を引いてみる(1)。

「心理学＝『心』と『行動』に関する学問のこと」

と書かれていた。なるほど、心理学は「心」と「行動」に関する学問なのだから、自閉症者の心と行動を見て、これらについて書けば、心理学の視点で自閉症を眺めたことになるようだ。ただ、ここでちょっと考えてみたい。そもそも、心は見えるのだろうか? 心という言葉は日常的に使われるが、考えてみると捉えどころのない概念だ。こういうときには、やはり辞典を引いてみるのがいい。前出の『心理学大辞典』だ。

「心」という言葉を引いたところ、

「人間の非身体的部分であり、精神、道徳、情緒的特性が含まれ、その個人のアイデンティティの中核が作り上げるものである」

と書かれていた。なるほど、いろいろと書いてあるが、一つだけわかることとしては、どうも心は見えなさそうだ。「非身体的部分」と書かれている。つまり、身体のどこを探しても見えないということだ。そう考えたときに、「心理学の視点で自閉症を眺めていく」この章で、僕らは自閉症もしくは自閉症者の何を、そしてどこを見たらよいのだろうか。

残された対象は「行動」だ。心理学は「心と行動に関する学問のこと」と書いてあった。「心を見る」という視点を少し横に置いて、「行動を見る」という視点で考えを進めていこう。ここで、すっかりお馴染みになった『心理学大辞典』で、「行動」という言葉を引いてみる。

「外的なあるいは内的な刺激に対する反応として生体が起こす活動の中で、客観的に観察できる活動や内観的に観察できる活動のこと。意識下のプロセスも含む」

と書かれていた。なるほど、「観察できる活動」と書いてある。「心理学の視点で自閉症を眺めていく」場合、自閉症者の「行動」を見ていくと、とりあえず、半分だけだけれども、自閉症を心理学の視点で眺めるという目標が達成されそうだ。ただ、「内観的に観察」という言葉や「意識下のプロセス」という言葉が少し引っかかる。前半の文章はよくわかる。「客観的に観察できる活動」とは、つまり、生体の外または内側からの刺激に対して生体が起こす活動で、誰しもが観察できる活動ということだ。その後の「内観的に観察できる活動」、これが曲者だ。『心理学大辞典』を引いてみよう。残念ながら「内観」という言葉は記載されていなかったが、「内観法」という言葉は見つかった。内観法の説明を見てみよう。

「実験参加者が報告する彼ら自身の意識経験を調査するという研究のアプローチ」

と書かれていた。なるほど、「実験参加者が……」と書いてあるが、ここは「対象となっている人が……」と置き換えてもいいだろう。要するに、ある人の意識経験（○○と感じている、△△と考えている）を、その人自身が詳しく見て報告することを「内観」といい、この報告された意識経験を調べることが「内観法」という方法のようだ。当たり前だが、自分の意識経験は自分自身で詳しく見ることができる。だが、他人の意識経験は見ることができない。でも、内観法という方法を使えば、意識経験を観察した本人の報告（主に発話）を通じて誰しもが観察可能になる。ここまでの話で、「心理学の視点」で見る場合、何を見たらいいのかがわかってきただろうか。つまりはこういうことだ（図1-1）。たとえば、ある人が悲しい状態にあって、泣いていたとする。この「泣く」は辞典に書かれていた行動の定義のうちの「客観的に観察できる活動」にあたる。先ほどの「内観的」に対応させて「外観的」に観察可能な活動といってもいいかもしれない。ただ、この人が悲しいとき、この人自身も自分の心の状態を観察している。これが内観だ。そして、この人が「自分は今悲しいです」という言葉を発して、自身の意識経験を報告したとすると、これは「内観的に観察できる活動」となる。でも、ここで少し考えてほしい。この内観で捉えているものって、つまり「心」なのではないだろうか？

心の定義を思い返してみよう。心は「人間の非身体的部分であり、精神、道徳、情緒的特性が含まれ、その個人のアイデンティティの中核が作り上げるものである」と書かれていた。さっきの「悲しみ」は情緒的特性に含まれないだろうか。心理学は単に外観的に観察可能な活動を見ておしまいという学問ではなく、内観的に観察可能な活動を通じて意識経験も観察可能な活動として扱うから、「『心』と『行動』に関する学問」なんだ。

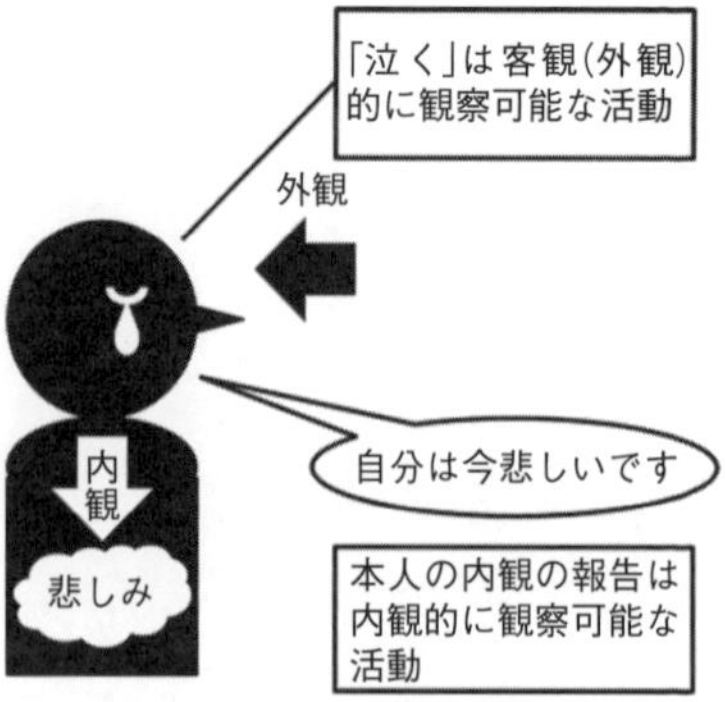

図 1-1　心理学の視点とは外観的，内観的に観察可能な活動を見ることだ

「心理学の視点」について、順を追って考えてみた。みなさんは、そろそろ心理学の視点を理解しかけていると思う。ただ、ここで「理解しかけている」と書いた理由は、先ほどの行動の定義に出てきた「意識下のプロセスも含む」の理解がまだだからだ。すでに話してきたとおり、心理学の視点は、外観的に観察可能な活動と、外からは見えないけども、本人が内観している意識経験を本人自身が報告した、内観的に観察可能な活動を見ることだ。でも、内観にも限界がある。「意識下のプロセス」は本人も観察できない。これはどう対処したらいいのだろうか？　先に答えを言ってしまうと、方法はある。心理学は意識下のプロセスを探るために「精神分析」という方法を開発した。こちらについては、第2章「精神病理学／精神分析」で紹介されているので、ぜひ読んでみてほしい。そのため、ここでは外的なあるいは内的な刺激に対する反応として自閉症者が起こす活動の中で、客観的に観察できる活動（行動）や内観的に観察できる活動（意識にのぼる心）に焦点を絞る。そして、これを心理学の視点として自閉症を眺めていくことにしたい。

1　自閉症者の心理学的特徴

では次に、自閉症の特徴が詳しく説明されている本を見て、その中で、「心理学の視点」で見ることができる部分をピックアップしていこう。米国精神医学会が作成した『精神疾患の診断・統計マニュアル』という本がある。(2) *Diagnostic and Statistical Manual of Mental Disorders* が正式名称で、頭文字を取ってDSMと呼ばれている。しかも、改訂を重ね、第5版まで出ている（日本語でも読めるように、日本精神神経学会が翻訳してくれているので、ぜひ一度手に取って見てほしい）。DSMの自閉症に関するページを開いてみよう。「診断のためのマニュアル」なのだから、自閉症の特徴が詳しくリストアップされているはずだ。

次頁にはDSMに記載されている自閉症の診断基準を掲載した。自閉症はDSMでは「自閉スペクトラム症」もしくは「自閉症スペクトラム障害」と診断名がつけられている。「スペクトラム（Spectrum）」とは、日本語にすると「連続体」や「分布範囲」のことを指すので、さしずめ「自閉症スペクトラム」の直訳は「自閉症連続体」等というのだろう。ただ、本章では「自閉症」で統一して記述する。診断基準以外にDSMに書かれた説明文を参考にすると、これまで自閉症は、いくつかの症状の違いに応じて様々な診断カテゴリーで記述されていた。そして、第5版のDSM（DSM-5）では、それらをまとめて現在の診断名に統合した。これまで独立した障害として考えられていたものは、症状や支援の方法に共通点が多いので、「連続体」を意味する「スペクトラム」という言葉を用いてそれらの障害の間に明確な境界線を設けない考え方が採用された。では、その共通の特徴とは何なのだろうか。診断基準を見ていこう（表1-1）。

表 1-1　DSM-5による自閉スペクトラム症／自閉症スペクトラム障害の診断基準

A．複数の状況で社会的コミュニケーションおよび対人的相互反応における持続的な欠陥があり，現時点または病歴によって，以下により明らかになる（以下の例は一例であり，網羅したものではない：本文参照）。
　(1) 相互の対人的-情緒的関係の欠落で，例えば，対人的に異常な近づき方や通常の会話のやりとりのできないことといったものから，興味，情動，または感情を共有することの少なさ，社会的相互反応を開始したり応じたりすることができないことに及ぶ。
　(2) 対人的相互反応で非言語的コミュニケーション行動を用いることの欠陥，例えば，まとまりのわるい言語的，非言語的コミュニケーションから，視線を合わせることと身振りの異常，または身振りの理解やその使用の欠陥，顔の表情や非言語的コミュニケーションの完全な欠陥に及ぶ。
　(3) 人間関係を発展させ，維持し，それを理解することの欠陥で，例えば，さまざまな社会的状況に合った行動に調整することの困難さから，想像上の遊びを他者と一緒にしたり友人を作ることの困難さ，または仲間に対する興味の欠如に及ぶ。
B．行動，興味，または活動の限定された反復的な様式で，現在または病歴によって，以下の少なくとも 2 つにより明らかになる（以下の例は一例であり，網羅したものではない：本文参照）。
　(1) 常同的または反復的な身体の運動，物の使用，または会話（例：おもちゃを一列に並べたり物を叩いたりするなどの単調な常同運動，反響言語，独特な言い回し）。
　(2) 同一性への固執，習慣への頑ななこだわり，または言語的，非言語的な儀式的行動様式（例：小さな変化に対する極度の苦痛，移行することの困難さ，柔軟性に欠ける思考様式，儀式のようなあいさつの習慣，毎日同じ道順をたどったり，同じ食物を食べたりすることへの要求）
　(3) 強度または対象において異常なほど，きわめて限定され執着する興味（例：一般的ではない対象への強い愛着または没頭，過度に限局したまたは固執した興味）
　(4) 感覚刺激に対する過敏さまたは鈍感さ，または環境の感覚的側面に対する並外れた興味（例：痛みや体温に無関心のように見える，特定の音または触感に逆の反応をする，対象を過度に嗅いだり触れたりする，光または動きを見ることに熱中する）
C．症状は発達早期に存在していなければならない（しかし社会的要求が能力の限界を超えるまでは症状は完全に明らかにならないかもしれないし，その後の生活で学んだ対応の仕方によって隠されている場合もある）。
D．その症状は，社会的，職業的，または他の重要な領域における現在の機能に臨床的に意味のある障害を引き起こしている。
E．これらの障害は，知的能力障害（知的発達症）または全般的発達遅延ではうまく説明されない，知的能力障害と自閉スペクトラム症はしばしば同時に起こり，自閉スペクトラム症と知的能力障害の併存の診断を下すためには，社会的コミュニケーションが全般的な発達の水準から期待されるものより下回っていなければならない。

出所：『DSM-5精神疾患の診断・統計マニュアル』[2] より一部抜粋

ＤＳＭ-５では次のＡ～Ｅの五つの診断基準が設けられている。

Ａ．複数の状況で社会的コミュニケーションおよび対人的相互反応における持続的な欠陥がある。

Ｂ．行動、興味、または活動の限定された反復的な様式。

Ｃ．症状は発達早期に存在していなければならない。

Ｄ．その症状は、社会的、職業的、または他の重要な領域における現在の機能に臨床的に意味のある障害を引き起こしている。

Ｅ．これらの障害は、知的能力障害または全般的発達遅延ではうまく説明されない。

この中で「心理学の視点」で見ることができるものをピックアップしていこう。自閉症の大きな特徴はＡとＢの二つだ。Ａの「社会的コミュニケーションおよび対人的相互反応における持続的な欠陥」については、⑴～⑶までの具体例が示されていた。そして、これらはいずれも「客観的に観察できる活動（行動）」や「内観的に観察できる活動（意識にのぼる心）」に含むことができそうだ。そして、Ｂの「行動、興味、または活動の限定された反復的な様式」も、⑴～⑷の具体例はいずれも心理学の視点でカバーできるものばかりだった。残りのＣ～ＥはＡ、Ｂの付帯事項のようなもので、ＣはＡ、Ｂがいつから見られるかという「時期」の話をしていて、ＤはＡ、Ｂが見られる「場面」の話をしている。そして、ＥはＡ、Ｂが見られる理由が知能の障害では説明できないとしている。自閉症を「心理学の視点」でみる際に扱うべき事項が、いよいよ明確になってきた。では、次節以降、Ａの「社会的コミュニケーションおよび対人的相互反応における持続的な欠陥」、Ｂの「行動、興味、または活動の限定された反復的な様式」について詳しく見ていこう。

2　コミュニケーションとは何か

「社会的コミュニケーション」とは、自分を含めた二者間もしくはそれ以上の多者間において、話し言葉や身振りなどによって情報伝達を行うことだ。そして、「対人的相互反応」とは、そういった場面で、たとえば目と目を見つめ合わせたり、状況に即した顔の表情をとったりすることを指す。自閉症者は、これらが複数の状況で持続的に欠陥があるとされる。つまり、それらのことに困難さをもつらしい。では、その原因はどこにあるのだろうか？

これについて考えようとしたとき、僕は自分がはじめて海外の学会で発表したときのことを思い出した。僕は当時、英語が得意ではなかったので（今でも決して得意とはいえない）、発表原稿はすべて暗記し、質問されるであろう事柄もすべて英語で書き出して、その回答まですべて暗記して学会発表に臨んだ。当然、そこまで準備周到だったのだから、発表自体はうまくいった。しかし、問題はその後の懇親会だった。懇親会はビュッフェスタイルで、僕は料理を取って、そそくさと会場の端の方で食事をとりはじめた。どうしてこのような態度をとったのか。それは、懇親会の会話まで暗記してこなかったからだ。他の参加者から、なるべく話しかけられないようにと願ったのだが、研究に興味をもってくれた人たちが（ありがたくも）いろいろと話しかけてきてくれた。そこまではよかった。この状況は学会発表の延長線上で話すことができたからだ。その後、懇親会は進み、宴もたけなわというところで、それは起きた。突然、会場内が薄暗くなり、学会創立にかかわった老研究者のエピソードが動画で流れはじめたのだ。困ったことにその動画には文字情報が一切なかったので、僕の理解とはお構いなしに話が進んでいってしまった。途中で会場の参加者がどっと笑う場面があった。僕は意味がわからなかったが、その動画を見ている人たちがそれを面白がっていることがすぐにわかったので一緒に笑った。そうすると、ワインを飲んで上機嫌でいた隣の研究者が僕の肩をたたいてきた。そして、その動画を指さしてゲラゲラと笑っていた。僕にはその動画の意味がまったくわからなかったが、肩をたたいてきた人に対してやはり微笑んだ。

このエピソードには考えるべき点がいくつかある。一つは海外の学会で発表するのだったら懇親会でも適切に喋れるくらいの英語力を身につけておくべきだ、という点だが、これはまあご容赦いただきたい。別の点として、僕のとった振る舞いについて考えてみたい。動画を見ていた僕は、動画で語られている言葉がわからなかったが、周りの人が笑った瞬間に（正確にはその笑いはじめの直後に）一緒に笑った。そして、肩をたたいてきた研究者に対して微笑んだ。前者の振る舞いは、状況に即して顔の表情をとること、すなわち「対人的相互反応」だ。そして後者の振る舞いは自分を含めた二者間で話し言葉や身振りなどによって情報伝達を行うこと、すなわち「社会的コミュニケーション」だと考えることができる。僕は会場のみんなと一緒のタイミングで笑い、さらに「これ、最高だよな！」というように肩をたたいてきた研究者に対して「そうだね」という笑みを返した。考えてほしい。もし、僕が会場のみんなと笑わずに無表情だったとしたら、そして、肩をたたいてきた研究者に対しても無反応だったとしたら、どうなるだろう。おそらく、僕はすっかり異界の人として周囲から扱われてしまっていただろう。もしかすると、「この人は言葉やこの国の笑いの文化が理解できないからしかたがないか」という言いわけを用意してくれる優しい方がいるかもしれない。では、仮にこの事態が日本で起きたとしたらどうだろう。もちろん、僕は日本で育ってきた人間で、日本語がペラペラだ。動画が流れる同じ状況で僕が会場のみんなと笑わずにどちらも無表情で無反応だとしたら、僕は周囲からどのように思われただろうか。

まず考えるべき点は、言葉の理解が追いつかずとも、社会的コミュニケーションおよび対人的相互反応は可能だということだ。もちろん、言葉の理解が深まれば、これらはもっと適切にできるだろう。だが、そうでなくとも僕は懇親会の場で社会的コミュニケーションおよび対人的相互反応を行うことができた。先ほど、診断基準のところで「これらの障害は、知的能力障害または全般的発達遅延ではうまく説明されない」という記述があった。つまり、社会的コミュニケーションおよび対人的相互反応は、言葉を理解しているかいないかという知能や知識の問題ではないのだ。ではあの時、僕が発揮した能力は何だったのだろうか。それは、他者が心に何を思っているのか、つまり、他者が何を考え、どんな期待や信念をもっているのかなどの理解に応じて行動し、思考する能力だったと考えることができる。そして、心理学ではこの能力を「心の理論（Theory of mind）」と呼んでいる。

3　心の理論

「心の理論」は、米国心理学者デイビット・プレマックとガイ・ウッドルフが、チンパンジーの他者の心を読むとおぼしき能力を記述するために使った用語だ[3]。その後、これは健常な子ども（定型発達児）の心の発達の理解に使われ、それと並行して自閉症児、自閉症者の心の理解にも使われはじめた。心の理論について、こんな研究がある。子どもたちに絆創膏の箱を見せて、何が入っているかを聞く。すると、ほとんどの子どもが絆創膏と答えたのだが、実際に箱に入っていたのは鉛筆で、それを見た子どもたちは驚いて面白がった。そこですかさず、「この箱の中を見ていない子は、中に何が入っていると思うだろうね？」と尋ねる。すると、3歳児は概して「鉛筆」と答えたのに対し、4～5歳以上の子どもたちの多くは「絆創膏」と答えた。前者と後者の回答の明確な違いは、他者が、物事に対してどんな期待や信念をもっているのかということを推察できたかどうかという点にある。確かに箱の中身は鉛筆だったが、「絆創膏の箱なのだから絆創膏が入っているだろうと、その箱を見た人は思うはずだ」ということが推測できなければならない。つまり、他人が「自分とは違う誤った信念」をもつことを理解できなければならない。この他人がもつ自分とは違う誤った信念を「誤信念」と呼び、他者が誤信念をもつことが理解できているかを調べる課題を「誤信念課題（False-belief task）」と呼ぶ。誤信念課題は、先ほどの理屈から、心の理論の有無を調べるテストして一躍脚光を浴びることになった。ここでは、複数ある誤信念課題の中でもとくに有名な「サリーとアンの課題」を紹介したい（図1-2[4]）。

図1-2　サリーとアンの課題

出所：Baron-Cohen ら（1985）を参考に作成[4]

この課題では、

1. サリーとアンが、部屋で一緒に遊んでいる。
2. サリーはパンを、かごの中に入れて部屋を出て行く。
3. サリーがいない間に、アンがパンを別の箱の中に移す。
4. サリーが部屋に戻ってくる。

という場面を被験者に示す。そして、「サリーはパンを取り出そうと、最初にどこを探すだろうね？」と被験者に質問する。正

図1-3　ジョンとメアリーの課題

解は「かごの中」だが、心の理論の発達が遅れている場合は、他者が誤信念をもつことが理解できていないので「箱」と答えてしまう。

世界中の多くの研究者がこの課題を追試し、その研究の中で、自閉症児の大半が誤信念を認識できないことが示された。ただし、確実に誤信念を理解できる自閉症児も少数ながら必ずいることから、この課題の成否が自閉症の特徴を反映したものかどうかについて疑問の声もあった。そこで、この「サリーとアンの課題」の延長線上で図1-3のような課題が考案された。

この課題では、

1. メアリーとジョンは、公園でアイスクリームを売る自動車を見た。
2. メアリーはお金をとりに行くために家に帰り、その間にジョンはアイスクリームを売る自動車が公園から離れた教会に移動していくのを見た。
3. メアリーは家から公園に戻る途中に偶然教会でアイスクリームの自動車を見た。
4. 公園と教会の中間地点にいたジョンは、アイスクリームを買いに行ったメアリーを探しはじめた。

という場面を被験者に示す。そして、「ジョンはメアリーがどこに行ったと思っている？」と質問される。

答えは公園なのだが、被験者はジョンがアイスクリームの車がどこにあると思っているかを判断するのではなく、ジョンは、メアリーは自動車がどこにあると信じているかを判断するという二段構えの推論が必要になる。先ほどの「サリーとアンの課題」は、他人がどう思っているかがわかれば解けるが、今度の課題は他人がどう思っているかについて別の他人がどう思っているかがわからなければ解けない。興味深いことに「サリーとアンの課題」は４～５歳以上で解けるようになるが、このアイスクリームの課題は７歳以上にならないと正解率はあがらない。そして、「サリーとアンの課題」を解けた自閉症児でも、この課題は解けなかった。先述のように、自閉症は「スペクトラム」、つまり連続体なので、程度に差がある。「心の理論」の欠如という特徴は、サリーとアンの課題で検出できるレベルのものもあれば、ジョンとメアリーの課題で検出できるレベルのものもある。いずれにせよ、自閉症者の特徴である「社会的コミュニケーションおよび対人的相互反応における持続的な欠陥」の背景には、「心の理論の欠如」があるという説は、一定の正しさをもっているようだ（ただ、最近では、心の理論について、誤信念課題が言語発達の問題などのために、自閉症児の誤解答がみられる（日常場面では理解可能である）という報告も聞かれるようになった）。

4　常同行為とは何か

次に、自閉症を「心理学の視点」でみる際に扱うべき二つ目の事項、「行動、興味、または活動の限定された反復的な様式」についてみていきたい。これは「常同行為」と呼ばれ、たとえば、物をはじく、ぐるぐる回す、回転させる、手をひらひらさせる、自分がぐるぐる回る、決まった姿勢をするなどの行動が含まれる。ただ、この症状は、自閉症以外にも、統合失調症、精神遅滞、レット症候群、トゥレット症候群など、その他、膨大な精神神経疾患の症状の一つとしてもみることができる。自閉症にみられる常同行為も、単純にそのうちの一つと考えることができるかもしれないが、同じ常同行為でもその背後にある心の様子は精神神経疾患の種類によって異なることが知られている。たとえば、強迫症という精神神経疾患でも反復的な行動はみられる。しかし、強迫症では手洗いを続けるなどの繰り返しの行動が時間を浪費させ、本人に苦痛を与えるものとなっている。強迫症では、繰り返される行為が意味のないものだとわかっている。わかっているけどやめられない。それが本人にとってもつらいことなのだ。しかし、自閉症者の常同行為には、強迫症の人が感じるようなつらさはない。自閉症者は、同一性、すなわち、前に見たものが変わらずにあり続けるということを確かなものにするために常同行為を行うと考えられている。そして、その行為によって環境の変化に抵抗している。強迫症の常同行為は、繰り返したくないのに繰り返されていて、自閉症者の常同行為は、変わりたくないから繰り返している。同じ行動でも意味が異なるのだ。

この自閉症者が常同行為をとる理由、すなわち、変わりたくない、変化を嫌うという性質は、実は定型発達でもみられる。米国精神科医トーマス・ホームズとリチャード・レイのストレスに関する研究から、人は基本的に変化を嫌う生き物であることが示されている[5]。ストレスというと嫌な事柄を思い浮かべがちだが、なんとうれしい変化も「ストレス」だというから驚きだ。表1-2は、生活環境の変化をならべ、そのストレスの度合いを得点化したものだ。一番ストレス得点が高い「配偶者の死」から始まって、離婚、別居、服役、親族の死、そして自分のけがや病気と、自分がこの状況になったら滅入る事態ばかりが並んでいる。ただ、その次に「結婚」ときて少々面食らう。さらに表を見ていくと、「新しい家族の誕生」という言葉もあった。結婚も新しい家族の誕生もどちらもストレスとは縁遠いイベントに聞こえるが、このリストを見ると、人はたとえそれがうれしくても悲しくても変化を嫌う生き物だということがわかる。そして自閉症者は、人

表 1-2　生活環境の変化とストレスの度合い

生活上の出来事	重みづけ得点
配偶者の死	100
離婚	73
別居	65
服役	63
親族の死	63
自分のけがや病気	53
結婚	50
失業	47
夫婦関係の和解	45
退職	45
家族の健康状態の変化	44
妊娠	40
性的関係の問題	39
新しい家族の誕生	39
仕事上の再適応	39
経済状況の変化	38
親友の死	37
配置転換	36
抵当の請け戻し権の喪失	30
仕事における責任の変化	29
子供たちの独立による別居	29
義理の家族とのもめごと	29
業績を上げること	28
妻が仕事を始めたり，やめたりすること	26
学校が始まるか，あるいは学校が終わること	26
暮らしぶりの変化	25
個人的習慣の修正	24
上司とのもめごと	23
転居	20
転校	20
余暇の変化	19
教会活動における変化	19
社会活動における変化	18
睡眠習慣の変化	16
食習慣の変化	15
休暇	13
クリスマス	12
軽犯罪法違反	11

(5)
出所：Holmes & Rahe, 1967より作成

のそのような心の特徴が度を越してしまっている結果、障害となっているのだ。

5　自閉症のネズミ

この「行動、興味、または活動の限定された反復的な様式」について行われている面白い研究を紹介したい。ただし、これは人を対象とした研究ではなく、ネズミを対象とした研究だ。耳を疑うかもしれないが、今世の中では「自閉症のネズミ」がつくられている。自閉症者を対象に行った調査で明らかとなった、自閉症の原因と考えられそうな遺伝子、薬物、環境をネズミに導入、投与、または処置して、人の自閉症の特徴に類似する症状がネズミに認められないかを調べる研究が世界中で行われている。自閉症のネズミのつくり方として、最もオーソドックスなものは、自閉症者の遺伝的特徴をネズミで再現する方法だ。様々な方法が考案されており、これらは総称して「遺伝子改変技術」と呼ばれている。以降は、自閉症のネズミを対象とした研究について、なるべくわかりやすく書いた。ただ、少々難しい印象が残るため、難しいと思ったら読み飛ばしてもらっても構わない。そして「読み飛ばそう！」と思った読者は「6　自閉症者の心」から再び読みはじめてほしい。

まず「量的形質」という概念について説明したい。遺伝によって受け継がれる形質を質的形質（qualitative trait）と量的形質（quantitative trait）に大別する分類がある。質的形質とはＡＢＯ式血液型のように不連続で質的な違いとして示される形質を指し、これは少数あるいは単一の遺伝子の影響を受けると考えられている。一方、量的形質とは身長のように連続した実数あるいは整数で示される形質を指し、複数染色体上の多数の遺伝子の影響を受けると考えられている。心理的形質、つまり心の特徴の多くは量的に連続性があり、かつ統計的に正規分布するため、量的形質であると考えられている。したがって、単一遺伝子ではなく多くの遺伝子の働きの影響を受けることが予想される。この量的形質に影響を与える遺伝子群が染色体やゲノム上において占める位置を「量的形質遺伝子座（quantitative trait locus：QTL）」と呼び、ＱＴＬは連鎖解析（linkage analysis）やポジショナルクローニングと呼ばれる方法を用いて検討される（これらの方法の詳細については他書を参照）[6,7]。いずれにせよ、自閉症者の心の特性にかかわるＱＴＬは、これらの方法で同定され、判明した遺伝的特徴を遺伝子改変技術によりネズミで再現することで自閉症のネズミはつくられる。ちなみにネズミにもいろいろと種類があり、このケースでは「マウス」という種類のネズミが多く用いられる。それは次の二つの理由による。一つ目の理由は、マウスでは遺伝子改変技術が確立されており、これにより作製した遺伝子改変マウスを用いた研究結果が豊富であるからだ。そして、二つ目の理由は、マウスのもつ遺伝子の約99パーセントがヒトにおいて相同遺伝子として存在し、さらに近交系が確立されているため、遺伝子が行動に与える影響を検討するモデル動物として優れているからだ。

心と行動、そして遺伝子の関係に関する研究は、古くは動物での選択交配実験および交差里親コントロール実験、ヒトでの家系研究および双生児研究を通じて行われてきた。しかし、分子生物学が急速に発展した影響で遺伝子改変技術が進歩し、遺伝子を改変したマウスを対象とした行動解析実験が行われるようになった。また、ヒトを対象とした研究でも分子生物学的手法を取り入れた分子遺伝学研究が発展し、行動と遺伝子、心と遺伝子の関係に関する知見の集積がこれまで以上に急速に進んでいる（図1-4）。

自閉症者がもつ遺伝的特徴とよく似た特徴をネズミで再現して、そのネズミを対象に行動を調べ、さらに、脳の異常などを事細かに見ていく。このスタイルの研究が行われる中で、自閉症になっているかもしれないネズミの中に、「逆転学習の障害」という特徴を示すネズミがいることが最近わかってきた。

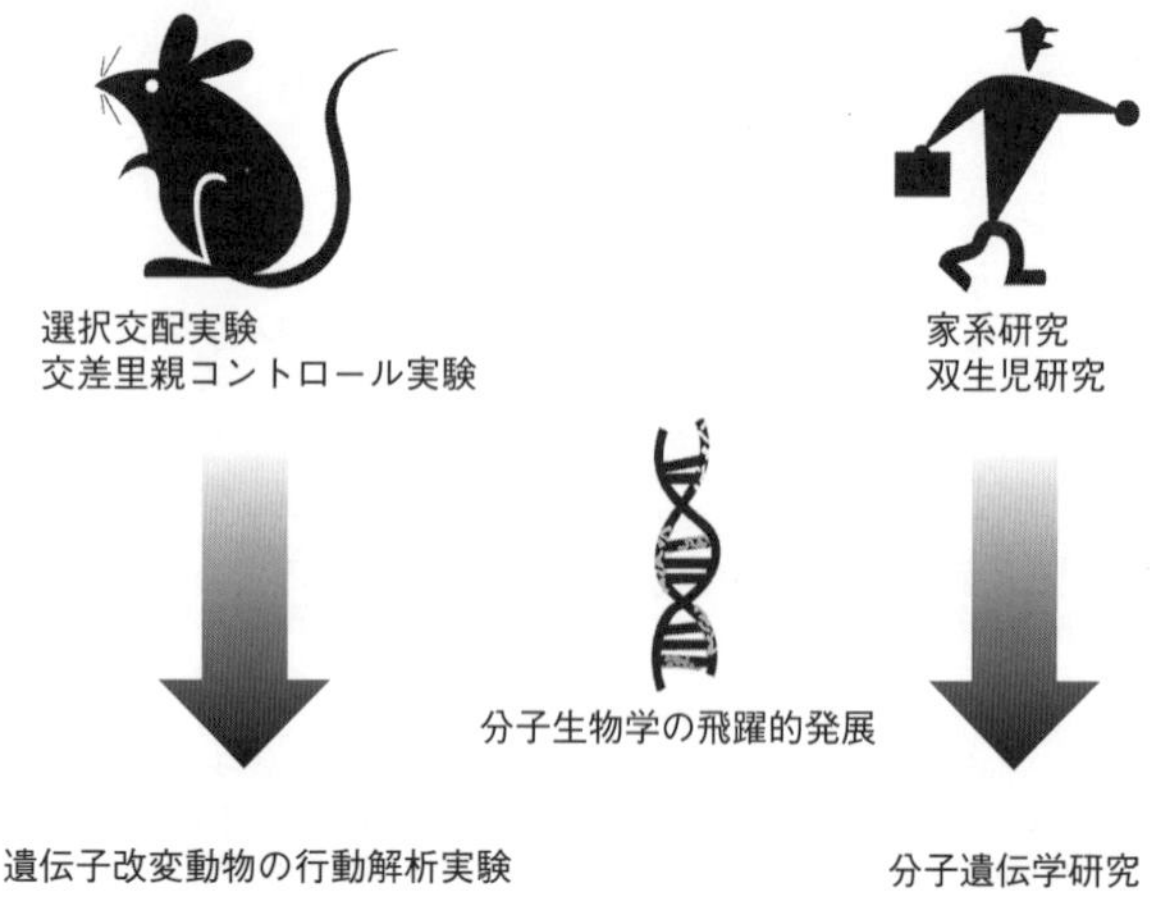

図 1-4　行動と遺伝子の関係についての研究方法の変化

図1-5の装置は8方向放射状迷路といって、ネズミの学習機能を調べる装置だ。この迷路では中央のプラットフォームから放射状に通路が8本伸びていて、そのどこかに餌が置かれている。餌は通路先端のくぼみに置いてあるため、ネズミは先端まで行ってくぼみをのぞき込まない限り、その通路に餌があるかどうかを知ることができない。ネズミはお腹が空いた状態でこの迷路に置かれ、はじめは戸惑った様子を見せつつ迷路内を探索する。ところが、探索するうちに通路の先端に餌があることを知り、「ああ、なるほど、先端に行けば餌がもらえるのか」とわかったかのように、二回目、三回目の迷路挑戦では、餌取り行動がスムーズになる。そして、戸惑う様子は見せなくなる。しかし、ただ餌を取ることを学ぶだけでは、この迷路課題を解決したことにはならない。この迷路はすべての通路に餌があるわけではないからだ。たとえば、8通路中2通路の先端にしか餌が置かれていないとすると、次に学ぶべきは餌の場所だ。これは「空間学習」と呼ばれている。この空間学習が十分に成立したネズミは、ピンポイントで餌のある通路に赴き、二か所で餌を食べる。学習成立過程では多少のミス、つまり餌のない通路に行くことも見られるが、繰り返せば繰り返すほど、このミスの回数は減少する。

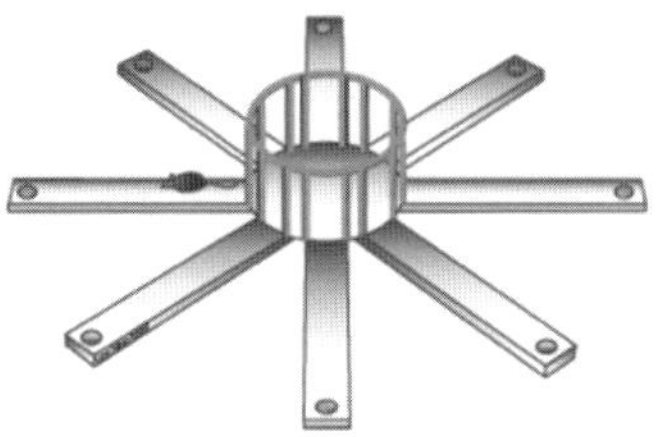

図 1-5　ネズミの学習機能を調べる
8 方向放射状迷路

ここからが面白い。空間学習が成立した段階で餌の場所を変えてみる。普通のネズミははじめ、「あれ、ない?」と思ったのか、再び戸惑ったような様子を見せる。しかし、ここで「別の通路にはあるかも」と考え、別の通路をやみくもに探しはじめる。そして、位置が変わった餌のある通路を再び学習し、餌のない通路に行く回数が減少する新たな空間学習のプロセスを経ていく。これが「逆転学習」と呼ばれる現象だ。普通のネズミではこの逆転学習が確認されるのだが、先述の自閉症のネズミは違う。最初の空間学習はできるのに、逆転学習をさせようとすると、一度覚えた位置から別の位置を探索するという方略を採ってくれない。結果として最初の位置に固執して逆転学習がうまくいかない。これが人の自閉症にみられる「行動、興味、または活動の限定された反復的な様式」と類似の行動として解釈され、今、その行動異常の神経基盤、分子機構を模索する研究が続いている。このネズミが喋れたとしたらなんと言うだろう。「ここにあったんだ。なんでここに行ければ餌を食べられるという方略が通じないんだ!　餌の位置が変わるなんて僕には耐えられない!」と癇癪を起こしているかもしれない。つまり、こういうことだ。心理学では目に見える行動の観察と内観から心の働きを推理し明らかにしていく。だとしたら、自閉症者と同じ行動をとるネズミをつくることができれば、その時のネズミの心には自閉症者と同じ状態が出現しているといえるのかもしれない。こうしてそのネズミを繰り返しの実験やミクロな神経解剖の対象とすることで、より精密に自閉症のメカニズムを研究することができるのかもしれない。ネズミを実験動物として用いた実験心理学の方法とはこのような考え方にもとづいているが、この方法は、この章のはじめから述べてきた心理学という学問の視点をよく表しているといえる。

6　自閉症者の心

この章では自閉症を心理学の視点で眺めてきた。心理学の視点とは、外観的に観察可能な活動と、内観的に観察可能な活動を通じて意識経験も観察可能な活動として見ていくことだ。この視点で自閉症を眺めたときに、①「社会的コミュニケーションおよび対人的相互反応における持続的な欠陥」と、②「行動、興味、または活動の限定された反復的な様式」という二つの特徴がピックアップされた。そして、前者の背景には「心の理論の欠如」があり、後者の背景には「変化を極度に嫌う」という自閉症者の心の特徴が見て取れた。

実は近年、自閉症についてもう一つの心の特徴が取り沙汰されている。DSMには、二つ目の症状の下位項目として記述されているが、それは「感覚刺激に対する敏感さまたは鈍感さ」である。こんな報告がある。自閉症者の聴覚過敏は、その自閉症の重症度と相関するという報告だ[8]。感覚が違うとなると、自閉症者はそもそも僕らとは別の世界を認識しているのかもしれない。それをわかりやすく説明するために、英国の国立自閉症協会が動画を制作してくれた[9]。これは自閉症の子どもの視点から、彼らが世界をどう認識しているかを表現した映像で、自閉症者がいかに僕らとは異なる世界を知覚しているのかをわからせてくれる内容となっている。この映像では、にぎやかなショッピングセンターを、お母さんと手をつないで歩く男の子が映し出される。そして、あふれる色、光、音、匂い、動き、すべてが彼には激しすぎると感じられる様子がありありと描かれている。ごくありふれた光景でも、この子にとって世界は脅威に満ちている。それが痛切にわかる内容の動画だ。自閉症者は僕らと違った世界を知覚している。もし、そうだとしたら、彼らにとって僕らは異界の人として映っているのかもしれない。そして、そんな人たちと積極的にコミュニケーションをとろうとする気は、ひょっとしたら失せてしまうかもしれない。また、彼らが僕らよりも人一倍変化を嫌うのも、そんな異界で生きるために獲得した自分なりの生き方を手放したくないという気持ちの表れかもしれない。もしそうだとするならば、僕らは自閉症とのかかわり方を、もう一度考える必要があるように思う。生きている心の世界の「ズレ」を、障害の一言で片づけてしまうのはあまりにも相手に対して敬意がないからだ。

最後に、この章を読んで心理学の視点、心理学の研究アプローチに興味をもった方がいたとしたら、ぜひ「心の世界の探求者」として一緒に旅をしてほしい。心の世界の探求は、本書で紹介されている各専門分野と同じくらい興味深く、尽きることのない問いを僕らに与えてくれる。もし一緒に旅をしてくれるならば、少しだけ先にこの世界を探求しはじめた旅人の一人として次のことを約束したい。この旅は旅人の人生を必ず豊かなものにする。そして、本書の他の著者のような仲間たちと思いがけず出会う機会を必ず提供してくれる。

ブックガイド

さらに詳しく心理学の観点で自閉症について学びたい読者には、次の書籍を推薦する。

子安増生（編）『「心の理論」から学ぶ発達の基礎――教育・保育・自閉症理解への道』（ミネルヴァ書房、二〇一六年）

子どもの心の発達を理解し、定型発達児を対象とした保育・教育の実践や、自閉症児の心の発達の理解を深める目的で、「心の理論」の最先端の研究から発達の基礎を捉えなおした本である。本章でとりあげた「心の理論」のより深い理解が可能になる。

石井哲夫・白石雅一『自閉症とこだわり行動』(東京書籍、一九九三年)、白石雅一『自閉症スペクトラムとこだわり行動への対処法』(東京書籍、二〇一三年)

どちらも自閉症者が示す常同行動について、事例を交えつつ詳しく説明した良書である。後者の書籍の方が、情報が新しく読みやすいが、個人的には二冊読むことを奨める。

高瀬堅吉・柳井修一(編)『トランスジェニック・ノックアウトマウスの行動解析』(西村書店、二〇一二年)

遺伝子改変を施したマウスの行動を調べるためのテストを紹介した書籍である。自閉症のマウスを対象としたテストも紹介されており、本書で紹介した「自閉症のネズミ」について、さらに詳しく知ることができる。

コラム01

「働くこと」からはみ出すために

高森　明

私は自閉症スペクトラム障害（ＡＳＤ）の当事者である。大学を卒業した後、一つの職場に定着できず、仕事を転々とした末に、二〇一四年度から障害者雇用で、ある障害者就労支援機関で働くことになった。まるで、元受刑者が刑務官になったような気分である。

このような経歴を聞くと、以下のような話題を期待する読者もいるかもしれない。私自身はどのように働いてきたのか。ＡＳＤ当事者が就労を達成し、継続するためには、子どもの頃からどのような準備をしておけばよいのか。職場ではどのような支援、配慮があればよいのか。あるいは、就労支援者は何をすればよいのか等々。

しかし、これらの話題の設定は最初から「働くこと」ありきになってしまっている。「働いて何になるのか」という根本的な問いを封じてしまっている。

本稿において、私はＡＳＤ当事者の就労支援をよくするための議論から一旦離れる。まず、ＡＳＤ当事者をめぐる雇用対策の現状、その対策のもとで当事者がどのような労働参加状況に陥りがちなのかを明らかにし、問題化していく。そのうえで、賃金労働以外に、当事者が持続的な生活を実現する方法がないかを考えていきたいと思う。

障害者雇用対策とＡＳＤ当事者

まずは、基本的なところから押さえておこう。日本の労働政策、とりわけ雇用対策において、「労働弱者」と呼ばれるような人々に対してはどのような施策が行われているのか。二一世紀に入り厚生労働省が採用した雇用対策の基本方針は、「福祉から就労へ」という言葉で言い表すことができる。様々な事情から、今は賃金労働に参加せず、福祉の受給者となっている人々を就労に移行させ、経済的に自立させることをめざす取り組み、と考えればいいだろう（就労自立支援）。

雇用対策において、障害者、高年齢者、母子家庭の母などは、「就職困難者」と位置づけられている。Ａ

ＳＤを含む発達障害者も二〇〇五（平成一七）年の発達障害者支援法施行、二〇一〇（平成二二）年の旧障害者自立支援法（現障害者総合支援法）改正を経て、喜んでよいのかはわからないが、めでたく「就職困難者」に仲間入りした。

もちろん今も、自らがＡＳＤの診断基準を満たしていることを知らずに、あるいは知っていても障害を隠しながら働いている当事者は、多く存在する。しかし、一般雇用の障害者枠を利用して働くＡＳＤ当事者、障害者向けの就労支援機関を利用しながら求職活動を続けるＡＳＤ当事者の数は確実に増え続けている。

次に障害者雇用のしくみについて厚生労働省のウェブサイト[1]を参照しながら、簡単に紹介しておこう。一番重要なのは、障害者雇用率という制度である。障害者雇用率制度とは、一定数以上の従業員を雇用している企業が、全従業員数に対して一定の割合で障害者を雇用することを義務づける制度である。二〇一八（平成三〇）年の障害者雇用促進法改正では、障害者雇用率は民間企業二・二％、国、地方公共団体等二・五％、都道府県等の教育委員会二・四％に引き上げられた。

障害者雇用率を達成できていない企業は、法定雇用障害者数に不足する人数に応じて一人につき月額五万円の障害者納付金を支払うことが義務づけられている。しかも、支払えばそれで終わりというわけではない。未達成企業に対しては、障害者雇用率を達成するまで、公共職業安定所の雇用指導官による雇用率達成指導が続けられることになる。雇用達成状況の改善しない企業は、厚生労働省によって、企業名が公表される。

一方、発達障害者を含む「就職困難者」を、ハローワーク等の紹介により継続して雇用する労働者（雇用保険の一般被保険者）として雇い入れる事業主に対しては、特定求職者雇用開発助成金が支給される。発達障害者を雇用した場合の支給額は表[1]の通りである。

また、障害者雇用枠での求職者に対しては、無料で利用できる対人援助サービスが多数ある。公共職業安定所による職業紹介、その他の就労支援機関による就労前の職業相談、職業評価、職業訓練、就労後の職場定着支援などがよく知られている。現在、発達障害者は精神障害者とともに障害者雇用対策における「重点強化選手」となっている。

少なくとも、私が診断を受けた二一世紀初頭に比べれば、ＡＳＤ当事者に対する就労支援は格段に手厚くなっていることは、私も認める。

雇用創出の罠

しかし、一歩立ち止まって考えてみよう。いったい、障害者枠で雇用されたＡＳＤ当事者はどんな業務に従事することになるのだろうか。製造業においては、工場の海外移転が進行している。企業内で障害者が従事することの多かった補助的業務（たとえば、事務、清掃など）は外注化（アウト・ソーシング）が進行し、海外への外注も活発になっている。ＡＩ（人工知能）技術の応用が進んでいけば、人手を必要としない補助的業務の範囲は次第に拡大していくことになるだろう。今後の日本国内の産業では、労働力そのものが必要なのかさえわからない。障害者が就労自立していくことの必要性は声高に叫ばれているが、日本国内の企業には障害者に提供できる業務がそれほどあるわけではない。率直にいえば、障害者は企業にとって需要のない労働力となってしまうことが多いのだが、障害者雇用対策のもとでは、無理やりにでも雇用を創り出し、業務を設計していかなければならない。何かひずみが生じていないだろうか。手がかりとして、私が個人的に交流のあるＡＳＤ当事者のエピソードを三例紹介しておこう。

表１　障害者手帳をもたない場合

週30時間以上勤務の者	中小企業	120万円	２年間（４期に分けて支給）
	中小企業以外	50万円	１年間（２期に分けて支給）
週20時間以上30時間未満勤務の者	中小企業	80万円	２年間（４期に分けて支給）
	中小企業以外	30万円	１年間（２期に分けて支給）

表２　障害者手帳をもつ場合

週30時間以上勤務の者	中小企業	240万円	３年間（６期に分けて支給）
	中小企業以外	100万円	１年６か月間（３期に分けて支給）
週20時間以上30時間未満勤務の者	中小企業	80万円	２年間（４期に分けて支給）
	中小企業以外	30万円	１年間（２期に分けて支給）

【エピソード1】Aさん（男性）の場合

毎日、決められたスケジュールに沿って清掃業務を行っている。担当の上司からは最初に清掃の仕方を教わっただけで、その後指導を受けたことはない。その職場では清掃の外注化が進められ、定期的に外部の清掃業者を入れて事業所内の全面清掃を行っている。Aさんの清掃スキルを向上させる必要はないのである。

【エピソード2】Bさん（女性）の場合

担当の上司が忙しく、Bさんに指示を出さないまま事務所から離れてしまうため、勤務時間の半分以上は待機時間となっている。Bさんは業務の予定が伝えられないまま何もせずに過ごしているのが苦手なため、心身不調の訴えが次第に増えている。

【エピソード3】Cさん（男性）の場合

ＰＣ操作が得意で、よく友人からＰＣの修理、メンテナンス、設定、ウェブサイトの作成を頼まれる。職場では事務補助として勤務しているが、業務用のＰＣは与えられていない。事務所の清掃、シュレッダー作業が主な業務である。

Aさん、Bさんからこの話を初めて聞いたときは耳を疑った。もちろん、二人のエピソードはいくらか極端ではある。しかし、私自身が障害者雇用となり、同時に障害者就労支援の業務に従事していくにつれ、二人の話が障害者雇用で働くＡＳＤ当事者の労働参加状況を、ある程度反映していることがわかってきた。

Cさんについては、給料をもらっているのだから、業務に対して不満を言うべきではないという意見もあるだろう。しかし、仮にCさんが賃金労働につなぎとめられていなかったら、ＰＣを使ってもっと人の役に立つ活動ができていたのではないかという疑問は残る。いずれのエピソードでも、ＡＳＤ当事者を生産活動に従事させるために、賃金労働に参加させることによって、むしろ非生産的な事態を招いてしまっている。

障害者雇用対策のもとで、企業が障害者雇用率を達成するために、労働力として必要とはされないまま雇われる障害者が急増している。ＡＳＤ当事者もまた例外ではない。「必要もないのに、なぜ雇った？」という障害者たちのうめき声が聞こえてきそうである。

働くことからはみ出すための提言

もちろん、これまで取りあげたエピソードについては、よりよい労働参加をめざしていくという方向で、解決策を提案していくという選択肢もある。企業に対してＡＳＤの特性理解を促進していく、就労支援者がＡＳＤ当事者を雇用する企業の業務創出に対して積極的な提案を行うというのも、その一例である。しかし、それでも「必要もないのに、なぜ雇った？」という疑問は解消されない。

ＡＳＤ当事者の雇用促進に限った話ではないが、私は多くの消費者が切実には必要としていないのに、宣伝に莫大な予算、人員を投じ、無理に物やサービスの需要を水ぶくれさせ、雇用を創り出すような取り組みには意義を感じない。一〇年以上使い続けることのできるスマートフォンがあるのに、小刻みにモデルチェンジを繰り返すことにより顧客の購買意欲を駆り立て、雇用を創り出すような取り組みにも意義を感じない。多くの消費者が切実には必要としていない分野で、起業することにより、雇用を創り出すような取り組みにも意義を感じない。自ら就労支援に従事していて言うのも何だが、労働力として必要とされていないにもかかわらず、「就職困難者」が職業訓練に駆り立てられ、就労支援事業ばかりに税金が投じられ、繁栄していくような状況は問題だとすら感じる。

ある分野で、人々が切実に必要としている物やサービスが不足しているというなら、その分野で雇用を促進していくことには十分な意味がある。しかし、物やサービスが不足していないにもかかわらず、仕事からあぶれる者が多いという話であれば、無理に雇用や業務を創出し、賃金労働につなぎとめておく必要はない。仕事からあぶれた人々が、賃金労働に縛られず、市場的な価値にはつながりにくいが、有意義であるか、創造的な活動に力を向けていくことが実現できるような仕組みを考えていく方がより建設的ではないだろうか。

では、筆者が考える市場価値はないが、有意義であるか、創造的な活動としては何が考えられるだろうか。人間社会に限定していえば、研究、芸術、文化、サブカルチャー、社会問題に取り組む市民活動などが考えられる。すべての人々が生産活動に従事しなくてもよくなった結果、誕生した活動分野といえるだろう。これらの分野は特に現代日本において禁止されている活動ではないが、自らの作品、活動に商品価値をもたせることに成功した人しか、生計を立てていくことができない。プロにならなくても、これらの活動を長期間継続することができるのは、生活費にそれほど困っていない人だけである。

ＡＳＤ当事者の中には、とくに収入にならなくても、市場的な価値がなくても、業績にならなくても、これらの活動に熱中し、長時間没頭することができる当事者もいる。「才能の無駄遣い」「努力の方向音痴」と言われても、関心の強い分野でのみ爆発的な力を発揮できる当事者もいる。切実な労働力の需要がなければ、その力を無理やり賃金労働に押し込めようとするのではなく、賃金労働からはみ出して発揮できるようにする方法を考えた方がいい場合もあるだろう。

とはいえ、人間社会で生きていく限り、ＡＳＤ当事者が市場価値のない創造的活動を続けていくためには、一定の経済的基盤が必要とされる。賃金労働を経由せず、経済的基盤をつくり出すためにはどのような方法が考えられるだろうか。すでに知られている所得保障制度を利用するならば、負の所得税かベーシック・インカム（Ｂ・Ｉ）あたりが有効なのではないかと思う。負の所得税は一定の収入のない人々は政府に税金を納めず、逆に政府から給付金を受け取ることのできる制度である。低所得層に絞り込んで、所得保障を行えることが強みである。Ｂ・Ｉはすべての人に無条件に現金給付を行う制度である。全員に対する所得保障を行うことによって、労働時間の短縮を行い、すべての人々の労働からの部分的解放を進めていく方向が考えられる。あるいは、所得保障のために必要のない雇用を創出することを止め、必要のない労働からの解放を進めていくという方法も考えられる。

いずれの所得保障制度も、人々の労働意欲を低下させてしまうのではないかという批判が根強いが、必要がなければ無理に商品、サービス、雇用の需要を水ぶくれさせる必要はないとする私の考えとは矛盾しない。むしろ、空洞化した産業、形骸化した労働に参加させるぐらいならば、より意味のある活動を継続することの方がより有意義ではないだろうか。

第2章

精神病理学／精神分析

世界体験を通して理解する自閉症

松本卓也

▼▼▼この章を読む前に

「精神医学（psychiatry）」という言葉は一般によく知られている。精神医学とは、内科や外科のような「医学」の一分野であり、自閉症だけでなく統合失調症やうつ病のような「精神障害（mental disorders）」を診断・治療し、回復を目指すための科学である。そして、精神医学において現在最も利用されている診断基準の一つである『精神疾患の診断・統計マニュアル（DSM-5）』では、自閉症（自閉スペクトラム症）は、「社会的コミュニケーションおよび対人的相互反応における持続的な欠陥」や「行動、興味、または活動の限定された反復的な様式」を呈するものとして定義されている（第1章も参照のこと）。

しかし、単に自閉症を「欠陥」や「限定された様式」として理解するだけでは、自閉症の人々がどういう世界の中に生きており、どのような体験をしているのかを把握することはできない。そこで本章では、精神病理学と精神分析の力を借りて、その二つの立場からみた「自閉症」の理解について取りあげる。

まず、基本的な用語を説明しておこう。

ここで「精神病理学（psychopathology）」と呼んでいるのは、精神医学の基礎理論の一つであり、精神障害をもつ患者さんの心に生じている体験を把握することを目的とした理論である。とくに、哲学や思想などの人文諸科学の成果——たとえば、エトムント・フッサール（一八五九-一九三八）やマルティン・ハイデガー（一八八九-一九七六）等の「現象学」や「存在論」と呼ばれる哲学（人間に与えられる異常現象をふくむ様々な現象がどのように生じているのか、あるいは人間という存在が世界の中にどのように住んでいるのかを検討する哲学であり、両者は精神病理学の基礎となっている）——を参照しながら、患者さんの体験を、外側から把握するのではなく、内側から把握することが試みられる。通常の医学が、客観的な対象（ヒトの体の臓器や細胞、血液など）に注目するのに対して、精神病理学は患者さんの主観的な体験（患者さん本人がどのように体験しているのか）に注目する点が特徴として挙げられる。

「精神分析（psychoanalysis）」は、精神医学とは別の潮流から生まれてきた精神障害の治療のための理論と実践のことであり、とくにウィーンのジークムント・フロイト（一八五六-一九三九）という人物が生み出し、その後の精神分析家によって発展的に継承されたもののことである。実際には精神分析は精神病理学とは大きく異なる学問であるが、しかしとりわけ自閉症の患者さんの主観的な体験の理解という点では精神病理学ともよく似た一面をもっている。

本章では、自閉症の実際の症例をみながら、各症例を精神病理学と精神分析の立場から理解することを試みたい。

1　常同性と一語文

では、実際の自閉症の症例をみていこう。はじめにみるのは、自閉症（幼児自閉症）という概念を世界ではじめて提唱したレオ・カナー（一八九四-一九八一）が一九四三年に発表した論文に登場する「フレデリック」という症例である。彼は、「社会適応における攻撃的、引きこもり的態度」を理由として医師のもとに紹介されてきた六歳の男の子である。

「フレデリックは１９３６年５月23日に臀位で生まれた。母親は何かの腎障害があったので、予定日の２週間前に帝王切開が行われた。産後の体重増加もよく、ミルクもよく飲んだ。母親は彼女が彼を抱き上げようとする時、それに応じる姿勢をとらなかったことを思い出した。７ヶ月で座り、18ヶ月で歩いた。時たま風邪をひくことはあっても他の疾患にかかったことはない。保育園にやろうという試みは失敗に終わった。「彼は隅っこに隠れてしりごみをしているか、さもなければ子どもたちの真中に押し入って非常に攻撃的であった」という(1)」。

フレデリックは、生まれる前後には目立った異常がない。栄養状態も良好で、成長もある程度は普通であったようである。しかし、彼は母親に抱っこされても、普通の子どものように抱っこされやすい姿勢をとらなかったという。このように、「自閉症の子どもは抱き上げられるときに、抱き上げられることを予期して姿勢を変化させない」のである。わかりやすく言い換えるなら、「自閉症の子どもは抱っこすると重い」、ということだ。

定型発達（自閉症スペクトラムに属さない人々のことを、本章では便宜的にこのように呼んでおく）の子どもは、両親などの養育者に抱っこされる際に、姿勢を勝手に調整して、相手の腕の中に自然に収まるように最適化された体勢をとることが知られている。より正確にいえば、抱っこされるとき、抱っこする側とされる側のあいだでは、どのような姿勢をとれば適切であるのかを、言葉を介することなしにお互いに伝えあっているのである。しかし、自閉症の子どもの多くはそれができないのだ。

「彼は看護婦に付き添われて精神科医の診療室に入って来たが、看護婦がすぐに立ち去ると、彼の表情は緊張し、少し心配気になったがその面影には利口そうな印象が漂っていた。ちょっとの間彼はあてどなく歩き回り、そこにいる3人の大人には全く関心を示さなかった。やがて彼はわけのわからない音声をつぶやきながら長椅子に坐り、突然長椅子に臥てしまい、夢見るかのような薄笑いを浮かべていた。彼が質問や命令に反応する時には彼は言われた通りをこだまのように繰り返した」。

「彼の振舞いの中で最も印象的であったのは、彼の物に対する反応と人に対する反応の違いであった。物には容易にひかれて、よく注意し、かなりの間それで遊ぶのだが、人は彼にとって招かれざる侵入者であるらしく、できる限り彼らに注意を払わないようにしているように見えた。応答を強要されると彼は簡単に答えるが、直ちに物への執着に戻ってしまう。彼がそれを無視できないように彼の目の前に手を出すと、彼はその手をまるで人間の一部ではない物体ででもあるかの如く、ちょっとの間それに触ってみるだけだった。満足げに、またうまく出来たといった様子で、マッチの焔を吹き消すが、マッチをともした人の顔を見上げようとはしない。4人目の人が部屋に入って来ると彼は1～2分本棚の後にしりごみをして、「この人キライ」と言いながら、手で追い払うような仕草をしたが、やがてもとの遊びに戻って、その人にも他の人々にも全く関心を示さなかった(1)」。

フレデリックは、周囲の人々にあまり関心を示さない。ふつう、小さな子どもは、おそよ九か月を過ぎた頃から「人見知り」をするようになるが、フレデリックの他者への関心のなさは「人見知り」とは少々異なるようである。というのも、ふつうの「人見知り」の場合は、まず他者を認識し、次にその他者を避ける、というふうにして起こるのだが、フレデリックの場合は、そもそも最初から他者がいないかのように振る舞っているからである。さきほどの「抱っこ」の例もあわせて考えると、彼ら自閉症の子どもたちは、他者から見つめられたり、抱き上げられたりすること――他者から「触発」されること――に対してほとんど反応しないようなのだ。

これと同じような現象として、自閉症の子どもは目があわない、つまり他者と視線をあわすことがない、ということが挙げられる。しかし、そもそも、どうして私たちは他者と目をあわせることができているのだろうか。というのは、「目があう」というのは、実は非常に不思議な体験だからである。自宅のリビングでボーっとしているとき、ふと自分のスマートフォンがある方角のことがなんだか妙に気になる。それでスマートフォンのほうを向くと、着信ランプや画面が光っていて、誰かから自分に向けられたメッセージやメールの着信があることに気がつく。あるいは、電車に乗っていて読書をしているとき、ふと奇妙な感覚がやってくる。それで文庫本から目をあげて、前方をみると、知人が同じ電車に乗っていて彼と目があう……。みなさんは、そんな体験をしたことがないだろうか。こういった体験は、きわめて日常的なものであるが、どうしてそのような体験が生じるのかを考えると、なかなかむずかしいものであることがわかる。

たとえば、他者と目をあわせることができるロボットをつくろうとすれば、相手の目の位置を常にカメラで確認しながら、照準を定めるようにすこしずつその位置に近づくように自分の目の位置を調整していくようなプログラムを書くことが必要になるだろう。しかし、私たちが日常において体験している「目があう」という出来事は、そのような調整によって可能になっているわけではない。むしろ、そんな調整などなしにパッと目があうのである。そして、この「目があう」という体験は、一方の側だけで起こっているものではなく、二人のあいだで一瞬にして同調するようにして起こっている。これは、二人のあいだに何か目にみえない力のようなものが働いていなければ、ほとんど不可能なことではないだろうか。このような「目がパッとあう」しくみを二台のロボットで再現しようとすることを考えてみれば、それは大変むずかしいことであることがわかるだろう。にもかかわらず、定型発達の人々はそれを難なくやってのけているのである。

定型発達の二人のあいだで働いているこの不思議な機能は、自閉症に関する現象学的研究の中では「志向性（intentionality）」と呼ばれている。ここでいう「志向性」とは、他者から自分の側に向けられた一種のベクトルのことであり、たとえば他者からまなざされる、他者から呼びかけられる、といった様々な「触発」の体験において生じているものがそれにあたる。

フレデリックは、ここで説明しているような、他者から自分に向けられた志向性をシャットアウトしているようだ。そして、後の症例でみるように、もしその志向性をシャットアウトしている「バリア」を破ってまで他者が侵入してきた場合、彼の世界は破滅的な状況に陥ってしまう。つまり、彼らが他者から自分に向けられた志向性をシャットアウトするのは、もし他者が自分の世界に入ってきたとしたら、とんでもないことが起こってしまう（と少なくとも彼らが考えている）からなのである。

さて、フレデリックは、「彼が質問や命令に反応する時には彼は言われたとおりをこだまのように繰り返した」というように、きわめて独特な仕方で言葉を使用しているようである。次に、彼の言葉の使い方についての記述をみてみよう。

「彼は2歳になる前に少なくとも2つの言葉（「父ちゃん」と「ドーラ」（母の名））を言いました。それ以来2歳から3歳までの間に自分でもビックリするかのような言葉を言うのでした。でも彼はそうした言葉を1度言うだけで決して繰り返したことはありません。彼が初めて言った言葉の1つは「オーヴァーオールス（overalls）」というものでした。〔両親は彼らのする質問に対して彼が返事をするとは期待していなかったので、あるとき彼が"Yes"と答えた時はびっくりした〕。2歳半頃彼は歌を唄い始めました。彼は20～30位の歌を唄いました。その中にはフランス語の子守唄もありました[1]」。

フレデリックは、二歳や三歳、さらには診察時点である六歳になっても、ふつうの仕方で言葉を使えていない。定型発達の子どもの場合、一歳頃に一語文を獲得し、二歳頃には二語文を獲得する。二語文というのは、「パパ、いた」や「ぼく、ごはん」等のように二つの言葉を組み合わせて使うような言語使用のことであるが、フレデリックは、二語文を使うことができず、一語文しか使うことができない状態のままで、「オーヴァーオールス」という難解な単語をふくむ様々な言葉を大量に覚えているようなのだ。

また、フレデリックはフランス語の唄をふくむかなり大量の唄を覚えて歌うことができてもいる。二歳半でこれだけのことができるのは実に驚異的なことであり、飛び抜けた能力であるといってよいだろう。このときすでに、彼は一部の能力だけが驚異的なスピードで突出しているのである。では、このような能力はどのようにして可能になっているのであろうか？

「3歳になってから私は、彼がものを渡される前にそれを口で言わせるということを試みました。しかし結局私の根気負けでした。彼はそのものが得られなくても言う通りにはしませんでした。今では彼は100まで数えられますし、数字も読めます。しかし彼は、数をものを算《かぞ》えるのに用いるということには一向〔に〕興味を示しません。人称代名詞を正しく用いることは極めて下手です。何かものをもらうと彼は「有難うと言いなさい（You say 'thank you'）」と言います[1]」。

フレデリックは、人から物をもらうときに「有難うと言いなさい」と言う。これは非常に大事な記述である。どういうことかといえば、彼はかつて両親から言われたフレーズをそのままの形で繰り返しているのである。すなわち、かつて、彼が誰かから物をもらったとき、他者を無視する彼は無言でそれを受け取ったことがあり、その際に両親が彼に「有難うと言いなさい」と言ったのだろう。すると彼は、「人から物をもらう」という場面と、「有難うと言いなさい」という言葉を一対一対応で結びつけてしまい、以後、人から物をもらう場面に出くわすたびに、かつて両親から言われた「有難うと言いなさい」という言葉を自分で言ってしまっているのである。

このように、自閉症の子どもが使う言葉は、その言葉をはじめて覚えた状況と一対一対応しており、彼がそれをはじめて覚えたときと同じやり方で繰り返されているのである。さきほど、フレデリックが一語文しか使うことができず、覚えた言葉を様々に組み合わせて（分節化して）臨機応変に使うことができないことを指摘したが、まさにそれと同じように、彼は最初に覚えた言葉を、まるでテープを再生するかのように同じ形で——つまりは臨機応変に組み替えたりすることなしに——最初に覚えたときのままの状態で繰り返しているのである。

カナーが記述したこのような常同的な言語使用（言葉を分節化して使うことができず、ある言葉はそれがはじめて使われた特定の「この場面」や「この状況」に一対一対応する）には、後にリムランド（一九二八–二〇〇六）によって「閉回路現象（closed-loop phenomenon）」という名前が与えられた。つまり、自閉症者は、入力された刺激を「原料のまま」に再生することに専念しており、その「原料」を混ぜあわせて新しい「化合物」をつくることがないという意味で、閉じた回路のループを生きていると考えられるのである。

ほかにも、カナーが同じ論文で紹介しているドナルドという自閉症の子どもは、靴を脱ぎたいときには「あなたの靴を引っぱって」と言い、おシッコに行きたいときには「おシッコに行きたいの？」と言ったという。どうしてそうなったのか。彼は、ある日、靴を脱がなければいけない場面に出くわした（座敷のあるお店に入る等のために、上履きに履き替える必要があった）と想像しよう。そのとき、彼の母親がドナルドに「あなたの靴を引っぱって」と言った。そして、ドナルドは、母親の手を借りて靴を脱ぐことができた。すると彼は、母親の「あなたの靴を引っぱって」というひとかたまりの言葉と「靴を脱ぐ」という行動を一対一対応するものとして結びつけてしまったのである。彼にとって、「あなたの靴を引っぱって」という母親の言葉は、「あなた／の／靴／を／引っぱって」というふうにいくつかの単語が組み合わされた（分節化された）ものではなく、むしろ「開け、ゴマ！」と同じような「靴を脱ぐための呪文」として扱われているかのようである。このような事情に鑑みると、ドナルドがその「あなたの靴を引っぱって」という呪文のような言葉を、後日、自分が靴を脱ぎたくなったときにも使うようになったということも理解できるようになる。

このカナーの論文から得られる教訓は、次のようなものである。自閉症の子どもは、いっけん奇妙なことを言ったり、変な行動をとったりするようにみえるのだが、実は、そういった言動にはかならず何らかの起源や理由がある、ということである。診察室の中や、学校の教室の中でも、自閉症の子どもたちは、さきほどの「有難うと言いなさい（You say 'thank you'）」のような言葉の使い方をするだろう。それは、はじめて彼に会うひとを驚かせるに違いない。しかし、彼の体験している世界の中に入り込もうとするならば、そして彼が最初にその「イエス」という言葉を覚えたときの状況にまで遡ることができたならば、私たちは彼の世界をすこしだけでも理解できるようになるのである。

くわえて、自閉症の子どもの生きているこのような不思議な世界を参照することによって、私たちは定型発達の人々が生きている世界を逆から照らし出すこともできるだろう。フレデリックのような自閉症の子どもが生きている言葉の世界は、一語文によって構成されているが、それと反対に、二語文や三語文、あるいはそれ以上の言葉を組み合わせて（分節化して）つくられた文によって構成された世界が、定型発達の言葉の世界である。しかし、定型発達の人々も、一語文的な言語を使わないわけではない。たとえば、「こちら温めましょうか？」「ありがとうございました、またお越しくださいませ」などの、いわゆる「コンビニ言葉」は、他の組み合わせ（分節化）をすることができない、ひとかたまりの言葉（定型文）として発せられているし、それを聞くお客さんの側も、そのようなものとして理解してはいないだろうか。そのような言葉は、まるで、特定の意味と一対一対応したカードを切っているかのように使われ、流通しているのである。ＬＩＮＥの「スタンプ」も、ほとんどの場合、分節化されうるものとしては使われていないように思える。ある一つの「スタンプ」は一つのことを意味していて、同じ一つのことを意味するものとして反復して使われている。むしろ私たちは、その「スタンプ」に描かれたキャラクターとセリフを「召喚」するようにして使ってはいないだろうか。そういった言語の使用は、一語文的な言語の世界に非常に近いものだとも考えられる。

さらにいえば、二語文や三語文のほうが、一語文より優れているということもない。というのも、二語文、三語文を使えるということは、ある日に目の前で起こった新しい出来事を、手持ちの言葉を組み合わせて表現することができるということであるから、その新しい出来事を古い出来事と同じ言葉で表現することによって、その出来事がもつ、他の出来事とは異なる質を表現することに関しては失敗してしまうからである。ある意味では、定型発達のひとたちは、言語を節約しているのである。反対に、どこまでも一語文を使い続けるような自閉症の子どもは、ある日に目の前で起こった新しい出来事を「名指す」ということの驚きと喜びを、ほかの「名指し」に還元してしまうことなく、絶えず続けていくことができる。自閉症の子どもが生きている言語の世界は、ある意味では、非常に豊かなものなのである。そして、その中でも彼らがとくにお気に入りの言葉（あるいは行動）を、彼らは何度も反復する。それが、精神医学において「常同言語」や「常同行為」と呼ばれているものの正体なのである。

2　まとまらない時間――タイムスリップ現象

次に、自閉症においてみられる独特の時間体験を理解するために、杉山登志郎（一九五一－）が命名した「タイムスリップ現象」について考えてみよう。さきほどみたカナーの論文は、現代において自閉症の症状として知られているもののほとんどをすでに一九四三年の段階で網羅していたが、この「タイムスリップ現象」と「感覚過敏」（これについては本章では扱わない）に関しては論じていなかった。その点でも、次にみる杉山の症例は重要なものである。

「18歳　女性。／（中略）始歩12ヶ月であったが、始語は2歳を過ぎ、4歳で自閉症の診断を受けた。その後保育園に入園したが、集団行動困難やパニックの頻発などのトラブルが続いた。しかし言語能力は急速に向上し、小学校は普通学級に入学した。ここでも対人的な孤立は続いたが、成績は伸び、中学、高校とも普通学級に進学した。しかし青年期になっても、対人的孤立、独語、常識欠如、易興奮など、正常知能自閉症青年独自の問題行動を多発させている。17歳時の知能検査ではＩＱ92（ＷＩＳＣ-Ｒ）を示した(2)」。

この症例の女性も、さきほどのフレデリックと同じように、出生の前後に目立った異常はない。歩きはじめるのが一二か月というのもふつうである。ところが、言葉が出はじめるのが二歳であり、言語発達に遅れがあったことがわかる。また、四歳で自閉症と診断され、後の学校生活の中でも集団行動のような他者とのかかわりが苦手であり、典型的な自閉症の特徴を示しているといえるだろう。ＩＱ（知能指数）が92というのは、これは知的障害がないということを示している（ＩＱの平均は100）。自閉症には、知的障害が合併しているものと、していないものがあるが、この症例の女性には知的障害はないのである（そして、知的障害があるからといって自閉症をかならず合併しているというわけでもない。専門家の意見では、ＩＱ50程度の知的障害では、ほとんどの例で自閉症の特徴がみられるけれども、ＩＱが上がるにつれてみられにくくなるといわれている）。

杉山が「タイムスリップ現象」と呼んでいるのは、次のような現象である。

「患者は高校生活の中で、しばしば友人の何気ない冗談に怒ったり興奮したりすることが続いていた。またこのようなトラブルに引き続いて、しばしば授業中突然激しく泣き出して周囲を驚かせることが生じた。このようなときに後で治療者が理由を問うと、「お尻を人前でかいて叱られた」「なぜ私にだけ先生が2人いたのか（障害児保育担当の、定員外の保母がいたため）、と悔しくて泣けてしまった」といった保育園の頃のことを想起したことを理由としてあげて説明した。また家庭でも、悔しいことがあった後に突然、「お母さんはガーゼをきちんと当ててくれなかった」と、２歳前後の怪我をした時のこと（この当時患者はまだ会話が出来なかった）を持ちだして母親を詰問し、母親を驚かせることがみられた。またこのような状況でなくとも、患者は常に会話の中で話が突然に過去のことに移行してしまう傾向がある。例えば治療者が、患者が社会ルールを守らなくてはいけないと説得している時に、患者は小学校の校則が守られなかった話をはじめ、ついで指切りゲンマンしても誰もそれを守らなかった話（保育園の頃のことか？）をはじめて、何の話題か分からなくなってしまうというようなことがある[2]」。

ふつう、私たちが怒ったり泣いたりするのは、今現在何か嫌なことや悲しいことが起こっている場合である。そしてその際に私たちが嘆くのは、今現在自分に生じている事柄である。ところが、この症例の女性は、かなり昔の出来事を、今現在においてきわめてリアルな事柄として嘆いている。しかも、その昔の出来事というのが、ふつうならとても覚えていないような二歳のときの出来事であったりするのである。つまり、過去のことが、今現在最もリアルなものとして感じられているのだ。だから杉山は、これを「タイムスリップ現象」と呼んだのである。

私たちの記憶は、ふつう、時間の流れに沿って、過去から現在、そして未来へと、時系列にそって並んでいると考えられている。この過去→現在→未来へと進んでいく流れは、常に一方向に向かって進んでいるものであり、決して逆転することはないし、バラバラになってしまうこともない。だからこそ、過去にあった嫌なことや悲しいことは、時間の経過とともにその強さが薄まり、現在に影響を与えないようになる。ところが、この症例の女性は、二歳前後の記憶や、保育園や小学校のときの記憶が、しばしば現在に現れてきてしまう。それも、その過去の出来事が、まさに今現在起こっているようなリアルさをもって現れているのである。これは、きわめて特殊な記憶の想起（思い出し）現象である。自閉症者にみられるこのような自生記憶想起（勝手に記憶が蘇ることを、精神医学ではこのように呼ぶ）を、杉山は「タイムスリップ現象」と呼び、彼はその特徴を次の四点に集約させている(2)。

① もともと優れた記憶能力を持つ、知的に高い、しかし不安定な自閉症の症例にしばしばみられる現象である。
② 感情的な体験が引き金となり、過去の同様の体験が想起される。
③ その過去の体験をあたかも現在の、もしくはつい最近の体験であるかのように扱う。
④ その記憶体験は、普通児において一般に想起することが出来ない年齢のものまで含まれ、また、患者の言語開始前後の年齢まで遡ることがある。

では、このような現象は、いったいどうして生じるのだろうか。それを理解するためには、定型発達と自閉症において、「記憶」と「時間」というものが異なる現れ方をしているのではないか、と考えてみる必要があるだろう。実際、自閉症当事者の東田直樹（一九九二―）は、自分の時間的記憶体験について、「みんなの記憶は、たぶん線のように続いています。けれども、僕の記憶は点の集まりで、僕はいつもその点を拾い集めながら、記憶をたどっているのです(3)」と述べている。

東田のいう、「線としての時間」と「点としての時間」という対比は決定的に重要である。ふつう、定型発達の人々が生きている時間は、線としての時間である。つまり、たくさんの過去の出来事が線をなすように現在につながっており、その現在は未来へと向けてさらに線をつなごうとしているのが、ふつうの時間である。私たちが自分の来歴をひとつの「物語」として考えることができるのは、そのような過去→現在→未来へと一直線に進む線としての時間の性質ゆえである。ところが、自閉症の当事者である東田が言っているのは、ある種の自閉症者にとって、時間は過去↓現在↓未来へと線のように進むのではなく、むしろその都度その都度の様々な時間が（そしてその際の記憶が）バラバラに、点のように散らばっているのだということだ。実際、さきほどの論文を書いた杉山は、「日記の中で現在のことと過去のことをモザイク状に記述」する自閉症者がときに観察されていることを援用してもいる。小学生に日記や作文を書かせると、だいたいは時系列で書くが、自閉症の子どもはそうではないというのである。

このような不思議な時間の世界は、定型発達の人々にはなかなか理解しにくいものである。しかし、自閉症者であったルイス・キャロルの『不思議の国のアリス』を参照すれば、ずっと理解しやすくなるだろう。この物語の中で、アリスは自分の身体が大きくなったり小さくなったりする不思議な体験をするが、こういった体験は、作者であるキャロルが、もともと、物を遠近法的にみることがむずかしいという認知特性をもっていたことから説明されるという説がある。ふつうの視覚の世界では、遠くにあるものは小さく見え、近くにあるものは大きく見えるのだが、キャロルの視覚の世界は、そのような「遠く」↓「近く」へと向かって物を拡大縮小するようなパースラインをうまく引くことがむずかしい（奥行きを理解しにくい）という特徴をもっていたというのである。その証拠としてキャロルの自筆イラストが遠近法を無視した過剰な線描であることや、カメラ――それは、パースラインを固定してくれるものである――を彼が愛したことが挙げられている[4]。

フランスの哲学者ジル・ドゥルーズは、『意味の論理学』[5]の中で、このアリスの身体の伸び縮みを「良識＝ちゃんとした方向づけ（bon sens）」の喪失として説明している。つまり、空間における「良識＝ちゃんとした方向づけ」とは、事物を遠くにあるものから近くにあるものへと順に縮小・拡大していく遠近法のことであるが、そのような「良識＝ちゃんとした方向づけ」を欠いたキャロルの世界では、物が遠くに行って小さく見えるようになると、その物が小さくなったことになり、物が近くに来て大きく見えるようになると、その物は大きくなったことになるというのである。

同じことが、空間ではなく時間において起こったとすると、どうなるだろうか。私たちが自分が生きてきた歴史をひとつの「物語」として考えることができるのは、自分が生きてきた時間が線的なものとして、つまり過去→現在→未来へと順に進んでいくものとして捉えられているからである。このような線的な時間においては、過去にあった辛い出来事は、時間が経つにつれその強さを失い、現在にいたるための「糧」として認識されるようになるだろう。「昔は嫌なこともあったけれど、それを乗り越えたおかげで今があるのだ」、というふうに。これが、ドゥルーズのいうところの「良識＝ちゃんとした方向づけ」の、時間における作動であるといえるだろう。反対に、もしそのような時間における「良識＝ちゃんとした方向づけ」が機能しなかったとすれば、アリスが大きくなったり小さくなったりするのと同じように、過去・現在・未来の出来事すべてが、それらをまとめあげている「線」から外れてバラバラとなり、それぞれの出来事が等価なものとなるはずである。それは、東田が言う「点としての時間」すなわち、ひとつの流れにむかって出来事を方向づける「線」によってまとめあげられていない、「点の集まり」としての諸々の出来事が並列する時間にほかならない。おそらくは、それこそがある種の自閉症者の生きる時間なのである。

実際、ドゥルーズはこのような「点としての時間」のことを考えてもいたようである。彼が「純粋な出来事」と呼ぶ世界においては、一つひとつの出来事は「決して現前しない〔＝現在に現れない〕が、常にすでに過ぎ去っており、かついまだ来たるべき（jamais présent, mais toujours déjà passé et encore à venir）」という時間性をもっていると言っている(5)。つまり、過去から現在を経て未来へと向かう方向に整序されていないパラドキシカルな時間の世界こそが、ドゥルーズが描き出そうとした時間なのである。

このような特殊な時間の世界は、自閉症者における記憶の特殊性とも関係している。自閉症者は、東田が言うように、過去→現在→未来へと続くひとつの線によってまとめあげられた「線としての時間」ではなく、それぞれの出来事が等価なものとしてバラバラに存在する「点としての時間」を生きている。それは、自閉症者にとって、過去の記憶（出来事）がまるで巨大なデータベースのように蓄積されているようなものである。そのデータベースの中にある一つひとつの記憶（出来事）は、それぞれ別々のものとして記録されている。つまり、一つひとつの記憶（出来事）がそれぞれ、他のものには還元することのできない「この性（thisness）」をもっているのである。実際、自閉症の当事者として知られるテンプル・グランディンは、「靴」という言葉を聞くと、抽象的な「靴」が頭に浮かぶのではなく、これまで見たことのある様々な具体的な「靴」が次々と頭に浮かぶのだという。つまり、彼ら自閉症者の記憶は、抽象化・一般化がされておらず、一つひとつの記憶が生のままの形で――「原料」のままの形で――保存されているような記憶なのである。

だとすれば、タイムスリップ現象のように、過去の出来事が現在に侵入してきやすくなることも頷ける。そのことを、やはり自閉症の当事者であるグニラ・ガーランドは次のように記している。

「私は〈現在〉の中で行動していた。そして、私にとっての〈現在〉というのは、いくつもに小分けされた仕切りから出来ていた。それぞれの仕切りは、今も、これからも先も、互いに何の関連もなかった。だから、一つのしきりにしまわれていたはずの「あのとき」が突然とび出して、別の仕切りの「今」に干渉してきたりすると、ひどく混乱することになった。どうしてこんなことが起きたのか理解しようと考えこんで、何時間も何時間も費やしてしまうことがあった[6]」。

このような特殊な時間と記憶のあり方は、さきほどフレデリックの症例でみたような、分節化された言葉を使うことができないという点とも関連づけることができる。というのは、物事を抽象化・一般化するためには分節化された言語が必要だからである。言い換えれば、定型発達のひとがもっている記憶は、言語を獲得し、抽象化・一般化をすることができるようになった後のものだけであり、抽象化・一般化が可能な言語をまだ獲得していない時期に体験したことは記憶には残らないのである。反対に、自閉症者の記憶は、そのような抽象化・一般化を経ていない、ドゥルーズのいう「純粋な出来事」としての記憶である。杉山は、タイムスリップ現象における「その記憶体験は、普通児において一般に想起することが出来ない年齢のものまで含まれ」ていることを指摘していたが、それは、彼らの記憶が抽象化・一般化を経ずに記録されたものであるがゆえに、言語獲得以前の記憶をもちうるのだということにほかならない。

このように考えた場合、なぜタイムスリップ現象が、「怒ったり興奮したり」した際に生じるのかがわかってくる。つまり、自閉症者は、ふだんから、点状に散在する記憶の群れの中に生きており、それらの記憶を、社会の中でうまく生きていくために——というのは、私たちの社会は、昨日与えられた宿題を翌日（今日）提出しなければならない、といったような線的な時間を要求してくるからである——なんとか「ちゃんとした方向づけ＝良識」に自力でまとめあげている状態にあると考えられるのである。そこに、自分自身が揺さぶられるような、不快な体験が起こったとしたら、その仮の「ちゃんとした方向づけ＝良識」は崩れてしまう。そうすると、過去が現在へと侵入する、つまりはタイムスリップが生じることになるのである。

3　触発とパニック

さきほど、カナーの症例フレデリックを取りあげたときに、次のように述べた。自閉症者が、他者から自分に向けられた志向性をシャットアウトするのは、もし他者が自分の世界に侵入してきたとしたら、世界の破滅に相当するようなとんでもないことが起こってしまうと感じられており、それゆえ、自閉症者はパニックに陥っているのだ、と。次の二つの引用は、さきほども取りあげたグニラ・ガーランドのものであるが、まさにそのような体験が報告されている。

「私は人に話しかけられても、呼ばれても、構わず床に座っていた。でもそれは、聞こえなかったからだった。紙を細かく切るのに没頭していて、何一つ聞こえていなかったのだ。私は細かく切った紙を大きな紙に貼りつけて、美しい模様を作っていた。何も聞こえなかった(6)」。

このように、ガーランドは、他者から呼びかけられる声という志向性に対して、まったく反応していない。では、もし彼女がそれでも突然、強い志向性にさらされたときには、どのようなことが起こるのだろうか。

「私はときおり、遠近感を失ってしまうことがあった。こちらに近づいてくる物のスピードが早かったり、こちらが予測していなかったりすると、とてつもなく巨大に見えてしまう。誰かが急に私の方に身を乗り出すと、私はひどく驚いておびえることがあった。上から何かが落ちてきて、押しつぶされる感じだった。それでも私は逃げたりよけたりしなかった。パニックはすべて、私の中だけのことだった。（中略）私の身体はどこ？　上はどっちで、下はどっち？」(6)

ガーランドは、ふだんは他者からの志向性を無視しているが、彼女の予測を裏切るような強い志向性が突然彼女の前に現れたときに、非常におそろしいパニックの状態に陥ってしまう。ここでもやはり、「遠近感を失ってしまう」体験、すなわち、事物を遠くにあるものから近くにあるものへと順に縮小・拡大していく遠近法である「良識＝ちゃんとした方向づけ」が瓦解してしまうことが特徴的である。

現象学者の村上靖彦（一九七〇－）は、国立成育医療センターでのフィールドワークをもとに、自閉症児がまなざしや呼びかけに反応せず、他者の存在に気づかないことや、不意に他者が現れたときにパニックを起こすといった現象について論じた。彼によれば、「他者の存在に気づかない」とは、他者のまなざしや呼びかけを拒絶しているということである。それはつまり、他者のまなざしや呼びかけが自分の中に入ってきたら困るということだ。もしそのような志向性が侵入してきたらパニックになる、自分の世界そのものが崩れてしまうということだ。つまり、自閉症者が「他者の存在に気づかない」ことと「不意に他者が現れたときにパニックを起こす」ことは、同じコインの表と裏なのである。それゆえ、村上は次のような提言を行っている。

「このことは療育において柔軟な対応を必要とする。他者の存在にほとんど気がついていない重度の自閉症児は恐怖を持たないので、五感を使って、つまり手を肩にかけて、声をかけて、相手の存在に気がつかせるようにすることは大事であろう。しかし、すでに対人関係を形成している、特に高機能の成人の場合には、アイコンタクトを強要することが非常なストレスとなりかねない」(7)。

アイコンタクトは、視線という他者性そのものの侵入である。アイコンタクトとは単に、相手を見て視覚の中に収めるということではなく、まるで自分の一部（たとえば目玉）を自分の身体から取って、相手の身体（たとえば目玉）にめりこませるというようなことに近いのだ。そして、自閉症には様々なスペクトラムがあるが、重度の自閉症では視線触発が立ち上がっておらず、高機能の症例の場合には視線触発がきわめて侵襲的なものとして現れる点に特徴があるといわれている。

内海健（一九五五‐）は、村上の議論を翻案しながら、『自閉症スペクトラムの精神病理』の中で次のように論じている。定型発達者は、視線触発（他者からまなざされること）への応答として自己を立ち上げるのだ、と。つまり、自己がまずあって、それが外の世界の対象（物事、人）を認識するのではなく、むしろ対象である物事や人からまなざされることによってはじめて自己が立ち上がるのだ。先にあるのは他者で、他者がいるからこそ自己が――少なくとも近代的な自己が――立ち上がってくる、と考えるのである(8)。

人間の発達段階に置き換えて考えてみよう。内海は次のように言っている。他者からまなざされることによって自己が立ち上がる、その最初の兆候は、生後九か月頃から観察される「人見知り」である、と。「人見知り」が面白いのは、それは単に他者を無視しているのではなくて、他者からまなざされた結果として立ち上がった自己が、他者を避けているという複雑な構造をしているからである。他者が現れる以前には自己はない。もし世界に母親と自分だけしかいなければ、「自己とは何か」を考える必要はない。なぜなら、その二者関係においては、常に充足があるからだ。しかし、そこに他者が立ち現れてきたとき、はじめて自己が意識されるようになる。そして、自己が現れてきた後において、ひとははじめて他者を避けることが可能になる。人見知りとは、そのような現象である。この意味において、自閉症者は視線（他者からこちらに向かってくる志向性）に触発されない存在であるといえる。他方、定型発達者においては、こちらをみつめる他者はこちらの自己のうちに痕跡（内海はこれを「φ」記号で記す）を残す。この痕跡（φ）が自己の形成の核となるが、この自己の起源は経験を超出したもので、自己自身は知りえないものであるとされている。(8)

4　ブラックホール――欠如と穴

次に、同じような現象を精神分析の立場から考えてみよう。次に紹介するのは、クライン派の精神分析家であるフランシス・タスティン（一九一三－一九九四）が自閉症の子どもジョンと数年間にわたって行った精神分析的な遊戯療法の中で起こったことの要約である。

「セッションの終わりが告げられたり、長期休暇のために治療が中断されたとき、彼はまるで何かが彼を突き刺したようにたじろんだ。これらの分離は壊れたものが体の中に入れられたというようにまったく具象的に体験されているように見えた。感情が物理的実体として体験されているように見えるという独特の特徴をもつ、このような状態をどのように論じればよいのか知るのは難しい。〔ジョンにとって〕不在は「いっちゃったこと（goneness）」で、「いっちゃったこと」は壊れたものであり、「嫌な棘」で満たされた「ブラックホール」であった。「迫害」は「嫌な棘」であった。「絶望」は、修復不能なまでに壊れたと感じられる対象を、修復不能なまでに壊れた身体に入れることであると感じられていた。彼はこれらのことについて「考え」なかった。彼はそれらを自分の体の中に入れると感じていた。

「ボタン」が行ってしまったとき、不安はコントロールできない物理的なものとして一挙に入り込んできた。喪失の痛みは心的痛みというより、むしろ身体的痛みとして体験されているように見えた(9)」。

ジョンは、自分のお気に入りの対象であるクッションの「ボタン」が壊れたとき、それについて悲しむというよりも、彼自身の身体における痛みとしてそれを体験しているようであった。そして彼は、それを口の中が「嫌な棘」で満たされた「ブラックホール」の状態になることとして体験していたのであり、この体験は分析家であるタスティンと離れることとも関連して体験されていた。言い換えれば、彼は何らかの「不在」が問題になるときに、きわめて不快な「ブラックホール」を彼自身の身体において体験していたのである。

「この錯覚は、自閉的なひきこもりを引き起こした重要な要素となっていたように見えた。これこそが、「ボタン」が「いってしまった」ときに残されたものだった。この状況は、私たちが知的に考えるような、単なる「素晴らしい」ものの不在ではない、それは、身体的なものとして、嫌な物理的存在が現れるという状況である（中略）。それは、彼の硬直したコントロール下になく、予期できないことをし、ショックをもたらすものと関連している。（中略）これは、体の連続性の裂け目すなわち身体的損傷として、あるいは穴として体験される。それは、寄る辺のない感覚、すなわち「落下（flop）」の感覚を導く(9)」。

この記述からわかることは、人間には「不在」を経験ないし処理するやり方が、少なくとも二つあるということである。ふつう、ひとは何かがなくなった（不在になった）とき、それを「欠如」という仕方で理解することができる。欠如というのは、「あるべき場所にない」こと、すなわち「かつてはあったが今ではなくなってしまったもの」あるいは「今はないが後にはもどってくるかもしれないもの」としてその「不在」を経験することであり、これは「何かがなくなった」という体験を象徴化する能力によって可能になる。ところが、その能力をまだ獲得していない自閉症の子どもが、「不在」に遭遇したとき、その欠如は底なしの「ブラックホール」として体験され、それは彼自身の身体における「落下」として感覚されるのである。このような体験は、さきほどみたような、他者からの志向性が侵入的に入ってきた結果、自分の安心できる秩序が壊されて、パニックになっている状態とも関連するだろう。

このことを、もう少し詳しく説明してみよう。「不在（欠如）がある」ということがわかるということは、実はけっこう高次な能力である。「ものがあること」には誰でも気づくことができる。昆虫でも、何か（たとえば、エサ）があることには気づくことができる。しかし、「そこにあるべきものがない」ことに気づくことができるのは、おそらくは人間のような高度な象徴化の能力をもっている動物だけである。たとえば、金魚にエサをあげることを想像してみよう。金魚は、「エサがあること」に気づいて、水槽の上まで泳いでいって、エサを食べはじめる。では、金魚がエサを食べはじめた後で、その金魚をすこしのあいだ別の水槽に移して、そのあいだに水槽に浮かぶエサを全部片付けてみる。そして、金魚をまた元の水槽に戻してみる。すると金魚はどのような行動をとるだろうか。金魚は、そこに「エサがなくなった」ことに気づくだろうか。おそらく、気づくことはできない。金魚は、エサがあったときに「エサがある」と気づいているだけであって、「あるべきはずのエサがなくなった」ということに気づく能力はもっていないのである。「ある」ものを認識する能力と、「ない」ものを認識する能力は全然別物なのである。われわれは基本的に、自分たちの目の前にある事物を「なくなることが可能なもの」として認識している。たとえば、私たちが図書館に行って、借りたいと思っていた本がそこになかったとしたら、私たちは「本がない」と言うが、それは「あるべきはずのところにない」という意味である。このように、何かを「欠如」というかたちで認識することができるのは、実はかなり高次な能力なのである。

古代ギリシアのパルメニデスという哲学者は、存在とは「ありてあるもの」であると言った。それは、「あらぬもの」など存在ではない、つまり「あるものはある」のであって「あらぬものはあらぬ」のだということである。このような世界観は、自閉症者の世界観とよく似ていないだろうか。世界には、「ありてあるもの」しか存在しない。そこには、不在は存在しないのである。そのような世界、「ありてある」ものだけで構成されているような世界を想像してみても、定型発達者はなかなかうまく想像できないかもしれない。というのも、定型発達者は、「ある」と言われた段階で、それが「なくなる」可能性を想像してしまうからだ。しかし、「ありてあるもの」だけが存在するパルメニデス的な世界に生きている人々にとって、その世界を切り裂くようにして、不在が侵入してくると、どんなことが起こるだろうか。そのとき、その不在は、世界そのものを存亡の危機に陥れることになる。定型発達者のように、「現前」と「不在」という二項対立によってものを認識している人々にはなかなか想像しにくいことだが、「ありてあるもの」しかない世界に生きているひとにとって、不在は、これまで体験したことのないものとして現れてくるしかない。その不在は、世界すべてを破滅させる底なしの「ブラックホール」として体験されるのだ、とタスティンは言っているのだ。

5　共生のための精神病理学／精神分析

以上、自閉症の実際の症例をみながら、精神病理学と精神分析の観点からその特徴を取り出してきた。ここで提示したような特徴を理解することは、自閉症（スペクトラム）の子どもや成人との臨床にとって、あるいは学校や職場などの現場で彼らと共生するにあたって役に立つ視点を数多く提供してくれるのではないかと思う。

また、現代の自閉症の研究において、精神分析は非常に評判が悪いのだが、それは、精神分析家たちが自閉症の原因を母親の子育てに帰している、とされてきたからである。しかし、現代の精神分析家たちはそのような単純な理論はすでに乗り越えている。もっとも、本章でみてきたように、自閉症者が、他者から自分に向けられた志向性や、他者との関係の中で現れる不在に対して非常に脆弱であるという特徴は、やはり養育者との関係の中ではっきりと現れてくるものである（そして、養育者の中でも「母親」が自閉症と関連づけられた時期があったのは、子どもに対して志向性を向けたり、子どもにとっての不在として現れやすい人物が、これまでの子育ての伝統においては、やはり母親であったということと関係しているのだろう。）だとすれば、精神分析の見方は、さきの精神病理学的な見方とあわせて、自閉症者が養育者をふくむ身の回りの他者たちとの関係の中で生きている世界をよりよく理解するための格好のツールとなるはずである（なお、本章で扱った症例から抽出された諸特徴は、自閉症と診断されるすべてのひとにあてはまるわけではない。とくに、近年では「自閉症スペクトラム」の病理の薄い形態が存在することも気づかれており、そのような症例においては、本章で抽出した特徴のいくらかしかみられないという場合もあることを言い添えておく）。

ブックガイド

さらに詳しく精神病理学や精神分析の観点を学びたい読者には、以下の三つの書籍を推薦する。

松本卓也『症例でわかる精神病理学』（誠信書房、二〇一八年）

本章は、この書籍の自閉症を論じた章の中で扱うことのできなかった症例や記述を中心に再構成したものである。一部重複があるが、読者はより体系的に自閉症の精神病理学について学ぶことができるはずである。

綾屋紗月・熊谷晋一郎『発達障害当事者研究――ゆっくりていねいにつながりたい』（医学書院、二〇〇八年）

アスペルガー症候群の当事者である綾屋紗月さんが行った自分自身に関する「当事者研究」の成果。本章で指摘した「時間のまとまりのなさ」という考えは、この本の「身体感覚のまとまりのなさ」という論点から着想している。

熊谷高幸『自閉症と感覚過敏――特有な世界はなぜ生まれ、どう支援すべきか？』（新曜社、二〇一七年）

本章では取りあげることができなかった自閉症における「感覚過敏」の本質に迫り、むしろこの「感覚過敏」からその他の自閉症の症状を理解しようとする点が新しい。

コラム02

「自閉」の概念はどう生まれたのか？

佐藤　愛

「自閉」概念と自閉症の歴史に関し、まずは一般的に知られている事実について確認してみよう。一九四三年のアメリカで、レオ・カナーという児童精神科医によって、「情動的交流の自閉的障害」という論文が発表された。彼の研究から、現在の「自閉症」研究が開始されたとされる。翌一九四四年に今度はオーストリアにおいて、小児科医であるハンス・アスペルガーが、「小児期の自閉的精神病質」という論文を発表する。アスペルガーのアイディアをカナーが盗んだのではないかという指摘もされているが、実態は定かではない（相川、二〇一七参照）。いずれにせよ彼らは、一九四三年と一九四四年という極めて近い時期に、通常の発達とは異なる様相を呈する子どもたちを見出し、どちらもその様子を、「自閉」という「精神分裂病（現・統合失調症）」の一症状に由来する言葉で形容した。

ではなぜ、他の病に由来する「自閉」という語が、現代の精神医学でも使用され続けているのだろうか。また、そもそも「自閉」とはどのような意味の言葉なのだろうか。これらの問題については、明確な答えが明らかになっているわけではないし、ここで仮にであれ答えを提示することは、当コラムの枠組みを超える。したがってここでは、これらの問いについて考えるためのヒントになりそうな部分に、少しだけ触れてみたい。

自体愛

「自閉」という語はそもそも、スイスの精神医学者であるオイゲン・ブロイラー（図1）によって考案された。ブロイラーは、「早発性痴呆」、すなわち早い時期に起こる痴呆とみなされていた病に、「精神分裂病」という新たな名称を付与した人物である。ブロイラーはこの病と「痴呆」との差異化を試み、その過程において「自閉」という言葉を作った。つまりブロイラーは、「自体愛」というフロイト（図2）によって考案された性に関係する言葉を、「自閉」という性に関係しない新しい言葉に変換し、この概念を、「精神分裂病」という新しい名称の病を定義するための、強力なツールの一つとして活用しようとしたのである。

　ここで「自体愛」と「自閉」の原語を確認してみよう。「自体愛」は、ドイツ語でAutoerotismus、「自閉」はAutismusであり、英語ではそれぞれ、auto-erotism（autoeroticism）、autismと表記される。すなわち後者は日本語では、「自閉」と表記されるため「閉じる」という意味が強調されがちだが、原語では「自体愛」同様、auto-が含まれているため、「自己的」のニュアンスが強いことがわかる。

図１　オイゲン・ブロイラー（Eugen Bleuler；1857―1939）

図２　ジークムント・フロイト（Sigmund Freud；1856―1939）

　では、「自閉」の着想源となった「自体愛」は、どのようにして登場したのだろうか。フロイトは、一九〇五年初版の『性理論三篇』[1]において、この概念を、ハヴロック・エリス（図３）というイギリスの医師から借りたと述べている。しかしながら、エリスは身体内部から発生する興奮を「自体愛」と呼び、フロイトは、子どものおしゃぶりなどの、自分の身体で満足する欲動を「自体愛」と呼んだ。すなわち、エリスが興奮の生まれる場所に注目したのに対し、フロイトは、満足をもたらす対象に注目している。一見すると小さな違いに見えるかもしれないが、前者では、外部との交流をきっかけに身体内部で興奮が発生する可能性、すなわち外部との交流に向かう可能性が残されているのに対し、後者では、自分の身体で明確に完結しうるという差異がある。この差異は、「自閉」概念の準備として重要なものであったと考えられる。

ブロイラーの挑戦

次に、ブロイラーの「自閉」について簡単に確認してみよう。ブロイラーは一九一一年に著書『早発性痴呆または精神分裂病群』を発表する。翌一九一二年に発表した「自閉的思考[2]」という論文の中で、症状としての「自閉」の重要性について、次のように詳しく説明する。「精神分裂病のもっとも重要な症状の一つは外的世界からの離反を伴う内的生活の優位である。（中略）わたしはこの症状を自閉と呼ぶ」。だがこうした「もっとも重要な症状の一つ」であり、「精神分裂病」という病を印づける特徴の一つであるはずの「自閉」は、ブロイラーによれば、「正常者」にも現れるという。これはどういうことだろうか。

図3　ハヴロック・エリス
(Henry Havelock Ellis ; 1859—1939)

ブロイラーは「自閉」が、「精神分裂病」だけではなく、「正常者」の「睡眠」や「白昼夢」、「神話」や「迷信」、さらには「詩」においても現れると考える。中でも、「精神分裂病」と、眠っているときにみる夢に現れる「自閉的思考」は、現実の私たちからあまりに隔たっているため、神話や詩の中に現れるそれとは、「本質的に異なる」のではないかと考える。しかしながら他方では、これらの現実からかけ離れた「自閉」と、神話や詩の中に現れる正常者の現実的な「自閉」とが、「形式的に区別できない」ともみなすのだ。

ここに、科学者としてのブロイラーの挑戦があったと考えることはできないだろうか。すなわちブロイラーは「自閉」に関し、この概念の提唱時から、現実的で正常な「自閉」と、そうでないものの境目の間で揺れており、その揺れについて正直に記述していたと考えられるのである。ブロイラーはこの論文の中で、「自閉」の例として、ある患者が自由に外出できるようになった際に、街の料理屋に出かけ、その最上階にある部屋のベッドに横たわり、そこで自分と結婚する予定の王女を待っていた、という例をあげている。私たちが普段暮らしている現実世界からかけ離れてしまった行動についての、患者自身によるこうした説明を、もしもこれを読んでいるみなさんが実際に聞いたとしたら、どう思うだろうか。おそらく、この行動と説明が本当なのだとしたら、これらがあまりにも普段の私たちの生活とかけ離れていることに、驚くのではないだろうか。しかしながらこの論文の中でブロイラーは、こうした行動や説明を受けてもなお、この患者の「自閉」と、神話や詩といった正常者の「自閉」とが、「本質的に異なり」つつも「区別できない」と述べるのだ。

こうしたブロイラーの言葉には、病をはっきりと見定め、分類し、解決策を考案しようとする姿と、その本質の特定の前で戸惑う姿とが、混在しながら現れているといえる。こうした解けない問いに向き合う姿にこそ、科学者としてのブロイラーの真摯さがあったと考えられるのではないだろうか。そして、こうした簡単に解くことのできない問いを前にした挑戦がいくつも折り重なることによってこそ、さまざまな概念の歴史、ひいては学問の歴史が成り立っている、と言ってもいいかもしれない。

＊

ここまで、ごく簡単に「自閉」概念をめぐる歴史について振り返ってきた。「自閉」概念と「精神分裂病（現・統合失調症）」という未だによくわからない部分の多い病とが、互いに謎を深め合いながら考察されてきた経緯について、紙幅の許す限り示すことを試みてきた。「自閉」概念の背景には、「見えない」病と「見える」症状の関係、ひいては人間という存在の見えなさとその現れとの関係といった、大きな広がりをもったテーマが控えているかもしれないのだ。しかしながらこうした問いは、何度も言うように、「自閉症」との関係も合わせて、多くの人々にとって未だ考察の途上にある。

このような広がりをもつ「自閉」概念と自閉症、精神医学や心理学、あるいは他の分野の歴史との関係性について、ぜひこの本を手にとった一人ひとりの方に考察していただきたい。

第3章

哲学

「人間」を考え続けた二五〇〇年の歴史が変わる

野尻英一

この章を読む前に

この章では、「哲学」という学問について紹介しながら、自閉症について哲学からどうアプローチできるのかを学んでみよう。だがその前に、「哲学」とはいったい何だろうか?

「人生哲学」だとか、「彼は哲学者だね」だとか、「あの政権には哲学がない」だとか、「わが社の経営哲学は〜」とか、「哲学」ということばそのものは、日常でも使われることはある。でも学問としての「哲学」とは、どういうことなのだろう。日本では、高校までの教育課程に「哲学」という科目は存在しないので、読者のみなさんの中には、「哲学」といわれても、それがどういう学問なのか、ピンとこない人もいるかも知れない。何となくイメージはあるけれども、それが正しいかどうかわからない、という人もいるだろう。

そこでこの章では、「哲学」とは何なのかということから、話を始めよう。その後に、「哲学」と「自閉症」とは、どういうふうにかかわってくるのか、考えてみよう。

全体の見取り図をわかりやすくするために、はじめに少しだけ述べておくと、現在、「哲学」という学問の世界では、最先端のところでようやく「自閉症」のことが話題になりはじめたところだ。おそらく今後の数十年で、自閉症を考えるために必要な、人間の「想像力」や「共感性」や「コミュニケーション」についての「哲学」が大きく成長することが予測される。そして「哲学」が「自閉症」に取りくむことで、長年にわたって蓄積されてきた哲学の知の体系が、大きな構造変動を伴って再編成されていく可能性がある。同時に、自閉症についての学問も哲学の力を借りて、大きく発展していくことになる。この本のタイトルにもある〈自閉症学〉が発展していくことだろう。そういう重大な転換点に、今「哲学」と「自閉症」の関係は、到達しつつあるところだ。そのことをこの章では、紹介していく。

1 どんなことを考えるのが「哲学」なのか——不思議感覚と不条理感覚

それでは「哲学」とは何かを、ステップを踏んで説明していこう。

まず基本的なところを踏まえると、大学で行われている「哲学」という学問は、ふつう「西洋哲学」のことだ。「東洋哲学」や「インド哲学」といった学問分野もある。そういう場合の「哲学」ということばは「思想」とほぼ同じ意味で使われている。しかし「〜哲学」と呼ばれるものではなくて、ただ一言で「哲学(Philosophy)」といったときには、それは「西洋哲学」のことなのだといって、ほぼまちがいはない。西洋の哲学は、世界で最も長い歴史をもつ、いわば世界で最も古い学問だ。

哲学は、紀元前六世紀頃の古代ギリシアで始まったといわれているので、実に二五〇〇年以上の歴史を連綿と継続していることになる。もちろん哲学よりももっと古い時代にも、学問の営みはあったといってもまちがいではない。ただ、そうした古代の学問は、どこかでその継承が途絶えている。ところが西洋の哲学は、古代ギリシア以来、連続した伝統を継承して現代でも続いているところが大きな特徴だ。そして西洋におけるほとんどあらゆる学問(法学、医学、心理学、社会学、人類学、宗教学、美学、論理学、経済学、政治学、物理学、工学、化学、生物学、数学、など）は、哲学から分かれるかたちで生まれてきたといっても過言ではない。それだけ古く、長い歴史をもち、根本的な性質をもつ学問が、哲学だ。

いっぽうで、これだけ長い歴史があると、時代によって「哲学」もいろいろなかたちに変化するし、哲学者が言う「哲学とは何か」という定義も少しずつ変わってきてしまう。実際現代においては、哲学といっても非常に多くの流派や分野に分かれてしまっている。でもいっぽうで、哲学という学問は、「哲学」という共通の名のもとに、共通の伝統を背負いながら、多くの哲学者たちによって営まれていることに変わりはない。

それからもう一つ大事な事がある。日本に生きている私たちまで含めて、現代の地球における人類の生活は、西洋から発した「近代」が生みだした文明の形式にのっとって営まれている。そういう文明の大きな根っこの一つとなっているのが「哲学」という学問だ。そういう意味で、現代に生きる私たちの誰にとっても、生活の最も根元の部分に関係している学問が実は哲学だといえる。

ここで長い歴史をもつ「哲学」の性質を一気につかむために、少し視点を変えてみる。

地球の歴史はおよそ四五億年、生命が誕生してから三五億年ぐらいだといわれている。人類を含むヒト属が成立したのは二五〇万年くらい前で、私たちホモ・サピエンスという種は二五万年ぐらい前に誕生したと考えられている。この「二五万年」という数字を土台に考えると、二五〇〇年という年月は、そのわずか一〇〇分の一に過ぎない（ヒト属というより長い土台で考えれば、一〇〇〇分の一だ）。これは、私たちの一日の活動時間を一二時間だとすると、一日の終わり、最後の一時間のそのまた最後の「七分間」ほどの時間に過ぎない（ヒト属単位で考えると、四〇秒ちょっとになってしまう）。つまり哲学の歴史が長いといっても、それぐらいの時間のあいだの出来事に過ぎない。

でも、人類の歩んできた長い一日の、その最後の七分間に、不思議なことが起こった。

「～って何だろう」という疑問を、人類は発するようになった。

「～」の部分を、もう少しだけ具体的にかたちにすると、「世界」と「人間」の二つに行き着く。つまりこの頃から人間は、「世界って何だろう」という問いと「人間って何だろう」という二つの問いにとりつかれるようになった。これが「哲学」という学問の誕生だ。

それ以来、二五〇〇年にわたって人類はこの問いにとりつかれている。この問いにどう答えるかという哲学の方法がやがて多様化し、精緻化されることで、様々な学問が生まれてきたといってよい。不思議な魔法のかかった七分間、「マジック・セブン」である。私たちは今でもそのさなかにいる。

この「七分」ほど前に誕生した問いが原動力となって、近代科学が誕生し、近代文明の基礎ができ、それが大きな経済の運動となって、一六世紀頃から世界中を席巻するようになった。つまり〈人類の一日時間〉に直せば「一〇〇秒」ほど前だが、その根っこは、そもそもあの「七分前」に始まった、人間が問いを発する存在になったというところにある。その大きな運動の中に、今世界中の人間が巻きこまれている。

世界がつながるようになったこの七分間の中に、現代日本の社会に生きる私たちも生きていると考えてみよう。短いけれども非常に密度の濃い人類の最近の七分間の中に、古代ギリシアのソクラテスやプラトンも生きていたし、私たちも生きている。そう考えたら、ソクラテスもプラトンも、遠い存在ではない。

実際、あなたは、こんなことを考えたことはないだろうか。

① この「世界」とはいったい何だろう？（この「世界」が夢や幻でないとどうしていえるのだろうか？どこかに本当の世界があるのでないか？）

② 私たち「人間」は何のために生きているのだろう？（「人間」の存在に意味や目的はあるのだろう

か？　私の意識、私の考えることには何の意味があるのだろうか？）

こういうことを、どれだけ真剣に考えるかは、人によって、また時期によって異なるかも知れない。でも、人によっては、そういうことが問題となり続ける。その証拠に、①や②のような問いを主題とした映画や小説やマンガやアニメは、現代社会には溢れている。少なくない人が、漠然とでも、そうした問いにどこかとりつかれているというのが現代社会だ。

そして実は、①や②のような問いを、はじめて問うたのが古代ギリシアの哲学者たちだった。その時からずっと、人間はその問いを問うている。その問いに突き動かされてきたからこそ、人間の文化や文明は発達したのだといってもよい。そしてこの二五〇〇年の間に、問題は解決するどころか、ますます多くの人がその問いを問うようになっている。つまり謎は拡大し、深まっているとさえいえる。

ここでは右の①の、この「世界」とはいったい何だろうと疑問に思う感覚のことを、「不思議感覚」と呼んでおこう。そして②の、私たち「人間」はいったい何のために生きているのだろうと疑問に思う感覚のことを「不条理感覚」と呼んでおこう。つきつめれば、この不思議感覚や不条理感覚の謎に取り組むことが、「哲学」という学問だといっていい。「哲学」という学問の二五〇〇年の歴史は、この不思議感覚と不条理感覚を、様々なかたちで追求してきた歴史だといえる。

もう一つここで、宗教と哲学とのちがいについて、述べておこう。

世界って何だろうとか、人間は何のために生きているのかとか、そういう疑問について考えるというと、宗教と哲学は似ていると思う人もいるかもしれない。実際、歴史的には宗教と哲学が重なっていた時期もある。だが宗教と哲学とはやっぱりちがう。どうちがうのかというと、宗教の場合には、①②の問いに対して、その宗教なりの「答え」が用意されている。何らかの人間を超越した存在（神さまとか仏さまとか）を信じることによって、不思議・不条理感覚の問題を解決しようとするのが宗教だ。たとえば神さまがこういうふうに世界をつくった、人間をつくった、だから人の生きる意味はこういうことだ、という物語を提供して、人を悩みから救うのが宗教だ。だから、もし世界について不思議に思う感覚と、生きる意味について不条理に思う感覚とについて、すぐに「答え」がほしいと思ったら、何らかの宗教を信じればいいということになる。

時々哲学というのは、世界についての疑問や生きる意味についての疑問に、「答え」を与えてくれるものだと思っている人がいる。それは実は、ちがう。宗教が「信じる」のに対して、哲学は「考える」。考えて、答えをだそうとする。だからそこに、信じるべき答えは用意されていない。では考えると、どうなるのか、考えてきた結果どうなっているのか。この次の節で述べてみることにする。

2 「意味」ということ――マンガ『自虐の詩』から

ここでこの二五〇〇年間のうちにだんだん鮮明になってきた哲学の問題を、思いきって、一つの図式に圧縮してみたい。ただしその前に、その図式を理解してもらうために、あるマンガ作品を紹介することから始めよう。

業田良家『自虐の詩』(1)(一九八五~九〇年)という作品だ。日本の四コマ・マンガにおける傑作とされていて、その哲学的な魅力を、たとえば哲学者の永井均氏も『マンガは哲学する』(岩波現代文庫)という著作で紹介している。内容は、「幸江(ユキエ)」という薄幸の女性が「イサオ」というろくでなしの夫と暮らす中で経験する日常の困難なシーンを、ギャグタッチで重ねて描写していく作品である。イサオという男は、見たところヤクザ者で、まともな仕事に就いておらず、二人は幸江が内職で稼ぐことでかろうじて生活しているのだが、苦労して幸江が稼いだなけなしのお金も、イサオが酒やギャンブルに使ってしまい、暮らしはいつまでも楽にならない日々である。客観的な事実としては深刻に悲惨な貧困生活なのだが、その様子をコミカルに描いて、可笑しい作風となっている（図3-1）。

読者からみれば、そんな男と一緒に暮らすのは愚の骨頂で、幸江はイサオなどとは早く別れればいいのにと思ってしまう。ところが、当の幸江はイサオのことを愛しており、どんなにひどいことがあっても、つらいことがあっても、イサオと別れようとはしない。そのことが読者には不思議であるとともに、苦痛に快楽を見出すマゾヒストのように自虐的な人物の生態をみる面白さがありついつい読み進めてしまう。ところがこの作品は、小さな水の流れがより集まってやがて大河となるような話の展開をみせ、重厚な物語の様相を呈してくる。幸江の人並みならぬ不幸で悲惨だった小中学校の頃の境遇や、幸江とイサオの過去のいきさつが徐々に明らかとなり、読者は幸江がなぜ今の生活に苦労しながらも幸せを見出しているのかを理解するのだ。

詳しいストーリーの展開は省くが、この物語の後半は、幸江が甲斐性のない父親のもとで苦労しながら、おぼろげにしか記憶にない優しい母親の面影を追い求め続けた過去を回想するシーンが折り重ねられながら展開する。そして彼女がみずからの妊娠に気づき、自分自身が母親になることを知ったとき、「人生には意味があるだけだ」と実感するところで、クライマックスを迎える。

幸江は大きくなったお腹を抱えながら、会ったこともなく、これからも会うことがないであろう母親に向けて、届くことのない手紙をポストに投函する。

図 3-1 「幸江の亭主」

出所：業田良家『自虐の詩』（竹書房）[1] より引用

前略、おかあちゃん
この世には幸も不幸もないのかもしれません
なにかを得ると必ずなにかを失うものがある
なにかを捨てると必ずなにかを得るものがある
たったひとつのかけがえのないもの、大切なものを失った時はどうでしょう
私たちは泣き叫んだり立ちすくんだり……
でもそれが幸や不幸ではかれるものでしょうか
かけがえのないものを失うことは、かけがえのないものを真に、そして永遠に手に入れること！
私は幼い頃、あなたの愛を失いました
私は死にもの狂いで求めました。求め続けました
私は愛されたかった
でもそれがこんなところで自分の心の中で見つけるなんて……
ずっと握りしめてきたてのひらを開くとそこにあった。そんな感じで
おかあちゃん、これからはなにが起きても怖くありません。勇気がわいています
この人生を二度と、幸や不幸で、はかりませんん
なんということでしょう。人生には意味があるだけです
ただ人生の厳粛な意味を、かみしめていけばいい。勇気がわいてきます
おかあちゃん、いつか会いたい
そしておかあちゃん、いつもあなたをお慕い申しております
かしこ　葉山幸江
追伸　もうすぐ私にも赤ちゃんが生まれます

（傍点は筆者）

この「人生には意味があるだけです」という幸江の言葉を、読者はどのように理解すればいいのだろうか。

幸江は母親を追い求め続けた。ダメ人間である父親のもとで、生活の苦労を背負わされ、赤貧の勤労小学生だった幸江は、いつも母親がいればよかったと考え続けた。母親の胸元で幸福だった時間のことを幸江はわずかに覚えている。その幸福の瞬間を思い出しては、現在の不幸と比べてしまう。このように幸福だった記憶を決して手放さないからこそ、幸江の生は、常に触れれば血が滲みそうな、痛々しい不幸の連続である。むしろその記憶を手放してしまえば、現在を不幸とも思わないですむのかも知れない。しかし、幸江は幸福を忘れず、追い求めた。追い求め続けたからこそ不幸だったといえるが、追い求めることを決してやめなかったからこそ、今みずからが母親になったときに、「あ、そうか、自分が母親なのだ」という思いとなって、母親を追い求め続けた思いが自分自身に還帰している。

こうした意味で、幸江にとっては、不幸が幸福だったということになっている。こうして、人間における生きることとの円環が閉じる。この意味での「幸福」とは先取りが決してできないものだ。それは後になってからしか、決してやって来ないものであり、長い期間を経て経験するしかないものだ。そしてこの『自虐の詩』という作品の恐るべきところは、その人生における経験をギャグタッチの四コママンガの連作で、読者に擬似体験させようとするところにある。

ここで幸江がいたった認識、「人生には意味があるだけだ」という認識は、人生には必ず（良い意味での）意味がある、というようなことではない。生きていれば、必ず（良い意味での）人生の意味というものを人間は発見できる、出会える、というようなことではない。ましてや、人生、良いことがあれば必ず悪いことがあり、悪いことがあれば必ず良いことがあるという、因果応報的な運命論のたぐいでもない。ここでいわれている〈意味〉とは、良い意味でも悪い意味でもなく、ただの〈意味〉なのだ。そのことを読者が何とな

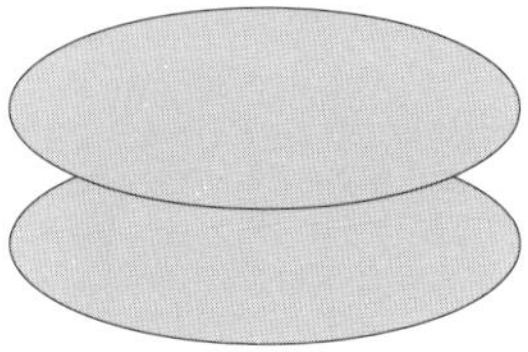

図3-2　2つの円

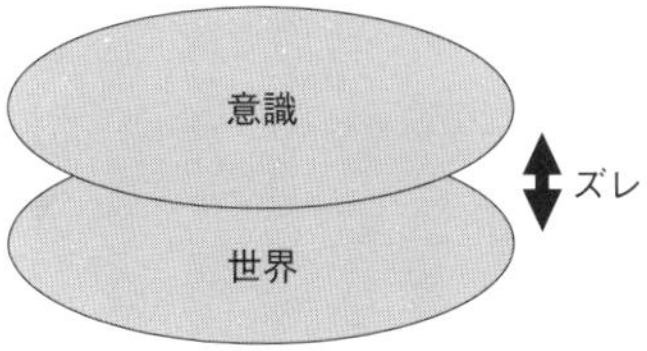

図3-3　人間の意識

くでもわかったとき、哲学が人間存在について考えている、そのほとんど最先端の認識にまで、この業田良家という漫画家は、読者を連れていくことに成功している。ではその〈意味〉とはどういうことなのかを、イメージ図を使って説明してみよう。はじめに、二つの円を重ねた図を描いてみる（図3-2）。

この二つの円は、何だろうか。

仮に、下の円を「世界」ということにしよう。そしてその上に重なった円を「意識」ということにしよう（図3-3）。人間の意識、つまり心のことだ。人間の意識というのは、どうも世界とぴったり重なっていなくて、世界からズレているところがある。そのことをこのような図で書いて、イメージしてみようとしている。

「世界」というものがあって、そして人間の「意識」というものは、そこに重なってはいるのだけれども、同時にそこから少しズレている、そういうふうに考えてみる。

この下の「世界」の部分に「身体」をあてはめてもいい。そして上の「意識」の部分に、「記憶（思い出）」とか「情念（感情）」とか「意志」をあてはめてもいい。そうすると次のようになる（図3-4）。

人間というのは、他の生物とちがって、世界そのものから、また自分の身体から、少しズレて存在している。世界のありようや身体の状態に単純に反応して生きているだけではなくて、それとは別に意識をはっきりともち、過去に経験したことの思い出（記憶）や世界に向けての思い（情念）を抱えている。そしてそれにしたがって、世界を捉えたり、世界にはたらきかけたり、自分の身体を動かしたりする。つまり世界

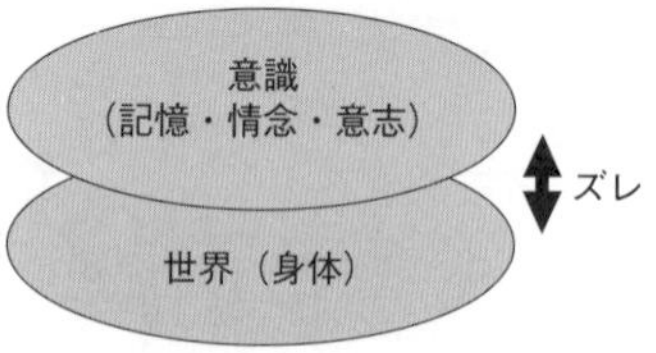

図 3-4　記憶・情念・意志

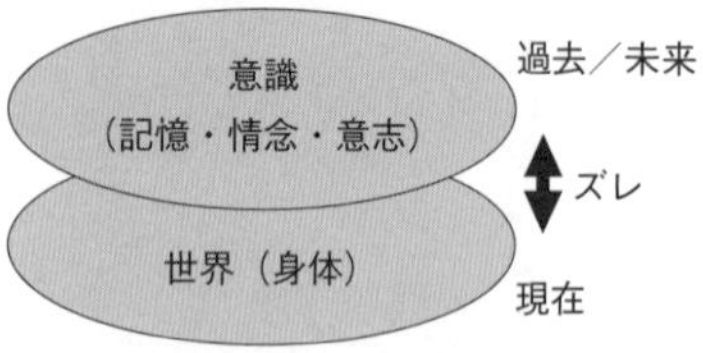

図 3-5　過去／未来と現在

や身体に支配されているだけではなくて、それを支配しようとして生きているといってもいい。そういうふうに、世界そのものとは異なる次元をもって、世界に対するあり方となっているところを指して、ここでは「人間は世界からズレている」と表現している。もちろん他の生物も、多かれ少なかれ生物以外の世界から少しズレている。けれども、人間ほどこのズレが大きな生物はいないといっていいだろう。わかりやすくいえば、上の円が「心（こころ）」で、下の円が「体（からだ）」だ。私たちは、「心」と「体」という二つを対にして考えることに慣れている。ここではそのことをいっている。

ここで「世界（身体）」に「現在」というラベルを付け、「意識（記憶・情念・意志）」に「過去／未来」というラベルを付けてみよう。そうするとこうなる（図3-5）。

先にもいったように、人間というのは、世界にぴったりはまりこんで生きていないところがある。このズレをもって生きているということを、時間の話にあてはめてみると、人間というのは現在そのものを生きていない、という言い方になる。人間は、現在を生きながらも、同時に過去の思い出や未来への意志などをもちながら、生きている。去年、洪水が起きて作物がぜんぶダメになってしまったから、今年は堤防を築く。そういうことを人間はする。つまり人間の営む文化や文明というものは、人間が世界そのものからズレているからこそ、可能になっている。より明確にいえば、人間はほとんどの場合、現在そのものを生きていないといった方が正確だろうと思う。

「時間」についてもうちょっと考えてみよう。実は人間が現在からズレてしまっているということそのものが、「時間」だ。少なくとも哲学者は、「時間」をそのように捉えている。もし人間がズレというものをもたず、現在そのものを生きていたとしたら、その時には「時間」そのものが消えてしまう。「時間」とは、「間」ということばが入っているように、幅のことだ。人間が幅をもつことができるのは、現在からズレているからだ。私たちは成長すると、自分が生まれてから死ぬまでのおよそ百年ぐらいの幅の時間というものを意識しながら生きるし、科学的思考の場面では、宇宙の始まりから終わりまでも考える。そういうふうに、眼の前の現在のことから離れたことを考えつつ現在を生きているということがズレているということだし、時間の中を生きているということだ。

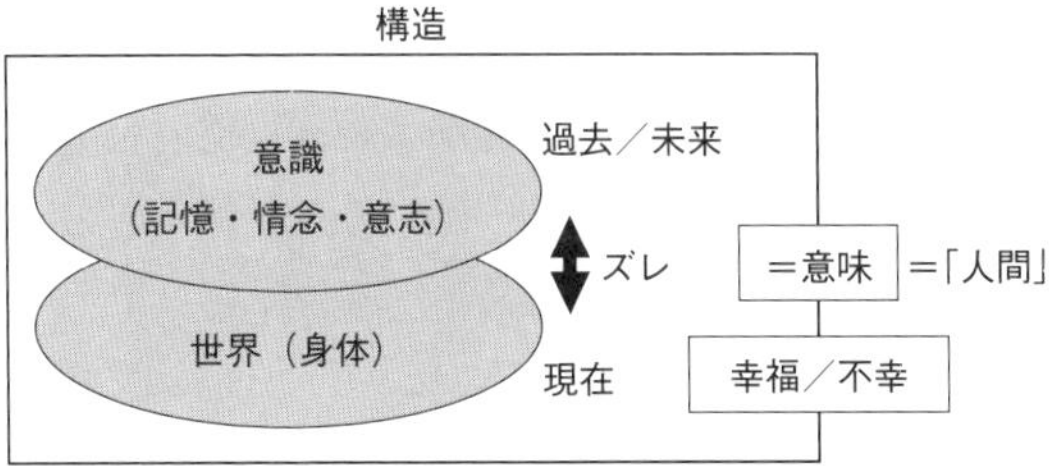

図3-6　ズレと意味

こういう構造をもった存在が「人間」だ。あるいは逆に、「人間」とはこの構造のことだ、といってしまってもよい。そして私たち「人間」の幸福も不幸も、すべてこの構造から発することだといえる（図3-6）。

そして実は、人間における「意味」とは、この構造のことなのだ。幸江はこのことに気づいた。もしそのようにいった方がわかりやすければ、意味の意味に幸江は気づいたといってもいい。幸福も不幸もこの同じ構造から発生する。それは、幸福と不幸とは、別々のものではなくて、ただ一つの構造であって、それ自体はポジティブでもネガティブでもないものから発していることに気づいたということだ。その構造それ自体のことを指して、幸江は「意味」ということを言ったのだ。

人生における「不幸」というのは、簡単にいえば、「良かったときのことを覚えている〈知っている〉が、今は良くない」という状態のことである。また逆に「幸福」というのは「良くなかったときのことを覚えている〈知っている〉が、今は良い」という状態のことである。

幸江は、まともな生活力のない父親との生活の中で、幼少期のおぼろげな母親の思い出を抱え続けていた。つまり幸江の現在は、どこかしら、いつも過去の記憶を土台として、あるいは核として、すごされるものだった。もしかすると、いつか母親が戻ってきてくれるかも知れない、という思いを支えにするからこそ、現在の生活に耐えられるということがあっただろう。しかし一方で、母親がいてくれたらと思うからこそ、今の生活の苦しさ、みじめさがひきたってしまうということがある。人間における「不幸」とは、結局、このような組み合わせ、一つの構造のことであるといえるだろう。だが、この「不幸」が、結局はやがて幸江が経験することになる「幸福」へとつながっている。母への思いというものを一貫して、心の奥底に希望としてもち続けたからこそ、自分が母になったことがわかったときに、「あ、あたしが〈お母さん〉なんだ！」というかたちで、自分の中に〈幸福〉があったことに気づく。母親を求める心を失わずに、維持し続けたからこそ、自分が母親になる喜びを噛みしめることができ、良い母親になろうと思うことができ、良い母親になろうと思うことの喜びを感じることができる。

人によっては、なかなかピンとこないという人もいるかも知れない。というのは、自分の〈母親〉がいなくなってしまったことと、自分が〈母親〉になるということは、まったく別々のことであると考えることもできるからだ。たとえ、自分自身が母親になるとしても、自分の母親が戻ってきたわけではない。しかしそこが同一のこととして重なってくるのが、人間という存在の面白いところだ。よく自分が親になったときに、はじめて親が自分のことをどれだけ思ってくれていたかがわかるという。厳密には、自分の親と、親になった自分とは、ちがう人間だ。ところがそうやって、自分の記憶や思いを、他の出来事や他者と重ね合わせて生きる性質が人間にはある。過去に親に育ててもらったことを覚えているからこそ、自分が子どもをもったときに、子どもにとっての親とはどういうことかを〈実感〉することができる。人間は親となったとき、子とともに、もう一度、自分の親の人生を生き直す。こうして人間にとっては、過去の思い出が、未来への希望となる。過去の記憶というものの中に生きながら、未来を求めていくのが人間だ。先ほどの図で、「過去／未来」というふうに、過去と未来を一緒に記しておいたのは、そういうことだ。

過去と未来というのは、まったく別々のことだと思う人もいるだろう。言葉の定義からして、過去と未来は正反対だ。けれども、哲学的によく考えていくと、それは同じだということができる。どちらも同じ一つの事態、人間が現在からズレているところから発する。

さて、過去と未来とを「過去／未来」というかたちで一つのものとして記したわけだけれども、もうひとつ、幸福と不幸についても「幸福／不幸」というかたちで一つのものとして記した。幸福と不幸とはちがう。ちがうけれども、実はそれは表裏一体といってもいい。一つの同じ構造から、幸福も不幸も生じている。幸福にしても、不幸にしても、結局、人間が現在からズレている構造から生じるものだからだ。現在からのズレを含み込みながら、抱え込みながら、現在を生きる。そういうことをしているからこそ、人間は不幸だったり、幸福だったりするのだということだ。

「不幸」であることをやめることは、できるのだろうか。それは論理的には可能だ。つまり「ズレ」をなくせばいいわけだ。記憶という名の過去や希望という名の未来の次元に生きることをやめればいい。でもそれをやめたとき人間は、「幸福」をも手放すことになる。「ズレ」をなくすということは、「意味」をなくすということだ。つまり「無-意味」を生きるということだ。そういうことが人間にできるだろうか。「ズレ」

そのものをなくすことは不可能でも、「ズレ」を無視するとか、こだわらないようにすることで、「ズレ」をこじらせないようにすることはできるかも知れない。たとえば、ここで説明している西洋哲学ではなくて、東洋の思想に目を向ければ、そういうことがずいぶん前に認識されていた。仏教の思想では、世界の真実は「空」だということがいわれるし、また禅の思想では「無」になることが説かれる。「無」になるというのは、こだわりを捨てることだ。過去を抱え、未来を展望することをやめることだ。希望をもつことの中に絶望がある。だから、そういうことの一切をやめて、現在そのものを生きれば、人間は不幸であることから抜け出すことができる。それを仏教の思想では、「解脱」や「悟り」と呼ぶ。

3　近代の哲学

古代ギリシア以来、近代にいたるまでの二〇〇〇年ほどのあいだ、ずっと考えられてきたことは、人間はどうしたら「真理」に到達できるのか、ということだった。人間の理性的な思考能力を鍛えれば、世界の裏にある真理に届くのではないかと、哲学者たちは考えてきた。そのことを「超越」と呼ぶ。そして「超越」によって、「真理」に到達しようとする哲学のことをとくに「形而上学」と呼ぶ。「形而上」とは、この世を越えた次元にある世界のことだ。この形而上学が、二〇〇〇年ほどの間、哲学の主流のかたちだった。

けれども、近代になって、はっきりと「形而上学は無理だ」ということが認識された。人間にできるのは、なぜ人間は超越的に考えてしまうのか、なぜ形而上学のようなことを考えてしまうのかということについての自己分析だけだ、ということが理解された。現代風の言い方をすれば、人間の心理や精神の構造を分析して解明すること、そして世界の謎や生きる意味について人間が考えてしまうことのメカニズムを明らかにすることへと哲学はシフトする。と同時に、物理学や心理学や社会学といった個別の諸学問が哲学の中から生じてくることになる。これがヨーロッパで一八世紀から一九世紀ぐらいにかけて起こったことだ。

「超越」によってこの世の彼方にある真理に到達するのは無理だ、このことをはっきりと言ったのが一八世紀のカントという哲学者だ。カントは人間がさきほどの図式のような「ズレ」の構造の中にあることに気づいた。そのために人間の世界についての認識は、決して世界そのものの真の姿と一致しないと考えた。

だけれども、同時にカントは、人間共通の世界についての認識は組み立てられると考えた。それがカントの少し前の時代に勃興してきた、ニュートンの力学に代表される西洋の自然科学だ。自然科学が捉える世界の姿は、世界そのものとはいえない。それは人間が組み立てた世界についての理解に過ぎない。しかし、人間の知的能力にはある程度の共通性があるため、その方法を共有し、洗練させていけば、少なくとも人間同士のあいだでは共通の世界理解を仕上げていくことはできる。これが、カントによる不思議感覚への答えだった。自然科学の方法によって不思議感覚の問題、つまり世界の謎についての疑問を人間は解消していくことができる、とカントは考えた。

もう一つ、不条理感覚についてはどうか。人間が生きる意味についての問題をカントはどう解決したのか。右に述べた不思議感覚の問題、つまり世界の謎の問題は、実は本当には解決していない。自然科学の把握する世界は、世界そのものではなく、人間の知力で把握できる限りでの世界像でしかない。けれども、実はそこに鍵があるとカントは考えた。人間は、自分の知力の限界を超えて、世界そのものを知りたいと思う。宇宙のはじっこはどうなっているのかとか、時間の始まりはどうなっているのかとか、死後の世界はどうなっているのかとか、そういうことをつい考えてしまう。カントによれば、そうした世界の「根源」にかかわる謎は、人間には解けない。なぜなら人間は神ではなく、人間に過ぎないから。カントの哲学は、そこから反転して、不条理感覚の問題に踏み込んでいく。人間が、知りようがないにもかかわらず、世界の謎の答えを知りたがるのは、実は人間がある程度、世界を超えている（超越している）からだとカントは考えた。つまり人間は、神ではないけれども、でもやっぱり動物とはちがって神とつながっているところがあって、そのことが人間が世界を超えてしまっている原因だと考えた。世界の謎について考えてしまうのは、人間が神の世界に触れている部分があるからだとカントは考えた。だからこの神につながる人間の知的能力のもつ法則性を整えれば、それをどう生きるべきかについての指針とすることができると考えた。

　人間は、世界が現にどうあるかだけではなく、どうあるべきかについて考えることができる。「である」だけではなく「べき」について考えるところが、人間の優れたところだとカントは考え、これは人間のもつ尊い道徳的能力だと考えた。これがカントの不条理感覚についての答えだ。カントの答えは、いわばアクロバットだ。人間が世界からズレてしまっていることを逆手にとり、それは人間が道徳的に世界を捉え、世界のあるべき姿に向かって努力していくことができる尊い存在であることの証拠だという論理を組み立てたわけだ。

　今日でもそうだけれども、私たちは、この世界はどうして存在しているのだろうとか、人間の生きる意味って何だろうとか、そもそもこの世界は本当に現実なのか、夢ではないのか、ということを考えてしまう。人間はこの世界から浮いてしまっている。人間は、超越の力をもってしまっているからこそ、謎にとりつかれるし、意味を求めてさまようし、そのことで不幸にもなる。でもまさに、人間が素晴らしい存在であるのは、この超越の力をもっているからこそだ、それを道徳の力として、世界をあるべき姿に導いていく力として使うことが人間の使命だ、それに気づけば、もう「意味」の問題に悩むことはない、カントはそう考えた。つまりいってみれば、人が生きることの意味に直接的な内容をもった答えはない、ところが「意味」の問題に悩むという性質を人間がもっているというところに実は意味があった、こういう説明である。これが西洋近代の哲学の到達した地点だ。

今日の私たちは、人間が動物とは異なり世界からズレていること、つまり観念というものをもっていることが、時に恐ろしい惨事をも招き寄せることを知っている。観念の力を増強させた近代の人間は、自然科学を発達させ、莫大な物質的富を生みだす近代文明を生みだした。同時に人間は、この観念の力の副作用にも悩んでいる。それぞれに理想だと考える世界や人間や社会についての思想が、イデオロギー的な対立に結びつく。それが深刻な政治的対立や圧政をもたらすことを、私たちは近代の歴史として経験してきた。また観念の世界を方法論的に洗練させた自然科学は、豊かさを生み出すけれども、他方では環境破壊や核兵器など、世界を破滅させるものも呼び寄せてしまう。観念の世界が肥大化すると、時に私たちは精神のバランスを崩してしまう。人間が世界からズレているということ、観念の世界をもっているということは、こういう不都合な面をもっていることも私たちは知っている。

〈人類の一日時間〉でいえば、今から七分前である紀元前六世紀頃に、人間は自分の意識が世界からズレてしまっていることに気づき、神話や宗教でその問題を回収するのではないかたちで、考えはじめた。それから二三〇〇年経って一八世紀、つまり今からわずか四五秒ほど前になって、その自覚がさらに進み、このズレを追求する彼方に真実の世界がみえてくるのではなく、けれどもこのズレにはやはり意味がある、というところまで哲学は進んだ。しかし、今日の視点からいえば、人間のもつ観念の能力を道徳的な理性の能力として信じきることには、無理がある。すでにカントのすぐ後の世代から、その問題に、哲学者たちは気づきはじめた。そしてズレの問題を、カントよりさらに冷静に、ただのズレとして捉えることが必要だと考えられるようになりはじめた。それが、哲学史でいえば、ヘーゲルやマルクスといった哲学者たちの仕事であになる。
り、これがいわば三回目の大きな展開を哲学の歴史にもたらすこととなる。時代は、一九世紀から二〇世紀
　そしてその展開には、もう一つ、とても大事な展開の芽が含まれていた。この展開はまだ始まったばかり
で、ようやくこれから大きく花開こうとするところだが、このことが「哲学」と「自閉症」との関係の説明
になってくる。その「芽」とは何だろうか。
　私たちが世界そのものからズレているということ、意識の世界、記憶の世界、そして観念の世界というも
のをもっていることは、これまでいわば「単独モデル」で考えられていた。人間というのは、みんな同じで、
一人ひとりがそれぞれ独立してズレているというふうに考えていた。ところがカントの後、ヘーゲルという
哲学者は、人間の意識が世界からズレているのは、単独でそうなっているわけではなくて、人間の意識相互
の作用によってそうなっている面があるのではないかと考えた。人間が意味を交換することが、人間の意識
が世界そのものからズレることを強化しているのではないかという考え方だ。ところが一方で人間は、意味
を交換することで、このズレを人間的に収束させ、社会を形成する力に変えようとする。そうすることによ
って人間の意識はますます世界そのものからズレていってしまう。
　もう一度、あの『自虐の詩』から、今述べたことを象徴する光景を抜きだしてみよう。幸江は、確かに幼
い頃から母親との幸福だった瞬間の記憶を大事に抱き続けた。そのことによって、辛い現実を乗り切ってい
ったといってもいい。その記憶を捨てなかったために幸江は不幸だったともいえるが、それを捨てなかった
ために幸福になることができた。
　けれども幸江のそういう精神のありようは、一歩まちがえれば、不安定な領域に踏み込みかねない危機に
瀕していた。現実の中で理想を失わない人は、理想を追求していくことのできる強い精神の持ち主だともい

えるが、場合によっては夢見がちな人でもあることになる。そしてこの夢見がちな精神が、耐えきれない現実に直面したときに、精神のバランスが崩れ、危機が訪れることがある。「暗闇から声が聞こえる」という八コマは、高校生の頃に、幸江の精神がそういう領域に差し掛かった瞬間を描いている（図3-7）。一人でいると、人々がこれまでに自分に言ってきた声が、記憶の底からよみがえり、幸江の耳に聞こえてくる。誰でも大なり小なり、これに類したことは経験したことがあるかもしれない。孤立する幸江の心は、この他者の声に負けそうになる。もしこれがこのまま続けば、幸江の精神は、ダークサイドに落ち込んでいたかも知れない。

けれども、ここがまたこのマンガのすごいところだが、その暗闇に落ち込みかけた幸江の精神に「光」が差し込む。それが、友人である熊本さんの声である。熊本さんと幸江は、もともと貧乏な境遇を共有する友だちだった。しかしクラス内の人間関係の力学に幸江が便乗したために、敵対する関係になってしまい（幸江は熊本さんをいじめる側に回ってしまった）、距離ができてしまう。いわば幸江が熊本さんを裏切ったのだ。その熊本さんが、幸江が孤立したときに、声を掛けてくれた。この友人の「声」、似た境遇に育ち、同じように貧乏の不幸を知る友人の声が、幸江の精神を暗闇から救い出す。このことによって、幸江の心は、もう一度、幼い頃から心の底に保持し続けた、母親との幸福な記憶にいわばエネルギーを再注入することができた。（自閉症との関連でいうと、こういう幸江の精神の形成こそが実は定型発達といわれる心のかたち、すなわち多数派の心の構造を表現している。つまり他者との関係性を通じて過去の記憶を懐かしい思い出として取り戻し、母親と自分を重ね、未来へと向かうアイデンティティを形成したことだ。それはまた近代的な精神の構造そのものといえる。このことはもう少し後に説明する）。

人間という存在は、意味の構造をもっているだけではなくて、その意味の構造が相互作用するところがあ

図 3-7 「暗闇から声が聞こえる」

出所：業田良家『自虐の詩』（竹書房）[1]より引用

る。意味を交換するということを通して、その構造を強化している面がある。他者との意味の交換を通して、自己というものを形成維持している面がある。このことに気づかれるようになってきたのが、西洋哲学の歴史では、ようやく一九世紀以降となる。

4 「意味」を交換する欲望

一八世紀のカントまでは、人間の心の構造は、単独的・静的な構造のモデルで考えられていた。人間は神から魂を与えられた存在である、というキリスト教の信仰が背後にあったからともいえる。カントの次の世代、ヘーゲルやマルクスといった哲学者たちの頃から、心の相互的・動的なモデルへの移行が起り、より踏み込んだ考察がなされるようになった。人間は、あらかじめ完成された心の構造をもって生まれるのではなくて、生まれた後に、周囲や他者との関係を通して形成されてくるという考え方が出てきた。現代風にいえば、社会や文化という環境の中で、人間の心は形成されるということだ。こういう考え方がはっきりと学問的に主流となってくるのが、ようやく今から二〇〇年ほど前、一九世紀のことだ。

そして、その頃に生まれた考え方は、人間の心の内容が社会や文化という環境の影響を受けて形成されるということにとどまらなかった。私たちの心のかたち、心の構造そのものが、本質的に、根っこから、他者との関係を土台に形成されるという考え方が出てくる。むしろ他者との関係性が先である、という考え方が出てくる。

私たちは、常識的には次のように考えがちだ。まず自分の心があって、その私の心でもって、私は他者の心とコミュニケーションを取る。今の私はもう成長してしまった人間なので、私の心というものがしっかりとある。だからその心でもって他者と関係する、と考える。だけれども、生まれたばかりの頃、幼児の頃、少年少女だった頃、私の「心」はまだはっきりとできあがっていなかった。「私」のかたち、「私」の輪郭は、そこにははっきりとはなかった。でも他者との関係はすでにあった。親や周囲の人間と触れ合い、混じりあう環境の中で、私の「心」はできあがっていったのだ。だから、私が私であることの基盤に、すでに他者との関係性が影響を与えている。むしろ他者との関係が、本質的に、私の心に織り込まれている。私が「私」である前に、他者とのかかわりがあり、そのかかわりの中で、私の心は形成されたのだ。このことは今日、自閉症の研究において「共感性」と呼ばれる、人間の心のもつ一側面の話につながる。哲学の分野ではその領域のことを「人間的欲望の次元」とか「欲望の他者性」といった言葉で表現する。そういう考え方の「芽」が一九世紀に出てきた。

ここで少し、一九世紀以降の哲学史の流れを追ってみよう。

ヘーゲルという哲学者は、人間の心（精神）は、①意識、②自己意識、③理性、④精神という順番で、形成されると考えた。①「意識」というのは、いってみれば、人間の心が自分一人だけで世界に向かいあっているモードのことだ。②「自己意識」となると、そこに他者とのかかわりが入ってくる。私たちは、世界とかかわるにしても、他者とかかわるにしても、他者の存在、他者の目を気にして振る舞うということがある。そういうふうに、他者の視点や他者の意識というものが私の意識の中に重なって、入ってくる。他者の目から自分を見る、そしてその他者の目から見ておかしい振る舞いでないかをチェックして、行動するということがある。そういうふうに、私たちの心には、他者の存在が織り込まれている。その心のモードをヘーゲルは自己意識と呼んだ。③「理性」というのはさらに、客観的な文化や法律や社会制度や規範を取り込んで、それを自分のものとして、振る舞うステージに入った心のことだ。社会人として世間の中で働くということに重ねて考えるとわかりやすい。④「精神」というのは、さらに進んで、自分たちの活動が社会や歴史の運動を生み出していることを自覚して振る舞うようになった心のモードだ。社会に順応するだけではなくて、社会や歴史の運命を積極的に担っていくという状態だといえば、わかりやすいだろう。

重要なのは、①「意識」から、②「自己意識」への転換のステージだ。ヘーゲルは、人間の意識（心）は、他の人間とかかわるときに、モノとかかわるのとは異なるかかわり方をすることに注目した。モノとかかわるときには、人間は一方的にモノに働きかける。しかし人間の意識は、他の人間の意識とかかわるときには、一方的ではないかかわり方をする。それはまた動物の世界のように、肉体的に強い側が弱い側を物理的に強制的に支配する（攻撃したり、食べてしまう）のとも異なる。人間同士の関係は、一方が他方を支配しているとしても、その支配には、精神的な次元がある。ヘーゲルは主人と奴隷の話をする。奴隷は主人に支配されていることを知っているし、主人は奴隷を支配していることを知っている。精神の関係がそこにある。奴隷の仕事は、主人のためになされる。世界に働きかける（モノをつくる）ときでも、自分のためではなく、主人のためにつくる。主人は自分が働く代わりに、奴隷に働いてもらう。その時、奴隷の存在には、主人の存在が重なっている。奴隷もそのことは自覚している。主人のためにモノをつくる奴隷の心には、主人の心が重なっている。また奴隷のつくったモノを受け取って生きる主人も、その存在は奴隷ぬきにしてはありえないというかたちで奴隷に依存している。このことを主人もどこかで意識しているだろう。主人と奴隷というのは、人間関係を単純化したモデルだが、こういうふうに人間存在は、互いに入れ子のように入り組んだ関係性をもって、成り立っている。そのことを私たちの精神は、たとえ無意識にせよ、知っている。そのことが、私たちの「心」のあり方に影響を与えている。私たちの「心」は他者との入り組んだ関係性を前提に成り立っている。

私の心にもあなたの心が入り込んでいるし、あなたの心にも私の心が入り込んでいる。そういう関係を人間は形成していき、文明社会を構築する。そうヘーゲルは考えた。こういうふうにヘーゲルが人間の「心」がもっている重なり合いの機能について洞察したことは、二〇世紀の現代哲学／現代思想の分野に大きな影響を与えた。第二次世界大戦前のフランスで、アレクサンドル・コジェーヴという人が、ヘーゲルの『精神現象学』という書物についての講義をするのだが、その中でコジェーヴは、ヘーゲルが「人間的欲望」について語ったことの意義を強調した。人間の欲望は、単純な動物の欲望とは異なり、ただあるモノが必要だから欲するということだけにとどまらない。他人が欲しいから、自分も欲しいということがある。そういうふうに、欲望がシンクロして互いの欲望を増幅する、そういう次元を人間は生きている。それが人間の社会や歴史の運動を形成している重要な要素だ、とコジェーヴは言った。

このコジェーヴの講義は、後にフランスの思想界を牽引する人たちの多くが聞いていて、大きな影響を与えたといわれている。たとえば、その中の一人に、精神分析のジャック・ラカンがいる。この本では、第2章「精神病理学／精神分析」で紹介されている学問分野だ。ラカンの思想形成に、コジェーヴの与えた影響は大きく、そのことはラカンの「鏡像段階論」という理論に現れている。鏡像段階論というのは、幼児期のある時期に、人間は他者の目を鏡のようにして自己を見る能力を発達させるという理論だ。人間は、他者の視点を内面化するということだ。このラカンの鏡像段階論は、今日の自閉症研究で論じられる「共感性」（他者の感情に反応して同じ感情をもよおす）や「心の理論」（他者の信念を理解する）や「視線触発」（他者のまなざしに反応する）といった現象と密接な関係をもつと考えられる。

サルトルというノーベル文学賞を受賞した哲学者も、フランスを代表する有名な哲学者だが、コジェーヴのヘーゲル解釈に影響を受けて、人間の精神の相互作用について考えている。サルトルは他者の「まなざし」が自分に振りかかってくることを敏感に感じる人だったのか、他者の視線の影響で私が私であることが形成されることを述べた。このことは、日本の哲学者の村上靖彦氏が自閉症との関連で取りあげている。自閉症とは、他者の視線の影響が自分の世界に浸透してこない人の状態だともいえる。

もう一つ、ヘーゲル以来の西洋の哲学で重要な流れは、マルクスという思想家から始まっていく。マルクスは哲学者とも経済学者ともいわれるが、近代において生じた資本主義経済の構造について分析した人だ。マルクスはヘーゲルの哲学から大きな影響を受けていて、人間の意識が経済活動の水準で相互作用をすること、その相互作用がとくに近代になって強くなり、異常に急速な発達をする資本主義社会という社会のモードを生みだしたと考えている。

たとえば〈資本家と労働者によって経済活動が形成される近代〉というマルクスの社会に対する視点は、ヘーゲルの主人と奴隷の話にヒントを得ているといわれている。私たちは、この近代化された社会の中で、ある意味で主人であると同時に奴隷だ。誰も私たち一人ひとりを直接的に暴力で支配したりはしない。でもいわば私たちは、「社会」という名の他者に支配されている。他者の総体であるところの社会の求めるところにしたがって「自己」を形成し、「社会」に役立つ人間になろうとする。いわば「社会」という抽象化された、他者の総体であるような他者の視線を意識しながら、日々一生懸命働き、経済活動を支えている。労働者がつくっているモノは、労働者自身のためのものではない。労働者は資本家のためにモノをつくっている。そして資本家も、実はそのモノを自分で使うために労働者につくらせているわけではない。他人に売るためにつくっている。だから私たちは、誰もが他人のために働いている。その入り組んだネットワークによって現代社会は成り立っている。誰もが、会ったことも見たこともない他人のつくったモノに依存して生きている。こういう、他人に売るためにつくられたもののことを「商品」という。マルクスはこの「商品」をただのモノとは考えないで、ヘーゲルの哲学も土台にしながら、そこに人間相互の関係性が結晶化している、特別な性質をもつモノだと考えた。私たちは、会ったこともない他人のつくったモノを、つまり「商品」を、信頼して手に取り、使用する。そして「商品」に魅力を感じる。「商品」はきらきら輝いて見える。それは私たちがそこにただのモノではなく、人間を見ているからだ。そういう商品のもつ魅力は、コジェーヴのいう人間的欲望が結晶化したものだ。

流行やファッションの事例を考えてみればわかりやすい。私たちは、流行しているものが欲しくなる。これは世間的にかっこいいものとされているものを身につければ、自分がかっこいいと思ってもらえるから、欲しくなるのである。つまりその時私たちは、そのモノが純粋に欲しいのではなくて、他者の視線を欲している。他者の欲望を欲している。他人から「いいね！」と思われることを欲している。商品とはそういうモノのことだとマルクスは考えた。だからそれは使って便利だとか役に立つだとかいうそのモノ自体のもともっている価値とはちがう価値をもっている。そのモノ自体の機能や性質による価値は、「使用価値」という言葉で表わせる。だけれども、みんながそれを欲しいからモノの価値が上がるということがある。それを「交換価値」とマルクスは呼んで、「使用価値」とは区別した。それがあのコジェーヴの言っていた人間的欲望の次元だ。他人の欲しいものが欲しいということは、他者に認めてもらうことを欲しているということであり、つまり他者を欲しているのと同じことだともいえる。だから私の欲望は他者の欲望だともいえる。他人の欲望に同調して、自分の欲望がわきあがるということがある。このことを指してラカンは「欲望とは他者の欲望だ」と言った。

子どもがおもちゃを買い与えられて、しばらくは面白く遊んでいるのだけれども、やがて飽きてしまい、部屋の隅に放り出しておいたりする。それはもう彼の欲望の対象ではなくなってしまったのだ。ところが、そこに別の子どもが入ってきて、そのおもちゃを手に取って遊ぼうとすると、とたんに元の子どもが「それは、ぼくのだ！」と言って、取り返そうとすることがある。他人がそれを欲したことに刺激されて、彼の欲望に火がついたのである。人間は他人のものだから欲しいということがある。別の例を出せば、人気のラーメン店、メディアで話題になった店に人が並ぶ。人が並んでいるということがまた宣伝材料になって、その店にはいっそう人が並ぶ。そういうふうにして、「商品」はつくられる。そうした商品の生産、流通によって、私たちの社会の経済は回転していく。

このように動物とは異なる欲望の次元を織り込むかたちで、近代社会は形成されている。人は人の欲しがるものが欲しい。私たちの欲望は、動物的・身体的な本能に由来する部分のみならず、他者との関係によっても形成されている。人が人のつくったモノを単なるモノではなく、独特の魅力をもったものと感じるのは、そこに社会関係を透視しているからだといえる。商品を眼の前にするときに、私たちはただのモノを見ているのではない。そこに社会そのものを見ている。だから、ショーウィンドウに並ぶ商品は輝いて見えるのである。この現象には、私たちが他者と関係をもち、社会を形成していく能力のもつ独特の性質がかかわっている。今日の視点からはそういえる。そしてその独特の性質は、自分の心と他者の心とを重ねる「共感」の能力に深いところでつながっていると考えられる。

マルクスは、近代社会において流通し、近代社会の運動をダイナミックにしているモノ、つまり「商品」は、使用価値と交換価値という二つの次元にまたがる存在だと言った。このことは、先の人間の意識が世界そのものから「ズレ」てしまっているということで示したあの図の構造と対応すると考えると理解しやすい。人間の意識は世界から浮いてしまっている。そしてその浮いてしまっているところから、「意味」の構造が出てくるのだと述べたのだけれども、実はこの浮いてしまっているところが相互に関係するようになり、そ

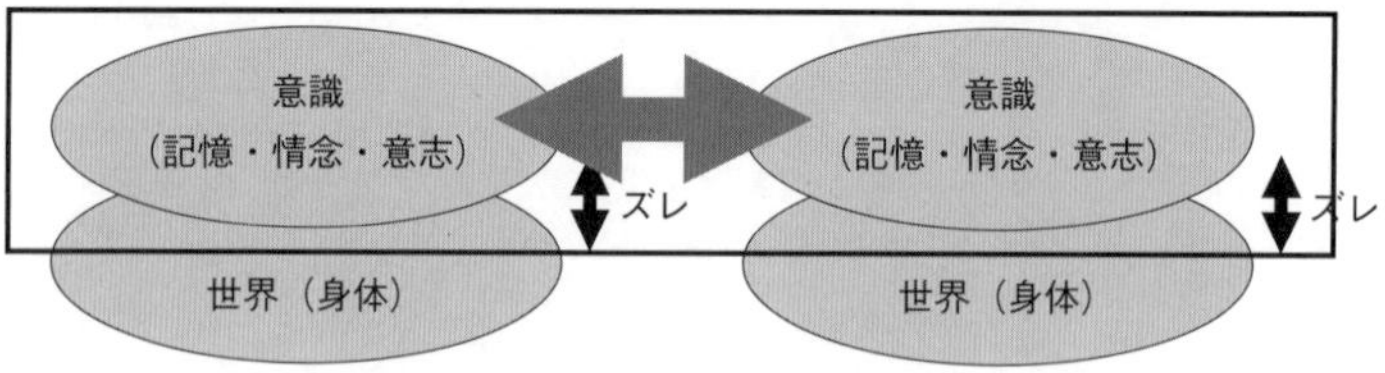

図 3-8 「意味」を交換する欲望の世界

のため、その浮いてしまう「ズレ」がいっそう増幅されて大きくなったのではないかと考えることができる。つまり次の図3-8のように、人間はズレている意識の部分で相互に交流することで、交換価値の世界を生みだし、その世界を発展させることによって、より人間独自の世界、つまり人間的欲望の世界へと大きく入り込んだのではないかと考えられる。

5 近代社会と自閉症

この章の説明では話を省略して、古代のギリシアから、一気に二〇世紀にまで飛んだのだけれど、西洋における近代哲学の形成は一六世紀頃に始まっている。デカルトやロック、ヒュームという人たちが現れて、どうしたわけか、いっせいに現実に対する不思議感覚に強く取りつかれるという現象があった。「そもそも私たちは現実を正しく認識しているのか。もしかしたら夢を見ているのではないか」という感覚に取りつかれた。

哲学の用語では、これを懐疑主義という。あらゆるものを疑うという態度で始める哲学のことだ。そのことが、西洋近代哲学の形成が始まる起点となって、西洋の哲学は古代以来、もう一度、大きな盛り上がりをみせる運動となった。このように近代の哲学は、人間が一六世紀頃の西洋において、世界そのものからのズレの感覚をより大きく感じるようになったところから始まっているのだけれども、奇しくも、資本主義の始まりも一般に一六世紀頃といわれている。人間が交換価値の世界を発達させたことと、哲学が盛んになったことには、もしかしたら関係があるのかも知れない。むしろ、意味を交換する欲望の世界が生じたことによって、世界と意識とのズレが本格的に始まったのかも知れない。西洋近代哲学の開始者とみなされるデカルトは、心と体という二つの実体があることを主張した（これを心身二元論という）。このことの意味を、私たちは、自閉症についての知見とあわせて、もう一度、現代から捉え直すことができるといえるのではないか。というのは、自閉症とは、モデル化していえば、近代性を成り立たせている意味を交換する欲望をもたない精神の様態であると考えられるからだ。

ここで少し精密に考えるために、①意味を伝達する（コミュニケーションをする）ことと、②意味を交換することに欲望をもちそのことによって自己を形成する（社会性をもつ）こととを区別してみよう。意味を伝達する、コミュニケーションをするということは自分の感情や意図を相手に伝えるということだ。こうした欲求や必要は、自閉症をもつ人たちももっているし、感じているだろう。現代において人間は孤立して生きることはむずかしいので、自分の気持ちや意志をうまく相手に伝えられないと不便や困難に直面することになるからだ。一方、定型発達の人の場合は、単に意味を伝達するだけではない。他者の感情や意図を汲み取る能力を発達の初期の段階から働かせ、他者の感情や意図とシンクロすることで自己の感情や意志をまとめあげること、他者の視点を自己の内部に取り込んで自己についてのイメージを統合することを行っている。さらに周囲の大人が過去の思い出を懐かしそうに語るのを模倣し、過去の記憶イメージを自分の大切な思い出に変換し、自分のアイデンティティを構成する部品として組み込むことで、過去、現在、未来を生きる自分の時間線を構成していく（自閉症の人はこれができないことがある）。こういう操作によって他者をあらかじめ取り込んだ「自己」を形成していくことで、自己の身体を巧みにコントロールし、その場や社会の文脈にあわせて素早く自己を表現し、コミュニケーション行為を効率化する。さらに、他者の視線にさらされその視線にあわせた自己をつくりあげることを悦びとし、また自分の視線にあわせて他者が自己をつくりあげることに快感を覚える。これが定型発達の精神だ。だから実をいうと、定型発達者にとって他者とは他者ではない。それはもう一人の自分だ。本当は他者との百パーセントのコミュニケーションなどありえない。私たちの心はダイレクトに配線でつながっているわけではないからだ。他者の心は直接にはわからない。わからないけれども、そこにコミュニケーションがなりたっていることを自明のこととして感じることができ、信じることができ、欲望を交換し増幅しあうことに快楽を感じる精神のモードが「定型発達」だ。自閉症研究で使われる「社会性」や「共感性」という用語で指されているのは、哲学的にいえばそういう事態、もしくは構造に貼られたラベルである。こういう定型発達者の欲望の交換のモードが、ある時期から加速して形成されたのが「近代」の社会だ。

「定型発達」と呼ばれる多数派がつくりあげた近代文明は、今日様々な問題を抱えている。これまでにつくりあげてきた文明をあたりまえのものだと思わずに、それを新しい目で見つめ直し、もっとちがったかたちの文明をつくることはできなかったのかどうか、考え直すべきときに来ているのかも知れない。その時に、これまで「正常」とされてきたものを疑ってみる視点は必要だ。定型発達の人間たちは、自閉症について考えることを通して、ある意味で自閉症者の視点に立ち、定型発達者のつくりあげた「近代」という一つの特殊な社会のかたちについて、捉えなおす余地があるのかも知れない。その時に正常／異常、定型発達／発達障害についての、常識的な思い込みは、ある意味でひっくり返ってくることにもなる。

近年、自閉症が話題になるにつれて、ヘーゲルからコジェーヴ、ラカン、サルトルという哲学者たちの系譜がふたたび脚光を浴びるようになった。つまり自閉症とは、ヘーゲルやコジェーヴが気づいた「人間的欲望の次元」と呼ばれるものの働きが弱かったり、働いていなかったりする状態ではないのか、ということが気づかれる状況になってきた。そのことによって、今まさに哲学の世界と自閉症研究の世界とがつながろうとしている。自閉症研究において自閉症に欠けているといわれている「共感性」とは何かということを、ヘーゲル以来の哲学者たちが人間の意識のもつ様々な状態や機能について蓄積してきた概念の体系を使って、論じ直していくという新しい研究の領域が開かれようとしている。

人間の心の成り立ちは複雑だ。しかもその複雑な心を自分で覗いて記述し分析するというのは、それに輪をかけて複雑なことをすることになる。まさにそういう複雑な事態を乗り切るための緻密な努力を哲学者たちは、二五〇〇年間、続けてきた。その遺産の中には、現代の自閉症研究が実験のための仮説やモデルを組み立てるのに有益な示唆を与える、概念や図式がまだまだ豊富に残されているといえるのだ。

この本の各章で、各分野の執筆者たちが報告しているように、自閉症者の経験している世界は、定型発達と比較すると、単に対人コミュニケーションの領域のみならず、「知覚」「記憶」「想像力」「時間感覚」などにおいてちがいがみられるという。「知覚」や「記憶」や「想像力」や「時間感覚」の構造は、まさに哲学が二五〇〇年にわたって探求してきた重要なトピックたちだ。哲学者たちは、自分の心の内部を観測し、記述し、理論化することで、その構造を探ってきた。哲学の方法は基本的に、内部観察、内部省察だ。しかし自分の内部だけをみていたのでは「自分」というものがよくわからない。自閉症と定型発達という互いに異なる「自分」、そのもう一つの経験世界の内側に入り込み、比較することで、哲学の取り組んできた「知覚」や「記憶」や「想像力」や「時間感覚」の性質についての探求が飛躍的に進む可能性がある。それが今哲学の最前線で始まっていることだ。

一つだけぜひともいっておかなくてはならないことがある。コジェーヴの「人間的欲望の次元」という言葉にも現れてしまっているように、従来の哲学は定型発達的な精神のあり方を「人間」の精神だと思ってきたところがある。しかし、今やその考え方をあらためなくてはならない。精神病理や発達障害とされるものを哲学的考察の視野に入れたとき、「人間」の精神のかたちには豊かなバリエーションの広がりがあることがみえてくる。「定型発達」であるということはそのバリエーションの幅の中で多数派であるというだけのことだ。哲学とは、当たり前のことを当たり前のことだと思わずに、見つめ直し、考え直すことだ。その哲学が、今自閉症の視点を取り込もうとしている。哲学の未来はその先にある。

6 哲学と自閉症

最後に、哲学から自閉症にアプローチする最前線の試みにあたる四つの著作を紹介して、この章を締めくくる。いずれも一般から専門レベルの本なので、少しむずかしいが、大学上級生からチャレンジできる。

①村上靖彦『自閉症の現象学』（勁草書房、二〇〇八年）は、哲学の手法のうちの「現象学」という手法（二〇世紀にフッサールという哲学者がとくに発達させた）を用いて、自閉症について探求した本だ。現象学というのは、その人がその人なりに独自に構成している「世界」があると考えて、その世界の構成をあるがままに直観し、記述し、把握しようとする方法だ。村上氏は、視線触発（他者の視線に反応すること）、図式化（現実を単純なパターンにして捉えること）、現実（予測不可能な出来事）といった事柄が、自閉症者と定型発達とでどうちがうかを、実際の事例の観察から考察している。哲学の道具立てを使って、自閉症者の経験世界を再構成し、分析することを試みた嚆矢だ。

②相川翼『自閉症の哲学』（花伝社、二〇一七年）は、自閉症についてのこれまでの理論的諸仮説を整理

し、それをドイツ古典哲学のカントの認識論の構造とすりあわせるという試みを行っている。カントは、人間が認識を統合するための能力として、感覚と思考力を橋渡しする「構想力」という能力を考えた。相川氏は、この構想力が人によって発達の仕方や働き方が異なると考え、システム的思考の方向に向かうか、他者との共感に向かうかというモードのちがいで、自閉症と定型発達のちがいを説明しようとしている。いわば最先端の自閉症理論と古典哲学の地平を融合させようとする野心的な試みだ。

③内海健『自閉症スペクトラムの精神病理』（医学書院、二〇一五年）は、精神科医である著者が精神病理学の手法によって自閉症を考察している本だ。内海健氏は、村上靖彦氏や相川翼氏とちがって哲学者ではないが、哲学者としての才能を豊富にもった人だ。「私」というものがまずあって他者と共感したり、コミュニケーションを取ったりするのではなくて、「私」が「私」としてあるその成り立ちの根幹に他者との交感があり、それが定型発達の精神構造の成り立ちである、と内海氏は捉えている。自閉症という定型発達とは異なる「異星人」の心の構造を理解することで、むしろ定型発達の心の構造もまた一つの「異星人」、一つの特殊な心のかたちに過ぎないことを示そうとしている本だ。

④野尻英一「未来の記憶——哲学の起源とヘーゲルの構想力についての断章」（『哲学の戦場』行人社、二〇一八年所収）は、筆者自身の論文だ。ヘーゲルの専門家である私が、アウグスティヌス、ヘーゲル、ハイデガー、デリダ、ラカン、ヤーコブソンといった哲学者たちの思考を駆使して、自閉症者の精神のありようをヒントにしつつ、定型発達の精神が生み出す時間性と近代社会の動態性の構造を捉えようとしたものだ。定型発達の心は、未来へ向かう時間性として構成されている。けれども、この未来という空白の時間へ向かう心の構造には、実は根底において他者と交感する想像力が組み込まれている。未来への想像力とは他者への想像力のことなのだ。この想像力が近代社会の異常な動態性を生みだす。このようなことを、ヘーゲルの

哲学を使って述べている。いわばマンガ『自虐の詩』の幸江の精神構造の哲学的完全解説版だ。この論文が収録された『哲学の戦場』には、ほかにも本書にコラムを寄せている三浦仁士氏や相川翼氏も、自閉症についての知見をもとにした哲学的考察を寄せている。ぜひ手に取ってみてほしい。

以上紹介したのは、いずれも「自閉症の哲学」の先駆的試みであり、実は世界的な水準からみても、最先端に位置する。今後、哲学による人間理解のパラダイムは、自閉症研究から大きく変化する可能性がある。

ブックガイド

哲学者が「自閉症の哲学」を展開した著作はすでに紹介したので、ここでは自閉症者の世界を体験することで、人間存在についての深いインスピレーションが得られる、より一般向けの本を紹介する。

東田直樹『自閉症の僕が跳びはねる理由』（角川文庫、二〇一六年）

著者が中学生のときに書いた自伝的著作で、世界的ベストセラーとなった。重度の自閉症者の生きる知覚や身体感覚、言語表現において経験される困難があざやかに描かれている。ローナ・ウィングが自閉症の三つの特徴としたうちとくに「コミュニケーションの障害」（感情や意図を他者に伝えることの困難）と呼ばれる経験がよく理解できる。

グニラ・ガーランド（ニキ・リンコ 訳）『ずっと「普通」になりたかった。』（花風社、二〇〇〇年）

大人になって徐々に社会に適応できるようになった自閉症者が、子ども時代からの経験を振り返り、卓越した分析力と表現力で自閉症の世界を読者に伝える。自閉症の三つの特徴のうちとくに「想像力の障害」（ものごとの眼に見える以外の部分を想像し、ものごとを抽象化して捉えることの困難）と呼ばれる経験がよく理解できる。

泉流星『僕の妻はエイリアン』（新潮文庫、二〇〇八年）

高機能自閉症者である妻と結婚生活を始めた夫が経験する日常の様々な出来事を一つひとつ具体的に描くことを通して、自閉症者と定型発達者の世界のちがいをわかりやすく描く。三つの特徴のうちとくに「社会性の障害」（他者の意図や感情、社会的文脈を察知することの困難）と呼ばれる経験がよく理解できる。

コラム03

「自閉症は津軽弁を話さない」

松本敏治

「自閉症は津軽弁（方言）を話さない」[1]

こんな話を聞かされたとして、読者はどのような感想をおもちだろうか。納得されるか、それともそんなことはありえないと思われるか。

私自身は、最初に妻からこの噂を聞いたときには疑いをもった。しかし、知り合いの特別支援教育関係者に聞いてみると、「噂を知っている」「そのとおりだ」という話ばかりが聞こえてきた。本当だろうか。

これをきっかけに自閉スペクトラム症（ＡＳＤ）の方言使用の問題について研究が始まった。まず、青森・秋田で発達障害にかかわる人々を対象に、地域の子ども・知的障害児者・ＡＳＤ児者の方言使用についての調査を行ったところ、「自閉症は方言を話さない」印象があるとのデータが得られた[2]。噂の既知未知や、真実だと思うか否かにかかわらず、この評定は一貫していた。さらに、舞鶴・京都・高知・北九州・大分・鹿児島と調査地を広げるとともに、国立特別支援教育総合研究所の研修に全国から参加した教員に同様の調査を実施した。結果、「自閉症は方言を話さない」印象は、全国で見られる普遍的な現象であることがわかった[3]。

学会でこの結果を報告したが、専門家の当初の反応は、「当然」というものだった。ＡＳＤの発話に見られる独特な音声的特徴（プロソディ等）のために方言らしく聞こえないのだというのである。

ところが、青森と高知の特別支援学校（知的障害）で行った方言語彙使用調査の結果は、この解釈をくつがえした[2、3]。特別支援学校の担任に、方言語彙と対応する共通語語彙のリストを示し、担当する各児童生徒の語彙使用について尋ねた。ＡＳＤ児と非ＡＳＤ児を比較したところ、共通語語彙の使用量には差がないが、方言語彙の使用はＡＳＤ児では少なかった。ＡＳＤの方言不使用を発話の音声的特徴に求める説では、方言語彙の不使用は説明できない。他のいくつかの説も検討したが、方言語彙不使用をうまく解釈できるものは見いだせなかった。

そこで、方言そのものについて調べ直すため、方言研究者である弘前大学の佐藤和之先生を訪ねたことが大きな転機となった。佐藤先生によれば、方言には社会的機能があるという[4]。方言主流社会では、人は相手との心理的距離に合わせて、共通語・準共通語・丁寧方言・方言のようにグラデーションになった表現様式の中から最も適切な言い方を選択している。方言には、帰属意識の表明機能、連携意識の表明機能、感情の表明機能、他者との差異化機能、緊張の緩和機能などがある。方言を使うことは相手との心理的距離の近さを表している。ＡＳＤは社会性の障害のために、方言使用に含まれる相手の考える心理的距離を推測することや心理的距離に応じて方言と共通語を使い分けることは難しい。たとえ使用していても、相手・場所・状況に応じて柔軟に使い分けることは困難だ。この方言の社会的機能説によって、ＡＳＤの方言不使用は社会性の障害と結びつくこととなった[5]。

方言の社会的機能にもとづく解釈は、大きな転換点であった。しかし、この解釈に対しても、一部の研究者からは方言に社会的機能があるなら方言不使用になるのは「当然」との評価を受けた。それまでは、どこからも出されたことがない解釈であるにもかかわらず。

しかし、まだ謎はすべて解き明かされたわけではなかった。研究の発端であった妻の発言は、三歳児健診でのＡＳＤの特徴として語られたものだ。青森県津軽地方の保健師を対象に行った調査からも、ＡＳＤの幼児で方言の使用が弱いとの印象があることが確認され[6]、幼児の健診に関わる医療関係者からも「方言を使うことが少なく、……[7]」「親の方言などとは関係なく一本調子にしゃべる[8]」との報告もある。定型発達は心理的距離に応じて適切な表現様式を用いるが、ＡＳＤは社会性の障害のために困難であるとする解釈を、三歳幼児に適応するには無理がある。

さて、この謎をどう考えていったらいいのだろうか。方言と共通語はどう違い、ＡＳＤと定型発達の認知・行動はどう違うのか。この二つの疑問が交差したところに解決の道筋があると措定してみた。

方言主流社会に暮らす子どもは、家族や周囲の人々が日常会話として使い自らにも話しかけてくる自然言語としての方言と、テレビやＤＶＤというメディアを通じた共通語という二つのことばにさらされている。

なぜＡＳＤは周囲の人々が話す自然言語の方言ではなく、メディアを通じてもたらされる共通語を話すようになるのか。これには次の三つの質問に答えることが必要になる。①定型発達ではどのように周囲の人々のことばを話すようになるか、②ＡＳＤが周囲の人々のことばを身につけられない理由は何か、③ＡＳＤはどのように共通語を身につけるのか。これらに回答できれば、「自閉症は方言を話さない」という謎を解いたことになるのではないだろうか。

まずは、「子どもは家族の話し方を真似している」という素朴な解釈を出発点として、「定型発達が家族の真似もテレビ・映画のキャラクターの真似も可能であるのに対して、ＡＳＤでは家族の真似は困難だがテレビ・映画のキャラクターの真似が可能[9]」という事実に着目した。定型発達の子どもたちは、他者と注意を共有し（共同注意）、他者の行動の意図を理解した模倣を行い、さらに人それぞれの特徴を捉えてその人らしい身振りやことば遣いが可能になる自己化という過程を経て、ことばや表現様式を獲得していくと考えられる。しかし、共同注意、意図理解、自己化に困難を抱えるＡＳＤの子どもたちは、周囲の人々が使用することばを学ぶことが難しくなる。一方、好きな場面を幾度も再生できるＤＶＤを通して、行為者の意図や心的状態の理解は不十分でも、場面とことばを単純なパターンとして結びつけて獲得しているのではないか？

このような解釈を考えていた[10]。

そんな中、関西のある特別支援学校の先生から「私の息子がそうです。家族全員、方言を話しているのに、彼だけが共通語で話しています」という連絡があり、インタビューにうかがった。家族六人のうち彼を除く全員が関西方言で話し、彼へも方言で話しかけていたが、やはり彼は共通語しか話さない。育児日記には、何歳頃にどのようなことばをどんな場面で使ったかが詳細に記載されていた。二歳前には相談機関から「言葉のレディネスに遅れがある」と指摘されていたが、三歳半頃にはテレビやＤＶＤの影響を受けてことばを使うようになり、語彙も増えていった。テレビやＤＶＤの場面を再現しながらその場のセリフを真似するようになる様子が育児日記に繰り返し記されていた。さらに、子ども同士が喧嘩している場面で「ケンカはやめて」と、ＤＶＤのセリフを現実場面で使うようになっていく。母によれば、場面に応じて「（ＤＶＤについての）記憶のストックの中から一瞬にして引き出して」適切なセリフを当てはめているという印象とのこと。その後、語彙は飛躍的に増えていき、どのＤＶＤからの流用なのかはわからなくなるほどになり、家族との会話も成立することが増えてきた(1)。

彼の場合、ＤＶＤからことばを学んだために共通語を使用するようになったと考えられる。もし、ＤＶＤが方言であれば、方言を話したかもしれない。実際、スタジオジブリの「ホーホケキョ　となりの山田君」の影響を受けていた頃、関西弁を話していた。方言か共通語かではなく、どこからことばを学んだかが重要であったのだ。似たような例は、ドキュメンタリー映画「ぼくと魔法の言葉たち」の主人公オーウェンでもみられる。彼の場合はディズニーアニメからことばを学びコミュニケーションに使うようになっている。

方言主流社会の子どもは、周囲の人々が話す方言とメディアからの共通語という二つのことばにさらされる。定型発達の子どもは、共同注意・意図にもとづく模倣・自己化を通じて周囲の人々のことば（方言）を学ぶ。この過程に困難をもつＡＳＤ児の中には、メディア視聴を通じて場面とことばをパターンとして覚え、それを現実場面に用いるようになる者がいるようだ。

柔軟で豊かなコミュニケーションのためには、他者が意図をもった存在であると認識し、意図を読み・働きかけ・相互調整していくことが重要であり、これが自然言語の習得とも深く結びついているのだろう。

前述した青年は、高校卒業後に友人数名とＬＩＮＥをしたりグループでの活動が増えるとともに、方言を話しはじめた。また、ある特別支援学級の生徒は、周囲の子どもへの関心が芽生え、集団に適応した行動が増加するとともに方言を話すようになったという。

家族が長年にわたり方言を使っていても彼らは方言を話すようにはならなかった。しかし、職場の仲間や同級生への興味・関心が芽生えると方言を話しはじめた。これも、実に興味深い現象である。

自閉症と方言、解くべき謎はまだ残っている。

第4章

文化人類学

ブッシュマンとわが子における知的障害の民族誌

菅原和孝

この章を読む前に

西欧において精神疾患を表示するカテゴリーは時代とともに大きく変遷してきた。一九世紀には一般的な精神病であった〈大ヒステリー〉は現在ではまったくみられない[1]。わが国の僻地農村で散発した〈狐憑き〉も同様である[2]。二〇世紀中頃の欧米で生まれた〈自閉症〉も近代産業社会に特有な「風土病」であったと後世で断定される可能性は皆無ではない。初期の文化人類学がおもな研究対象とした小規模な無文字社会にはこんなカテゴリーはなかった。自閉症の最初の報告は米国の小児精神科医カナーによるものだといわれている（コラム02「「自閉」の概念はどう生まれたのか?」参照のこと）。その後「カナー型自閉症」とよばれるようになった症候群においては言語発達の遅滞が一般的なので、知的障害が合併する場合がほとんどである。仮に自閉症をもつ子が無文字社会に生まれたとしても、文字がなければ何十年にもわたるカレンダーを丸ごと憶えてしまうといった特異な能力（「カレンダー記憶」と通称される）が知られることもありえないから、「知恵遅れ」として扱われただろう。本章の射程が自閉症を含む知的障害全般に及ぶのはこうした理由による。

本章の構成を明らかにしておく。第1節ではとくに自閉症との関連に注意しながら、文化人類学の視点と方法を概説する。第2節では私が長く調査してきた南部アフリカのフィールドを例にとり、狩猟採集民の社会で精神障害と知的障害がどのように解釈されてきたのかを検討する。第3節の主人公は自閉症をもつ私自身の長男である。家庭内での愛称をそのまま用い、彼を「ゆっくん」とよぶ。一九七〇年代末から現在にいたるまでの「自閉症」概念の変遷と照応させながら、ゆっくんの生活史を追跡する。第4節では以上の探索を総合して、自閉症との新しい出会いかたを展望する。

1　文化人類学の視点と方法――自閉症との関連で

出港地――人類学と知的障害

人類学《アンスロポロジー》とは理系と文系にまたがる総合的な学である。前者を自然人類学、後者を文化人類学とよぶ。自然人類学は、形態学、生化学、古生物学、霊長類学などの知見を総合して、人類進化のプロセスを究明する分野である。文化人類学とは米国で一般的な分野名であり、英国では「社会人類学」、独仏では「民族学《エトゥノロギー／エトゥノロジー》」とよばれることが多い。本章は文化人類学だけを扱うので、以下では文化人類学を「人類学」と略称する。

人類学の母胎は西欧の植民地主義である。[3] 一六世紀から展開した大航海時代に、欧州諸国の探検家・宣教師・軍人・商人たちは、原住民の習俗についておびただしい文書記録を残したが、これらの資料が体系的な研究の対象になったのは、一九世紀になってからである。[4] 西欧から遠く離れた「未開社会」に関する膨大な報告を比較考量することから人類社会の普遍的な特徴を思弁するという方法は、人類学の創成期を劃《かく》したが、のちに「肘かけ椅子人類学《アームチェア・アンスロポロジー》」と揶揄されるようになった。現地調査《フィールドワーク》を基本的な方法論に据える現代的な人類学が誕生したのは第一次世界大戦以降のことである。それ以来、人類学は、言語人類学、象徴人類学、宗教人類学、解釈人類学、経済人類学、政治人類学、等々へと細分化を遂げる。自然科学に隣接した潮流としては、認知人類学、生態人類学、医療人類学がある(5)。ここでは、第2節、第3節への導入として、人類学における知的障害の位置づけを述べる。

米国で解釈人類学（後述）を牽引したギアーツは「文化から独立して存在する人間性などというものはない」と断言し、「文化を持たない人間は怪物である」とまで決めつけている(6)。しかし、知的障害者は、社会の標準的な成員のようには文化を身につけることができない。ギアーツの見解に露呈されるように、従来の人類学は知的障害という問題圏に真剣な関心を向けてこなかった。植民地主義という後ろ暗い出自を背負った人類学は、西欧によって「未開」「野蛮」というラベルを貼られた小規模社会が、神話、儀礼、親族体系、婚姻規則、自然環境の認知といった様々な分域《ドメイン》で、驚異的な精緻化を達成していることを証明する責務を引き受けなければならなかった。すなわち、非-西欧世界においても存在している人類の高度な知性を確証することが求められた。このような使命を担った人類学において、知性の不全や遅滞が等閑視されることは必然だったのである。

上流への遡行
——古典的な理論枠

古典的な理論は人類学に今も養分を供給し続ける最も豊かな土壌である。以下に三つの古典的な理論を挙げて素描してみよう。

（A）全体論《ホウリズム》と民族誌：人類学の特権的な研究対象は無文字の小規模社会だった。そこでは、生活を成り立たせるすべての分域《ドメイン》が、親族／社会関係に埋めこまれ、具体的な出来事として現れる。そのすべてを客観的かつ詳細に記述すると、様々な文化要素が連関しあって全体的な体系をつくっていることがわかる。こうした全体性を照らすような記述を民族誌《エスノグラフィー》という。

（B）構造機能主義：社会を成り立たせる、役割、地位、組織、制度は現実の人間行動を通して客観的に観察できる。この観察を総合すれば、社会全体の統合機序《メカニズム》を明らかにできる。人類学は〈社会の自

然科学〉をめざす。(7)

（C）文化相対主義：あらゆる制度・価値・道徳・審美などの優劣を測る普遍的な尺度は存在しない。個別文化の枠組《パラダイム》の内部において固有の意味を理解しなければならない。(8)

（A）は社会を均質な体系として捉える傾向がある。たとえば「日本文化」を賛美することは、支配層にとって都合のよい「文化」の姿を鵜呑みにする危険を伴う。人類学を経験科学として捉える限り（B）は揺るぎない力をもつ（これに対する批判は次項で取りあげる）。（C）は科学哲学におけるパラダイム論と類縁性をもつ。パラダイムとは、ある時代／社会における科学の活動すべてを規定する枠組のことである。あるパラダイムの内部で説明できない観察（観測）が蓄積されると、パラダイムは非連続的に転移《シフト》する。この過程を「科学革命」とよぶ。(9) 文化も一つのパラダイムだとみなすならば、文化相対主義に収束する。だが、あらゆる命題の真偽判断までもが相対的であると主張するなら、文化相対主義は自己言及性のパラドックス（「すべてのクレタ人は嘘つきだと一人のクレタ人が言った」という例で知られる）に直面する。この思潮は認識論としては矛盾をはらんでいるが、植民地主義の支配に抗して多様な文化の独自性を擁護することに大きく貢献したことは確かである。(10) オセアニアにおける先住民運動、旧社会主義諸国で勃興した文化（宗教）復興運動《リヴァイタリズム》、北米を席捲する多文化主義《マルティ・カルチュラリズム》など、冷戦終結以降の現代史の回転軸は、何らかの意味での民族性《エスニシティ》と結びついた社会運動である。これらの潮流すべてに共通する思想的基盤こそ文化相対主義だといっても過言ではない。

苦い転回から
新しい可能性へ

人類学にどれほど多様な接近法があろうと、それらすべてが共有する視座がある。〈近代《モダニティ》〉を相対化することである（〈近代〉とは産業革命以降に全世界を覆いつくした社会システムで、工業生産、都市への人口集中、科学技術の無制約な増殖などを特徴とする）。人類進化史の一般的見解によれば、文明を支える農耕という生産様式が生まれてからまだ一万年余しか経っていない。約二〇万年前と推定されるホモ・サピエンス誕生以降に限って人類史を二時間の映画で表現すれば、農耕文明はエンドマークが出る六分前で出現し、産業革命以降の〈近代〉にいたっては一〇秒前に始まったに過ぎない。私たちの世界観の奇妙な歪みは、人類史全体からみれば特殊なものでしかない〈近代〉がすべてであるかのように思いこんでいることである。

一九六〇年代末頃から、フランスを発振源として〈ポストモダン〉と総称される潮流が勃興した。それは既成の学問体系が依拠する、真理の高みをめざして土台から積みあげるような建築的構造を批判し、流動的な知を根茎《リゾーム》のように水平方向に増殖させようとする運動である(11)。一九八〇年代に人類学はこの運動の荒波をもろに浴びた。そこで苛烈な批判に曝されたのが、構造機能主義（前小節（B））に代表される自然科学的な方法論だった。

――人類学は、ある社会の客観的な観察を伝える資料として民族誌を特権化してきた。だが、文芸批評理論を応用すれば、民族誌が修辞と想像を織りまぜた文学作品の類似物であることが明らかになる。人類学者は自らが属する産業社会と現地社会との圧倒的な経済格差を利用し、伝統的知識を一方的に収奪してきた。客観的記述を装う民族誌はこのような権力関係を隠蔽するものだった(12)。

こうした批判が、研究者自身の現地調査にひそむ欺瞞性を告白する「自虐的民族誌」ブームに火をつけ、人類学全体の活力を削いだことは否定できない。だが、〈ポストモダン民族誌批判〉が、〈近代〉の相対化という人類学全体が担ってきた使命を極限まで尖鋭化した挑戦であったことは高く評価しなければならない。

私がとくに関心を注いできた動向に絞って、人類学の新しい可能性を展望する。全体論の当否はべつにしても、民族誌が人類学の生命線であることに間違いはない。現地の人々が構築する意味世界をその内部から明らかにするという解釈人類学の指針こそ、人類学全体の最も強力な拠り所になりうる。だが、解釈人類学は、儀礼、作法、芸術、遊び、演戯《パフォーマンス》といった公的な表象として具現された意味の網状組織《ネットワーク》を、テキストとして分析することをめざす。[6] こうした方法には、人々の〈前意識〉で働いている動機づけ《モティベーション》や感情を無視するという限界がある。フランスの哲学者メルロ゠ポンティは、身体性を手がかりにして〈意識の手前〉の生活を照らしだすことに苦闘した。[13] この源流は認知科学で発展した〈身体化された心《エンボディド・マインド》〉とよばれる理論枠《パラダイム》へと流れこんだ。[14] 私が提唱する「身体化の人類学」はこの動向を継承し、接触、会話、語り、身ぶりといった〈身体の相互行為〉を直接観察することによって、人々の前意識的な生活に接近するものである。[15]

本章の冒頭で知的障害という問題圏が人類学において周辺化されてきたことを指摘したが、二〇世紀末になって、知的障害を主題にする民族誌的な研究が試みられるようになった。たとえば、ノルウェーの人類学者たちは、世界の様々な地域で知的障害者が処遇される文化的な脈絡《コンテキスト》を、コスモロジーと人格概念《パーソンフッド》との関連を軸にして分析している。[16] わが国では、日本とデンマークをフィールドにして作業所や美術学校における知的障害者の表現活動をかれらの環境世界とのかかわりに注目しながら解明する研究が進められている。[17] こうした動向もまた「身体化の人類学」の方向性と軌を一にするものである。

2 〈近代〉の外部における知的／精神障害

医療人類学のジレンマ

あらゆる人間社会は固有な健康配慮体系《ヘルス・ケア・システム》をもつ。医療人類学は、この体系を個別社会の文化的脈絡に据えて究明するとともに、それを通文化的に比較することを使命とした。この二面性は特有な二律背反《ジレンマ》を生んだ。――I：人間身体の生物学的な構造と生理学的な機構は通文化的に共通である。どんな社会においても近代西洋医学（生物医学《バイオメディスン》と同義。以下「医学」と略称）の処方を適用することが最も高い治療効果をもつ。Ⅱ：右の考えかたこそ文化的な植民地主義であり現地社会の価値体系への侵略である。医学の知識を完全に遮断し、病と健康をめぐる独特な意味世界を解明することに専念すべきである。

Ⅰは「社会の自然科学」を標榜する構造機能主義と根を同じくする合理主義であり、発展途上国で公衆衛生の改善を啓蒙する応用人類学の基盤をなす。Ⅱは現地の意味世界を内部から理解することをめざす解釈人類学に近い。だが、Ⅰ／Ⅱを相互排除的な選択肢と捉え、二者択一を迫ることは不毛である。洗練された医療人類学は、身体の生物学的な実在性と医学的な介入の必要性を認めながらも、健康配慮体系を織りあげる〈意味論的《セマンティック》なネットワーク〉を把握しようとする。(18) 本節の最後で自閉症を焦点においてこの点を再考する。

事例研究──グイ／ガナにおける精神障害と知的障害　カラハリ砂漠（植生的には乾燥サバンナ）の環境に適応したブッシュマン（サン）の社会は、祖先人類の狩猟採集社会のモデルとして注目されてきた。(19) この小節では、ボツワナ共和国（一九六六年に英国保護領から独立）の中央部に住むブッシュマンの近縁な二つの言語集団グイとガナにおける精神障害と知的障害に注目する。(20) かれらは植民地時代に画定された広大な動物保護区の中で遊動生活を送っていたが、一九七九年から政府は保護区西端のカデへの定住化を促進した。さらに、一九九七年には保護区外側の「再定住村」に全住民をなかば強制的に移住させた（私の調査は一九八二～二〇一四年の延べ三〇回に及ぶ）。

グイ／ガナ語では「発狂する」ことを〈ズワズラ〉という。まずX（推定一九四〇年生、ガナ）という女性がズワズラになった経緯を、親族の語りにもとづいて再構成する。

事例1－①　Xのズワズラ

Xの故地はカデから東北東に約一〇〇キロ離れたギョムである。若い頃は美しく働き者だった。K（ガナ）と結婚したが、生まれた子二人（女、男）は生後間もなく死亡。そのあと息子のNが生まれた（推定一九六二年生）。Nが五、六歳の頃、Xは二七、八歳ではじめてズワズラになった。小康を得たのちに、一九七五年頃グイの人々が多く住むカデ地域に移住してきた。このときXはすでに三五歳ぐらいになっていた。しばらくして、人々は彼女の様子がおかしいことに気づいた。黙ったまま、小屋を建てるために砂を掘って柱を立て、それをまた引き抜くことを一日じゅう繰り返した。やがて、絶叫しながら棍棒で人々を打とうとしたので、みんな逃げまわった。取りおさえ小屋に閉じこめると泣きわめき、夜中に荷物をかついで原野にさまよいだした。夫を激しく殴り側頭部から出血させた。肉を食っているとき、ナイフをひらひらさせ「あんたを刺してやろうか」と言って周りの人を脅かした。踊りの場で、ある男の手首を握って放さず、彼を震えあがらせた。仔犬を殺したり、仔犬におっぱいを飲ませたりした。一人息子Nが〈ピリピリ〉（後述）のためずっと授乳をうけていたので、母乳が出たのだ。茂みに投げ捨てられていた犬の死骸を拾いその肉を食らった。犬の糞を葉煙草に混ぜ人々に勧めた。年長の男たちの治療で治ったのちは平穏に暮らしているが、今でも酒を飲むと「心が乱れる」。

ズワズラになった人は、沈黙して数日間すわり続けたあと、突然、槍・棍棒・ナイフなどを振りまわして人々を攻撃し、絶叫しながら原野へ走りだすという。Xの症例は、人々が説明するズワズラの典型像に合致する。さらにそれは、隔離された小規模社会の風土精神病として有名な〈アモク〉と似ている。[21]〈アモク〉発症の一因として想定されるのが、狩猟採集民社会を律する「平等主義」である。それを、フランス革命以来、近代社会の政治原理となった「平等」と混同してはならない。後者が「機会均等」あるいは「スタートラインでの平等」に力点をおくのに対し、前者は「平準化」あるいは「ゴール（すなわち実質的な安寧）での均等」を意味する。豊富な食物を手にする僥倖に恵まれた人は、それらを独占したいという欲望を抑えて、仲間に気前よく分け与えなければならない。その裏面には、人より高い能力を誇示したり、稀少な資源にアクセスしたりすることが、仲間たちの妬《ねた》みをまねくことへの根ぶかい懼《おそ》れが横たわっている。こうした慢性的な心理的抑制が、ある素質をもつ人を特有の精神障害に追いやるのかもしれない。

Xの事例で興味ぶかい点は、彼女のズワズラが一人息子Nの〈ピリピリ〉（愚鈍／知恵遅れ）と関連づけて解釈されることである。Nはことばを発せず、穏やかに微笑みながら人々の集まりの傍らにすわっている。朝夕、囲いからヤギを追い出したり、水汲みをしたり、といった簡単な作業を手伝う。私は、自閉症の長男ゆっくんのことを気にかけながら調査を続けてきたため、XとNの母子に特別な親しみを感じていたが、この母子をよく知る男たちから衝撃的な見解を聞いた。「彼は生まれたときはきれいだった。小さいときはことばをしゃべり、おれといっしょに玩具の弓矢で小鳥を射て遊んだ。だが、母親がズワズラになり自分の尿を飲ませたので、愚かになった《ビリビラハ》」あるいは「母親が心を取り替えられた（つまり「発狂した」）とき息子に食べ物を食べさせていたら、息子も心を取り替えられた」と。再定住化が進行しているさなかに、私はX自身の語りを収録する機会を得た。以下の事例はXへのインタビューからの抜粋である。

事例１－②　「この子は唖だ」（一九九七年八月八日収録、Xはおよそ五七歳）

私はズワズラになったことを忘れた。それはまさに夢だ。かれらが私を治療し、それを追いはらった。昔、Zという男が私の母さんに言いより、婚外性関係《ザーク》を提案した。けれど、父さんが拒んだので、彼は母さんを手に入れられないことを悔しがって《ヌオ》、私の両親に邪術《ナアツアエ》をかけた。そのため、私もズワズラになったし、息子も障害《テイ》とともに生まれた。息子は赤ちゃんのときたくさん泣いておっぱいもたくさん飲んだが、いくら経っても話さなかった。この子は唖《ノボ》だと思った。けれど呼べば返事をするから耳の穴はある。別の子と遊ぼうともせず、ただ坐っていた。おとなになっても自分で火を熾すことも粥を煮ることもせず、人がくれるのを待っている。私がズワズラになったときに、彼はもうおっぱいなんか飲んでいなかった。口に髭が生えてから弓矢遊びを覚えた（インタビューの最中にも彼は矢をつがえて小鳥をねらっていた）。人々がこんなにたくさん暮らしていても、だれもこんなものを生んでいないのに、私たち男女二人《アケビ》（Xと筆者）はこんなふうなものを生んだ。ガマ（神霊）が私たち二人《アケマ》を殺したのよ。

最初のほうで言及された「婚外性関係《ザーク》の提案」については説明が必要である。グイの社会生活の顕著な特徴は〈ザーク〉（「恋愛関係」と訳してもよい）のネットワークが広範に張りめぐらされていることである。それは「結婚《シェク》」（正規の儀礼によって確定される）を補完する特有な性関係である。「結婚」が成立するためには、親族間の入念な交渉、新郎側からの婚資や労働奉仕などが必要とされるが、〈ザーク〉は恋人どうしの自由な選択（誘惑）にあずけられる。その理想型は、二組の夫婦が性的なスワッピングを継続しながら、長期にわたる相互扶助関係を確立する〈ザークそのもの〉である。右の事例では、Zがこのような形態の〈ザーク〉をXの母に提案したが、Xの父がそれを受諾しなかったのである。

本題に戻ろう。語り末尾の「殺す」とは「ひどい目に遭わせる」の誇張表現である。ガマとは森羅万象を司る造物主であるが、病や災厄を引きおこす悪霊の側面もあわせもつ。「私たち男女二人」と訳した人称代名詞アケビ（対格はアケマ）は、男女のペア（双数《デュアル》）を表す包含形一人称である。この四年前に家族全員でカデを訪れていたので、Xは私の長男をよく知っていた。障害者の親として苦労している自分と筆者とを「私とあんたの男女二人」で括ったのである。私は彼女との連帯感に心を揺さぶられる一方で、障害者を「もの」と言い捨てる酷薄さに憮然とした。[22] しかし、グイ／ガナが人を障害者《テャーハ》と認めることは「恥」や「不幸」の感覚とは無縁である。Xを訪ねるたびに、彼女は隣に坐るNを指し示し「私の息子よ」と誇らしげに言った。息子が最近迷子になった事件を語る調子も情愛に満ちたものだった。

事例1-③　Nの迷子事件（一九九七年初頭の出来事、Nは約三五歳）

Nは彼のオバと一緒にロバを曳いて畑に栽培スイカを収穫しに行った。ロバの背に括りつけた袋にスイカを詰めこみ、オバが畑にひき返した隙に、彼は綱をほどきロバを曳いて行ってしまった。後ろからきた車が警笛を鳴らしたので、道をはずれてしまったようだ。彼はピリピリだから、カン（毒素を含有するメロンだが加熱により毒は分解される）を生で食べると腹痛を起こすことも知らず、それらを食べて飢えをしのいだ。ロバの背に自分で詰めたスイカが山ほどあったのに！　毛布にくるまって外で二晩寝た。私（X）の弟が政府の役人に頼んで車を出してもらい、探しまわったあげく、三日目に道に出てふらふら歩いている彼を発見し、診療所に連れて行った。私が駆けつけると、彼は私の姿を見てわっと泣きだした。「おや、母ちゃんにぼくは会えた。そう思ってどっと悲しくなったのでしょう。そんな障害なのよ」。

このインタビューから一一年後の二〇〇八年に知的障害をもつガナの別の青年が迷子になり、飢えと寒さで死亡した。野生のスイカもメロンも原野にごろごろみのっていたのに、彼はそれを自分で食べることさえ知らなかった。もう少し発見が遅れたら、Nも死んでいて不思議はなかった。知的障害者の純真の裏面には、仲間の庇護を受けなければ生命を脅かされるという被傷性《ヴァルネラビリティ》が潜んでいる。

解釈図式と器質的条件

Xは彼女の発狂《ズワズラ》や息子の知恵遅れ《ピリピリ》を引きおこした「災因」を〈ヌオ〉という概念によって解釈している。この他動詞は「対象（目的語）が手に入らないことを悔しがる」ことを意味する。自分を〈ヌオ〉する他者の邪術によって病や障害を蒙るという解釈には、グイ／ガナと接触してきた農牧民に蔓延する妖術信仰の影響が認められる[23]。こうした解釈図式は、私たちが信奉する科学的合理性からどれほど隔たっているのだろうか。私自身の例を挙げよう。

——長男、ゆっくんが小学校に入学して間もなく、小児精神科で睡眠時脳波検査を受けた。睡眠誘発剤を使うと自然な脳波を計測できないと言われたので、ドライブが大好きな長男を眠らせないために、一晩じゅう走りまわった。首尾よく徹夜した彼を妻が病院に連れて行き、眠りこんだわずかな隙に脳波を記録した。その結果、大脳辺縁系から特有の波形が生じていることが確認され、正式に自閉症の診断を受けた。

私は、民衆の一人として脳神経科学から疎外されたまま、権威への信頼に身をゆだね診断を受け容れた。専門家に独占された知識が民衆に天下ってくるという点では、自閉症の原因を「母性の未熟」に帰する学説（次節参照）と、狂気の原因を邪術に求める占い師の託宣とのあいだに本質的な差はない。だが、私は「あらゆる精神疾患は文化的に構築される」という主張には同意しない。長男を育ててきた経験から、私は自閉症児の身体図式には特有の偏倚があると考えるようになった。映画『レインマン』で高機能自閉症者を演じた名優ダスティン・ホフマンは療育施設に長く滞在し、特有な所作を身につけたという[24]。ぎごちなく歩き、回転する物に魅惑され、バスの窓から見える景色よりも道路の縁を動く影に見とれる……。ゆっくんの振る舞いがみごとに写しとられていることに、妻ともども驚いた。アメリカと日本という文化の差を超えた普遍的な何かがやはりある。

身体化の人類学の源流であるメルロ゠ポンティの思考において重要な位置を占めるのが、動機づけという概念である[13]。たとえば、奥行き視を成立させる神経機構が脳内に実在するという科学的証拠を否定する必要はない。だが、神経機構によって私たちの知覚世界が自動的に決定されるわけではない。世界の奥行きに魅了されるそのつど、私たちは脳内機構という動機づけを引き受ける[25]。自閉症を引きおこし特有の脳波を生みだす微細な損傷もまた脳内に実在するのかもしれない。だが、同時に、ゆっくんは日本社会を覆う意味のネットワークの窪みに成立する環境世界で彼なりに頑張っている。その日々の営為を通して、器質的条件をみずからの根源的な動機づけとして生きなおしているのである。

3　自閉症と人類学の同伴――ゆっくんの伝記的民族誌

概念空間の中での伝記的民族誌

本節では、すでに四〇歳になったゆっくんの半生で起きた印象深い出来事を記述する。(26)この手法は伝記的《バイオグラフィカル》民族誌とよばれる。第1節で言及した〈ポストモダン民族誌批判〉のあとに、この批判を乗り超えようとする様々な方法が試みられた。ある個人の生活史に焦点を合わせることは、なかでも重要な試行であった。

もう一つ導きとなる思想の動向がある。フランスの哲学者フーコーは、西欧的な知の成り立ちをその起源に遡って解明する「知の考古学」という方法を編みだした。ある社会と時代における知は、明白に意識されることのない知の台座《エピステーメー》の上に組みたてられる。その上に形成されるネットワークの「網目」(結節)にあたるものが言説《ディスクール》である。言説とは、文書それ自体というよりも、ある言表《エノンセ》(言い表され「書き表され」ること)と、「言表をこのように組織すべし」と命じる規則とが統合された複合体である。(27)フーコーに学んだ分析哲学者デイヴィッドソンによれば、右のようなネットワークは特有の概念空間をつくりだす(28)(私見では、それは、壁龕《へきがん》(飾り物を置く壁のくぼみ)を意味したニッチ(生態学的地位)に近いイメージで捉えられる)。最も重要なことは、知は孤立して自生することなどありえず、ある概念空間の内部で形成されるということである。〈自閉症〉こそ二〇世紀半ば以降に成立した新しい概念空間である。以下の探究は、ゆっくんと私が共に内属する環境世界の地平に、多様な自閉症概念が立ち現れた、その様態を照らすものでもある。

ゆっくん誕生以前

わが国で自閉症という概念空間が成立したその発端へ接近するためには、私の青春期に遡る必要がある。「受験戦争」の翳《かげ》に覆われた戦後の中等教育においては「勉強ができる」ことに大きな価値がおかれた。同時に「アタマがわるい」ことは分類と序列化のまなざしに曝された。中学の保健の教科書に掲載された知能の順位表をはっきり記憶している――「魯鈍《ろどん》／痴愚／白痴」である。どん底である「白痴」というカテゴリー名がいつのまにか公の言説から放逐されたことは、知能の低さという条件を隠蔽する奇妙な風潮である。

その一方で、自閉症という魅惑的な術語が一九六〇年代の日本の知的空間に侵入した。私は中学生の頃から『ＳＦマガジン』を愛読していた。当時、ＳＦ作家は異端的な少数者であることに屈折した選民意識をもっていた。誌上に掲載された支離滅裂な座談会で、列席者の一人がふと呟いた。「よそう、自閉症になりそうだ」。このとき「自閉症」というカッコイイことばが少年の心に灼きついた。

高校三年生の晩秋から私は大江健三郎に傾倒した。短編小説「不満足」の主人公だった不良少年鳥《バード》が、長編小説『個人的な体験』[29]では知的階層の青年になっており、長男が重い障害をもって生まれたという連絡を受けて病院に駆けつける。院長は「それで、現物を見ますか？」と問う。「院長の現物という言葉が鳥《バード》に怪物という言葉をよびおこしていた」。わが子の遺棄を企てる主人公の魂の荒廃と再生の道のりに私は深く没入した。だからこそ、大江のその後の諸作において、イーヨーの愛称でよばれる長男に向けるまなざしが慈愛に満ちたものへ変容していくことを、共感とともに追跡した。イーヨーの言動がゆっくんを連想させることに微笑ましさをおぼえたとき、私はある実存を自閉症というカテゴリーにあてはめるかどうかにこだわる、分類への欲望から遠ざかっていたのだと思う。

ゆっくんの生育歴を紹介する。彼は、一九七八年の暮れに、私が二回目の海外調査で不在中に生まれた。帰国した私は、いつも機嫌がよく、人見知りもしない、天使のような赤ちゃんに夢中になった。だが、二歳半になってもことばが出ないことから知的障害を疑うようになった。二歳九か月のとき弟が生まれた。三歳の誕生日まぢかに川崎病を発症し、私が当時勤務していた北海道大学の付属病院の小児感染病棟に入院し年を越した。一九八五年に札幌市立の小学校に入学したが、一九八八年に私が関西の大学にポストを得たために、小学四年生に進学した二か月後に転校した。一九九一年～九四年には市立中学の養護学級に通い、九四年～九七年には県立大学附属養護学校の高等部に電車で通学した。卒業後は、自宅からバスで授産作業所に通勤し、単純労働に従事して現在にいたる。

「母原病」の時代

戦後日本社会の概念空間にある磁場が生じた――これが以下の考察の前提となる仮説である。その磁極となったのは、子どもが昔のように自然に育たなくなったという憂慮である。それと呼応して、〈母性〉の崩壊を危惧する専門家の言説が流通するようになった。私の青年期の頃から、ベッテルハイムの『自閉症』というタイトルは書店で目を惹いた[30]。この著作の大きな特徴は、小児自閉症を映しだす鏡として、ナチス強制収容所の経験を用いていることである。自閉症は、極限的な暴力・剥奪・死の恐怖に長期間曝された収容者を襲う人格崩壊・無気力・無関心になぞらえられる。その冷然とした筆致は読者を暗澹《あんたん》とさせる。自閉症という概念空間が成立した当初、わが子の謎を解く手がかりを求めてこの本を手にとった親たちが陥った絶望は想像するにあまりある。

ゆっくんが自閉症ではないかと疑いはじめた頃、札幌の書店で山中康裕編『現代のエスプリ No. 120 自閉症』という本を立ち読みし目の前がまっ暗になった。この号は現在入手困難なので、同様の趣旨が書かれている専門書所収の論文や座談会記事などを参照する。

――山中は自閉症を「最早発分裂病」であると規定する。その核にあるのは、自己の内面における「自然な自明性の喪失」である。その成因として、幼児早期の母親との関係に注目する。一〇年にわたって自閉症児の治療を通じてその母親とかかわってきた経験にもとづき、彼女たちの特徴を（a）母体験欠如型、（b）母性拒否型、（c）理性的自己愛的美人型に類型化する。[31] この本が出版されてから六年後のシンポジウムでは、「自閉症は、祖母、母、子と三代にわたって形成されると言えるかもしれず、一代で生じる偶然的な器質異常などではない」と述べる。[32] さらにその二年後の座談会では、大略以下のように語る。……たとえば堕胎を考えていた母親は子どもをもちたくないという気持ちが明白である。そんな母親の側の拒否反応によって子どもがなつかないことは十分にありうる。望まれて生まれた子どもでも、自閉症児の場合、子育てが下手な母親が多い。自閉症児を生む母親は、一代前の段階で親子関係に問題が起きている可能性がある。自閉症にしろ、分裂病にしろ、親・子・孫と三代かけたら実験的に病気をつくることができるのではないかと思うほどである[33]……。

　自閉症児と全身で格闘する山中の治療記録は感動的とさえいえる。それだけに、治療で発揮される鋭い観察眼と、右のような推論とのあいだの落差は衝撃的である。「親・子・孫」三代の因縁噺《ばなし》はなんら実証的裏づけをもたない。文化人類学の根幹をなすフィールドワークの鉄則を再確認しよう。たとえ複数の観察者がそれぞれ異なるパラダイムに傾倒《コミット》しているとしても、かれらは、一致して知覚しうる現実性《リアリティ》という地面を踏みしめているはずだ。概念空間の重力圏から脱して自閉症という謎と向かいあう唯一の途は、こうした現実性《リアリティ》に依拠して思考を組みたてることである。

　自閉症児の父親からの抗議に対する弁明の中で山中は「何も自分からは言えぬ子に、おまえが悪いのだ、といってみても治療には役に立たない」と書いている。[34] ここで山中は彼の推論に隠された前提を曝露している。自閉症は「悪い」ことなのだ。また先に引用した論文を「自閉症児とその母親の本質に根ざした治療を施すならば、（中略）自閉症児は自閉症児でなくなる」と締めくくっている。ここまできっぱり断言するのであれば、治療者には、治療が成功した「患児」のその後の人生を長期にわたって報告する義務がある。限られた診療期間が終われば「患児」への責任を負うことを医師は免除されるというのであれば、自閉症児／者の命運を何十年にもわたって報告しうるのは親だけであろう。

ゆっくんを育てる中で最も困難だったのは、二歳半で異常に気づいてから小学校入学までの四年間だった。とくに親を追いつめたのが、概念空間から侵入する有罪宣告と表裏一体になった「自分たちの努力次第でいつか普通の子になる」という希望であった。ここでわれわれを支配していたのは、ゆっくんの発する頑強な自発性を異常行動（悪）として捉え、それらを「なくす」という達成目標にむかって努力するという姿勢であった。

もう一つ、この時代の文学作品で本節での考察と深い関連をもつものがある。

――晩年の武田泰淳は富士山麓の別荘で、ドストエフスキーを思わせる、全篇ほとんど会話と議論によって成り立つ小説を書いた。舞台は富士山麓にある精神病院で、時は太平洋戦争のただなかの昭和一九年。入院患者の岡村少年は他の人とひとこともことばを交わさず、ゼノン風の「瞬間はあるが、時の経過はない」という哲学的考察をノートに書きつらねる。(35)

フィールドにいても常にゆっくんのことが気がかりだっただけに、私は偉大な作家・武田が「狂気」を想像する方向性に違和感をおぼえた。「黙狂」とよばれる岡村少年は、高機能自閉症者あるいは知能の高いアスペルガー症候群の人に似ている。だが、実存全体から他者とのコミュニケーション能力をごっそり引き算すると、高度な哲学的思考が残るのだろうか。自閉症という概念空間にひそむ最大の罠は、「アタマがいいこと」と「コミュニケーションの力能《キャパシティ》」とが、相互に独立し切り離し可能な、実存の潜勢力《ポテンシャル》であるという人間観なのではなかろうか。それが罠になりかねないのは、「アタマがわるいこと」そしてその極限値としての「白痴」がもつ意味を思想の問題として据える可能性が封殺されるからである。

行動学的なひきこもりとしての自閉症

川崎病による入院をきっかけにして、ゆっくんは偏食がひどくなりガリガリに痩せた。それとともに、原因のわからない癇癪《パニック》が頻繁になった。この頃（三〜六歳）、われわれは「田口療法」にコミットした。[36] 田口恒夫は、動物行動学《エソロジー》を創始したニコ・ティンバーゲンとその妻エリザベスが提唱した自閉症児の療育理論に影響をうけた。

――ティンバーゲン夫妻によると、自閉症とは、幼児の生得的素質と母子間のやりとりの不調和とが複合して増幅される発達障害である。幼児の素質とは、過敏な知覚と連動した逃避傾向である。「この子は手がかからない」と思いながら育てていると、クレーン現象、指さしの欠如といった徴候を経て、言語発達に顕著な遅滞があることが判明する。相前後して、癇癪《パニック》、常同行動、儀式的なこだわり、ある種のモノへの過度な没入といった問題が噴出する。これらすべては外界への恐怖がひき起こす転位活動《ディスプレイスメント》である。[37]

田口らの治療方針は単純明快である。子どもの恐怖・怯え・不安を取り除きさえすればよい。そのために、最初はむりやりでも、子どもをひたすら抱きしめ続ける。やがて子どもは抵抗をやめ、母の腕の中でくつろぐようになる。こうして、初期発達での母子密着の不足が取り戻され、子どもの中に基本的信頼《ベイシック・トラスト》が醸成されてゆく……。行動学的な解釈も意外と〈母性の未熟〉論と共鳴しあうことがわかる。幼児が「希望のない極限状況」におかれていることが発症の根本原因であるとしたベッテルハイムの暗鬱な認識が、一九八〇年代の知の台座の深層にも流れ続けていたのである。NHK教育テレビの「ことばの治療教室」に出演していた田口の育児指針は当時大きな影響力を揮ったが、彼はその著作やTVでは「自閉症」というラベルを使わなかった。田口が札幌を訪れたおりに一家で面談する機会をもった。そのときの田口のことばで、長く記憶に残ったものがある。「弟さんは大きくなったら家から巣だってなんの頼りにもならなくなります。でも、ゆっくんは、お父さん・お母さんが歳をとって体が不自由になったら、助けてくれますよ」。

母子密着の「量」だけを重んじ、自閉症に特有な行動パターンの「質」を問題にしなかった行動学理論は妥当性を欠いていたと言わざるをえない。とくに田口学派が奨励した小学校への就学猶予という戦略は間違っていた。だが、田口の思想の根幹にあった、自閉症（さらに広くは精神薄弱）という実存のありかたを全面的に肯定する身がまえは高く評価されるべきである。彼がめざしていたことは、自閉症者が家族の中で穏やかに暮らし続けられるよう手助けをすることであったと思われる。だが、両親はほとんど必ず自閉症の子よりも先に死ぬ。田口療法の最大の問題は、清らかな光に包まれた「聖家族」が解体したあとも自閉症者の幸福はいかに確保されるのかを展望しえなかったことである。

コミュニケーションの非対称性

われわれ夫婦にはいつしか「この子は知的障害者であり〈治る〉ことなどありえないのだ」という認識がおとずれていた。それでも、妻は田口が推奨する「だっこ療法」の効果に半信半疑のまま、二人の幼子を抱えて狭い一戸建ちの公務員宿舎に閉じこもっていた。彼女はいつパニックを起こすかわからないわが子に腫れ物にさわるように接することに神経をすり減らした。そして「この子は家の中に閉じこめられ退屈しきっている」という確信にいたった。田口が推奨する「就学猶予」などとんでもないことだった。小学校に入ってからは、養護学級担任のきりっとした女性教諭は、わが家の「命の恩人」になった。忍耐づよく、優しく、ときに厳しく、ゆっくんの面倒をみてくださった。おかげで彼は給食が大好きになり、ひらがなも学習した。入学後まもなく、妻は、ゆっくんが午後のある時間帯にきまって癇癪を起こすのはなぜだろうと考えはじめた。以下の事例記述では、家庭内での呼称にしたがい、私の妻、すなわちゆっくんの母親を「ママ」と表記する。

事例2-① 聴覚過敏その一（一九八五年初夏、六歳）

ある日、ママが下校するゆっくんの手をひいて三〇分近い道のりを歩いていると、家の近くに来たとき、彼がママの手を握る力がぎゅっと強くなった。近所の家から干した蒲団を叩く音が聞こえていた。「パンパンの音イヤだね」と言ってみた。ゆっくんは、それからは、蒲団叩きの音が聞こえてくるたびに「パンパンノオトイヤダネ」と反響言語《エコラリア》を呟き、癇癪を起こさなくなった。

事例2-② 聴覚過敏その二（一九八六年春、七歳）

ママは晩ご飯の支度で揚げ物をするときに、ゆっくんが癇癪を起こすことに気づいた。ある夕刻、ゆっくんは料理をするママの手首をつよく摑んだ。油の滴を切るために天ぷら鍋の縁に菜箸《さいばし》を打ちつける音がイヤなのだ。「油を切らなくちゃ上手に揚げられないよ」と説明した。それからは、「ゆっくんの嫌いな音たてるよ！」と予告して箸を打ちつけると、にんまりするようになった。

こうしたささやかな発見は不思議と妻を力づけた。時が経つにつれて、儀式的な固執、反響言語《エコラリア》、構語不全といったゆっくんの特異性を楽しみ、その頑強な自発性を尊重する構えが、親の側にできあがってきた。そうなったとき、親の視点からのやりとりの記述は、ある種のユーモアに彩られたものになる。

事例3 木を植えた話（一九九一年一一月、もうすぐ一三歳）

ゆっくんが中学にあがる四か月前の秋のこと。当時、私は息子二人を連れて、近所の雑木林の周囲をよく散歩していた。細い道に、伐採されたらしい、大きな枝が落ちていた。「その枝どうするの？」と訊いても ゆっくんは何も応えずに、曳きずって長い距離を歩いた。自宅近くの空き地に入ると、鋭い切り口で地面を掘り、じょうずに枝を突き立てた。すると満足そうな顔になり、家に帰った。このゆっくんの謎めいた振る舞いをまのあたりにしたとき、私は自分を超えた世界から何か神ごうしい光が射しこんできたような不思議な感動をおぼえた。しかし、そのことをママに話すのを忘れたまま、数日が過ぎた。ふと思いだしてそれを言うと、ママは「こないだ学校で植樹祭をしたから、それのマネでしょ」と教えてくれた。最近経験した事柄の遅延的な反復だったわけだ。

この逸話において、私の側の認知は、三つのフェーズをくぐりぬけた。（ⅰ）ゆっくんが未知のゴールに向かって、木を曳きずる行為を持続していることを不思議に思う。（ⅱ）「植える」というゴールはわかったものの、今度は「なぜ植えたいと思ったのか」というもっと深い謎に直面する。（ⅲ）それは最近の楽しい経験を反復したにすぎなかったのだ、という平凡な理解がおとずれる。だが、（ⅲ）の認識が、（ⅰ）（ⅱ）のフェーズで私が感じた不思議さまでをも遡って帳消しにするわけではない。私は確かにそのとき彼の自発性の片鱗に触れ、何かしら神秘的な感覚に打たれたのである。この経験は、コミュニケーションの原点が〈非対称性〉にあることを私に教えてくれた。私たちは他者が示すなんらかの顕著な振る舞いに対して一方的に〈思いを籠める〉ことによって、その他者が生きている環境世界に想像力を投げかけることができるのである。

「心の理論」の時代

中学の養護学級担任の女性教諭も決断力のある聡明な方だった。ゆっくんが一番幸せそうにしていたのは、中学の三年間ではなかったかと今にして思う。中学生最後の夏休みに、一家はイギリス経由でアフリカに行き、グイ／ガナの定住地カデに三週間近く滞在した。家族の歴史の中で、最も輝かしい喜びに満ちた日々だった。しかし、養護学校の高等部に入学してからは、中学のときのように特別扱いされることもなくなり、ゆっくんはあまりパッとしなかった。それどころか、パニックや自傷行為が以前よりも深刻になった。

事例4　嘘をついた話（一九九六年二月、一七歳）

下校途中で放し飼いになっている犬に怯え、道に面した家の窓ガラスを叩き割り、手を血だらけにした。親切なその家の奥さんが学校に電話を入れ、傷には包帯を巻いてくれた。ゆっくんが自宅に着くよりも前に養護学校高等部の先生からママに電話があった。「あとで改めて謝りに行ってください」という連絡だった。ママは帰ってきたゆっくんに何気ない調子で「ゆっくんその手どうしたの?」と尋ねたら、彼は、「ぼんやりしてて、カッターで切った」と答えた。ママは、ゆっくんが外で大変なことをしでかしたことに動顚しながらも「あら、この子こんなことまで言えるんだ」と驚いた。

自閉症に関する諸理論の中で、最も興味深い学説が「心の理論」である[38]（第1章、第7章参照）。自閉症の三つ組みといわれる「コミュニケーションの質的欠陥」「想像的な活動を楽しむ能力の欠落」「儀礼的行動への固執」という三点の、少なくとも最初の二つをこの学説は鮮やかに説明する。ただし、誤信念課題に関する初期の実験結果には反証もある[39]。被験児の数を増やすと誤信念を認識できる子どもが少数発見されるのだから、ゆっくんが嘘をついたのもそれほど驚くべきことではないのかもしれない。

「心の理論」学説には幅広い変異型があるが、脳のモデュール説（脳の各所に自律的な機能分担の機構が局在しているという考えかた）をとる学派の一部は進化心理学に収斂する[40]。意図検出器（有機体の運動が目的志向的な「行動」であることを感知する能力）と視線検出器（他者のまなざしを察知する能力）がなければ捕食者から逃げることはできない。この二つの機構を基盤にして注意共有機構（他者が自分と同じ対象に注意を向けていることを感づく能力）が進化した。「心の理論」が注意共有にもとづいて進化したというのは魅力的な仮説である。

だが、「心の理論」学説が覇権を掌握したことにより、それを追試する研究者たちはパラダイム理論でいわれる「通常科学のパズル解き」に邁進することになった。[9] 一歳児の視線をVTRでモニターし誤信念弁別の証拠にするといった創意工夫[41]も、パラダイムの限界を問いなおすことを迂回した精密化に陥る危険性がある。パニックや自傷の発現機序までをも解き明かす包括的なパラダイムを構想する契機を、このパズル解きは奪っているのではなかろうか。「心の理論」をモデュールとして措定するか否かにかかわりなく、この学説が器質的な決定論に傾斜することを警戒しなければならない。自閉症児・者の生を輝かせるのは、脳内神経機構の有無ではない。親だけでなく、学校や作業所での仲間、指導員、ボランティアの人々と共在し続ける環境世界こそが最も本質的な重みをもつ。

ゆっくん的実存の環境世界

高等部を卒業し、作業所に入所して以来、ゆっくんは緘黙《かんもく》ぎみになった。しかし、二〇代の後半を過ぎてから、驚くほどいろんなことを話すようになり、われわれ夫婦は彼がいつのまにか様々な知識とセンスを周囲から吸収していることに気づいた。[42]

事例5　おばあちゃんへの別れの挨拶（二〇〇六年一一月、もうすぐ二八歳）

私の老母は、長男夫婦と共に関東に住んでいたが、九七歳で他界する八年ほど前にわが家に一週間ほど滞在した。おばあちゃんが帰る予定の日の朝、ゆっくんはいつものように作業所に出勤するために玄関を出た。すぐに引き返してくる足音にママは気づき「あら？　何か忘れ物かしら」と思った。ゆっくんは家にあがり、茶の間に顔をつっこむと「おばあちゃん、さようなら。また来てね」と言った。彼が突然見せた優しさは、ママを驚かせ、おばあちゃんを涙ぐませた。

さらに、ゆっくんは、表情と振る舞いによって何かを伝えてくるようになった。

事例6　パパの錯覚を正す／忘れ物を「指摘」する（二〇〇八年五月／一〇月）

（作業所に入所して一年後ぐらいから、ゆっくんは親と出かけることを嫌うようになった。だが、この年はどういう気まぐれか、また出歩くようになった）。休日に、ゆっくんと二人でＪＲに乗って数駅離れたデパートへ買い物に出かけた。帰宅するために駅のプラットフォームにあがって、彼の姿が見えないことに慌てた。ハッと気づくと反対側のフォームに立って、にやにやしてこちらを見ている。そのとき、私は、自分が日頃の通勤の癖で自宅へ帰るのとは逆方向のフォームにあがってしまったことに気づいた（二九歳）。／秋に一緒に山登りをした。下山する途中、広い尾根を覆う美しい雑木林で、樹の根もとにすわって休んだ。歩きはじめると、ゆっくんがそばに来てにたにたした。その表情を見たとたん、今の休憩場所に自分の愛用の帽子を置き忘れたことに気づき、ひき返した（もうすぐ三〇歳）。

ゆっくんは、きまりきった秩序が揺らいでも、昔ほどぴりぴりしなくなったのである。何よりの変化は、彼の弟に対する態度に現れた。聴覚が過敏なゆっくんは子どもの頃から弟がお喋りする声が苦手であった。弟が何か話すとこれ見よがしに手で両耳を押さえて別の部屋へ逃げこんだりした。しかし、弟が大学の三学年目から一人暮らしをするようになってから、ゆっくんはしきりと弟の不在を寂しがるようになった。

事例7　「ひとりでくらしません」（二〇〇七年一二月、二九歳）

自分の思いを口に出して言うことが苦手なゆっくんは、紙に日頃の鬱憤を書きつけて親に見せる。あるときおかしなマンガを描いて親を大笑いさせた。弟がこたつのスイッチをいじっている絵に吹きだしがついている。「いけない、こたつをけしわすれた。もうひとりでくらしません」。弟が一人暮らしをしていると、何か事故があるのではないか、と彼は心配しているのである。

ゆっくんの最大の望みは、弟も彼と同じ授産作業所で働くことである。一緒に育った弟が、自分と違う世界にいることが、ゆっくんにはどうしても納得できないのだ。

事例８　しずくちゃん（二〇一二年一二月、三四歳）

ゆっくんはＣＤでＪポップ、みんなの歌、アニメソングなどを聴くことを楽しみにしている。いつもそれらの歌のタイトルをごちゃごちゃ書きしるした大判の黄色い画用紙を持ち歩いている。一日に一回はそれを私に見せ、何か言わせようとする。「しずくちゃん」「はむ太郎」「アンパンマンのマーチ」などと読んでやると、にんまりする。ある日、彼はこの紙を見せながら「山下達郎買いに行く」と言った。Ｊポップ事情をまったく知らぬ私は、本気でこう訊いた。「ゆっくん、『しずくちゃん』って山下達郎が歌ってるの？」ゆっくんはけらけら大笑いして「ちがう」と言った。彼があんなに高い笑い声をあげたのをはじめて聞いたような気がする。(41)

このときゆっくんは、「パパはぼくが知っていることを知らない」と認識し、誤信念課題を突破したというべきなのだろうか。だが、そのような認知的な説明は、ゆっくんの高らかな笑いが私に与えた感動からあまりにも隔たっている。彼の「心」はけっして彼の脳の内部にあるのではなく、黄色い画用紙や、大好きなＣＤへと拡張された場として、私という場と混じりあっているのである。

事例９　弟の婚約（二〇一六年八月下旬、三七歳）

社会学の専任講師の職にありついた弟が「結婚する」と言いだし、ヨメさんになる人を連れてきた。自宅の近所の中華料理屋の個室で宴会をした。ゆっくんは不気味なほど機嫌がよく、得意のカレンダー記憶を全面展開して、隣にすわったパパに「一九八五年の五月に、ばらと公園で池にとびこんだ」からはじまって、たくさんの出来事の記憶を次から次へと話し続けた（茨戸《ばらと》公園は札幌郊外にある大きな公園で、車でたまに行っていた）。

よもやま話に耽るというありふれた社交の愉しみほど、ゆっくんにとって縁どおいものはない。けれど、彼は、自分も楽しいおしゃべりの輪に参加したかったに違いない。そのとき、膨大なカレンダー記憶をコミュニケーションの資源《リソース》=手段として用いたのである。

事例10　洗濯物をとりこんでくれた話（二〇一七年七月上旬、三八歳）

ママは福祉の仕事で忙しくとびまわっている。その日、二階の物干し台に洗濯物を干したまま外出し、夜になって帰宅した。ゆっくんは何よりのお楽しみである、二時間以上の入浴中であった。翌朝、ゆっくんが作業所に出勤したあと、キッチンに張りわたしてあるロープに前日の洗濯物が架かっているのをママが指さし、「あなたが取りこんでくれたの？」と尋ねた。だが、私にはそんな覚えはなかった。昨晩、ゆっくんは風呂に入る前に、たんすにパンツがないのに気づき、物干し台から自分のパンツを回収したついでに、たくさんの洗濯物を抱えて下に降り、架けなおしてくれたのだ。

三〇年以上前に札幌で田口恒夫と面談したときの予言が鮮やかに甦った。「ゆっくんは、お父さん・お母さんが歳をとって体が不自由になったら、助けてくれますよ」。われわれは、自分たちがもっと高齢になったら、彼を福祉施設に入所させなければならないと考えている。だが、ゆっくんがわれわれを淡々と介助してくれる姿を空想すると、知的障害ゆえの被傷性をおびた彼と共に暮らすことが、かけがえのない祝福であったことにあらためて気づかされる。

4　自閉症との新しい出会いかた

人類学の最も原初的な動機づけは、自らがそこで生まれ育ったわけではない、異なる文化と社会に生きる他者たちに魅惑され、かれらのことをわかりたいと願うことである。人類学者は、他者が生きている意味世界を内側から理解しようとする。この目標へいたる最も有力な通路は言語である。だからこそ、私はグイ／ガナの日常会話や語りを分析し続けてきた。だが、この世界には言語能力に重い障害や欠損をもつ他者たちが存在する。このとき〈内側からの理解〉は壁にぶちあたる。知的障害という条件を思考に繰りこもうとするすべての学問は、乗り超え不可能な限界に接近せざるをえない。私たちに許された思考とは、言語運用を土台にして成り立つからである。言語を用いて言語的思考を批判することは、自己言及性のパラドックスを招きよせる。

右のような限界を正面から乗り超える方策は原理的に存在しない。私はむしろ側方からの乗り超えの途を展望したい。文学的な言語表現はその一つの可能性である。前節で私は記述を「ユーモアで彩る」という方向性を暗示した。イーヨー＝光《ひかり》くんについて書かれた大江の作品の中に巧まざるユーモアを感知するとき、私は心を揺さぶられる。たとえば、停電した暗い別荘で、近眼のイーヨーが持参した弁当のおかずを「顔を近づけて確かめながら口にはこぶ」という何の変哲もない描写に感動した(43)。それは親だからこそもちうる情愛とわかちがたく癒合した記述である。

第三節では、「白痴」というカテゴリーを公的な言説から追放する近年の傾向は、知的障害という条件を隠蔽することであると批判した。この論点を補強するために、私が青年期に出遭った独創的な「白痴」論に目を向けよう。フォークナーを二〇世紀文学の中で傑出した存在とした達成は、他に類のない時間性の構築である。

――ミシシッピー州ヨクナパトファ郡に住むコンプソン家には成人した三男一女がいるが、「白痴」のベンジー（略称ベン）はその末っ子である。『響きと怒り』の第一章はベンの視点から描かれるが、訳者の分析によれば、彼の想念の流れは一二七回におよぶ時間の跳躍《タイム・スリップ》によって寸断されている。作品の終末でベンを乗せた馬車は町の広場にさしかかる。御者ラスターはいつも右に向ける馬車をうっかり左に向けてしまい、ベンはパニックを起こし絶叫する[44]。

この青春の愛読書を六年前に再読したとき、一つの啓示にうたれた。ベンは儀式的な同一性に固執しそれが乱されるとパニックを起こす自閉症者ではなかったのか。そのように考えると、すべての瞬間が等価に存在している彼の意識の独特なありかたも腑に落ちる。

人類学を選んだことは私の意志的な選択だったが、ゆっくんが自閉症児として生まれたことは偶発的に起きた生の現実であった。現実の豊かさの根拠とは「経験しなければわからない」ということである。その経験があればこそ、私はフィールドで知的障害者の一人息子をもつ初老の女性から仲間として扱われたし、一九世紀末の深南部《ディープサウス》に生まれた青年が去勢されたという虚構の描写に激しい忿懣をおぼえるようになった。こう考えるとき、あらためてフォークナーへの畏敬の念にうたれる。彼が『響きと怒り』を書いた一九二〇年代には「自閉症」という病名さえなかった。それにもかかわらず、彼は同じ町に生きる「白痴」の振る舞いに並なみならぬ関心を抱き、障害の特徴を見ぬいたのである。現実と他者の底知れぬ深さに魅惑され観察と記述を続けることこそ、人類学者と作家の双方にとって、最も貴重な認識の資源《リソース》である。自閉症という概念空間における新しい磁場は、このようなタイプの実存に魅せられたすべての人々が、情動と癒合した観察と記述を持続するところに生まれるだろう。

本章の主要部分は事例記述によって成り立っていたので、締めくくりにも、一つの事例をおこう。時間は遡るが、一家でカデに滞在したときの逸話である[45]。

事例11 「おれはユタカが大好きだから」（一九九三年八月下旬、一五歳）

夢のように楽しかったカデでの日々も残りわずかになったある夕刻、晩ご飯のあとのデザートとして缶詰のパイナップルを食べた。そのあとゆっくんが水を飲みたがったので、フルーツを食べたあとのコップに水を注いで手わたしたら、何が気にくわなかったのか、水を砂の上に捨ててしまった。大切な水を捨てられたことに私はカッとなり、ゆっくんの頬をひっぱたいた。すると、最も頼りにしてきたグイの調査助手Tが近づいてきて言った。「アエー、スガワラは息子と殴りあうのか？」私はまだぷりぷりして「水を捨てたから怒ったんだ」と言った。するとTは言った、「おれはユタカが大好きだから、ユタカをぶつのはよせ。彼は人を殺すことを知らぬ子なのだから」。

「彼は人を殺すことを知らない」というTの与えた定義は、いまも私の心に突き刺さり続けている。もちろん、それは自閉症の本性を画定する必要十分条件ではない。けれど、この定義に還り続けることこそが、定型発達者たちがつくってきた歴史にひしめく途方もない愚かさと残虐さから逃れる、かぼそい径路を私たちに指し示すように思える。

ブックガイド

ここでは、参照文献との重複を避け、さらに広い視野から自閉症について考えることに役立つよう、下記の書籍を推薦する。

大江健三郎『洪水はわが魂に及び（上・下）』（新潮社、一九七三年）

知恵遅れをもつ五歳の息子ジンと共に核シェルターで隠遁生活を送る男は、樹木の魂・鯨の魂との交感を希求する。ジンは鋭敏な聴覚で五〇種以上の野鳥の声を識別する。ジンの透明な純真さは読む者すべてを魅了せずにはおかない。

菅原和孝『ことばと身体――「言語の手前」の人類学』（講談社選書メチエ、二〇一〇年）

狩猟採集民、大学生、民俗芸能という三種類のフィールドを舞台に、相互行為の分析から社会を考える方途を追求。とくに第一章「グイの父子像」は表情を軸に父と子の関わりを考察しており、自閉症研究と関連性が深い。

メルロ=ポンティ、M（滝浦静雄・木田元 訳）『眼と精神』（みすず書房、一九六六年）

身体性の哲学の創始者が生前に刊行した最後の著作。四つの章すべてが啓示に満ちているが、とくに「幼児の対人関係」は児童心理学の講義に由来し、自閉症児のそれをも含めて発達を原理的に問いなおす手がかりを与える。

コラム
04

自閉症と芸術

佐藤　愛

自閉症の人々は、その知覚の特性を活かした芸術作品を制作することがある。たとえば、記憶を頼りに写真のように精緻な絵画を描く福島尚《ひさし》（図1）（本書コラム05「自閉症と知覚世界」参照）や、光だけではなく音や空気、感覚が溶け合うような不思議な絵画を描くアイリス・グレース（図2）などが知られている。一見すると両者の絵画は、前者が写実的、後者が印象重視であるため、まったく別の特性をもつように見える。しかしながら両者はともに、「いま見えるもの」――それが複数の過去を組み合わせたものであれ、またそこに音や他の感覚が混ざっているものであれ――に忠実であるという点で一致しているといえるのではないだろうか。言い換えれば、彼らは描くものの「隠れている部分」ではなく、「隠れていない部分」を描こうとしている点で、共通点をもつ。この「隠れている部分」とは、知覚世界だけではなく他者からの期待や思い、世界の「意味」といったものまで入るだろう。自閉症者は、こうしたものから切り離された「いま見えるもの」だけを描いているのだ。

図1　福島尚「首都圏　大宮駅」(1)

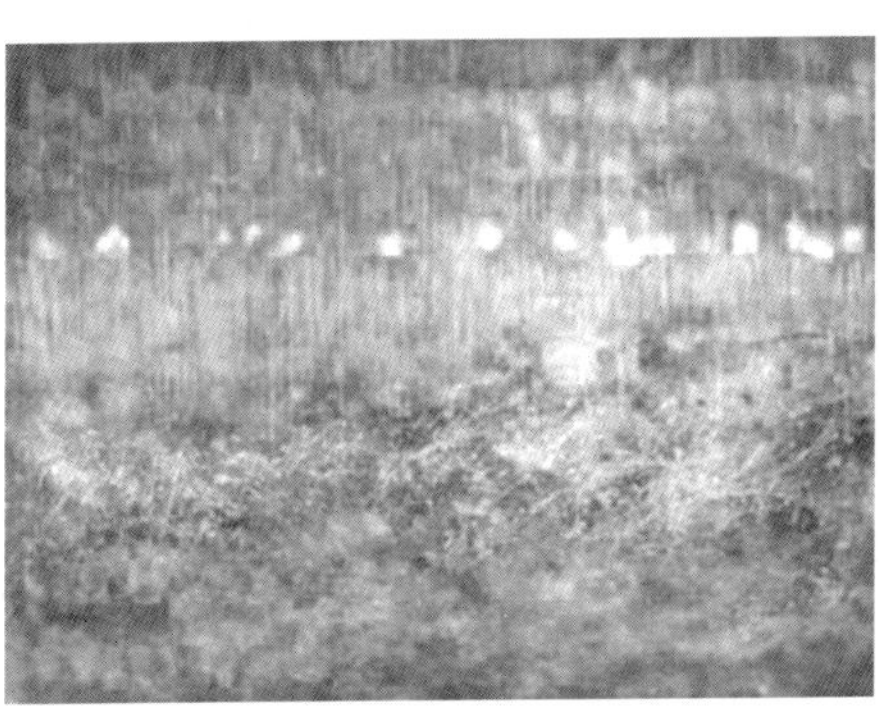

図2　アイリス・グレース「アニマ（Anima）」(2)

芸術教育を受けなかった人の芸術?

では、こうした作品の特性は、「芸術」のカテゴリーの中ではどのように捉えることが可能なのだろうか。

一九四五年にフランスの画家であるジャン・デュビュッフェは、「アール・ブリュット（art brut）」という新しい言葉を使って、自分が求める芸術について考えた。彼はその芸術を、「定義できない、名前もつけることができない、理解もできない」と述べる。さらに一九四八年には、次のような言葉でこの芸術について説明する。「埋もれた人々による、しきたりや習慣に対し、個人的な発想、自発的、自由、という特別な性質を呈する芸術作品」と。このようにデュビュッフェは、「アール・ブリュット」という新しい芸術を、「埋もれた人々」が創造する芸術であると考えた。さらにデュビュッフェはこうした人々のことを、次のようにも言い換える。芸術を「職業としておらず、偶然それに夢中になり、自分のため、自分の喜びのために、作品を作り上げる人たち」。こうして「アール・ブリュット」は、「正規の芸術教育を受けていない作り手によって生み出された作品、およびその創作活動の総称」の意味になっていく[3]。自閉症の人々の芸術もまた、こうした「アール・ブリュット」の枠組みから捉えることができるだろう。

しかしすぐさま、次のような疑問がわく。そもそもデュビュッフェは、なぜこのような新しい芸術の枠組みを必要としたのだろうか。彼は高級化したいわゆる「芸術」を批判し、もっと生々しい芸術本来の姿を私たちに示し、既存の枠組みを超えるためにこそ、「アール・ブリュット」という新しい言葉を考案した。したがって、もしも私たちが自閉症の人々の作品を「アール・ブリュット」という名前で呼んで満足し、それ以上彼／彼女らの作品を見ることをやめてしまったとしたら、本末転倒になってしまう。だからこそ私たちは、ここで再び「アール・ブリュット」という言葉を忘れ、もう一度彼／彼女らの作品の前に立ち、私たちそれぞれの言葉を立ち上げ直さなければならない。

現実には知覚できないもの?

自身の自閉症の息子の絵画を見ながら、文化人類学者の菅原和孝は、次のように自身に語りかける[4]（図3）。「ことばをうまく操れない知的障がい者が経験している世界の姿が彼の絵画表現を通じて私たちにはじめて開示される、と考えることこそ、表象主義なのではなかろうか。自分の意識の流れを内省すればすぐにわかることだが、私のなかには現実には知覚できず、他者と共に指し示すことのできない、何ものかが存在し、それは絶え間なく生成消滅している」。この言葉には、彼／彼女らの作品が、彼／彼女らの内面が明かされ、「理解」されるためにあるのではない、ということが示されている。そのような「理解」の仕方は、彼／彼女らの世界を私たちの世界の定規で測り、狭めることにつながる。息子の作品は菅原にとって、そうした「理解」とは別の方向に導くものだった。すなわち息子の作品は菅原自身の中に、「知覚できず、他者と共に指し示すことのできない、何ものかが存在」することを、意図せずに指し示してしまったのだ。

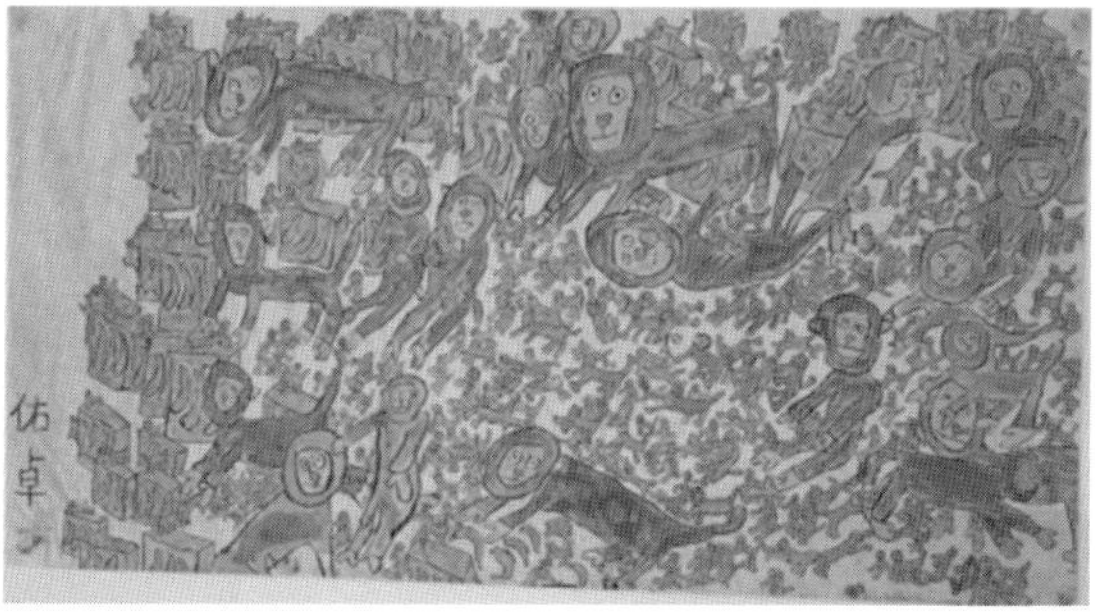

図3　ゆっくん「バナナミルクのモンキーランド」

　これは、彼／彼女らの作品が「今見えるもの」を描いていることとは、逆説的な事態であるように思われる。それでもやはり、彼／彼女らの作品は、「今見えるもの」を描くからこそ、私たちの中を流れる、今「知覚することのできない何ものか」という、「見えないもの」について証言するのである。

　しかしながら上述の定義もまた、新たに彼／彼女らの作品の前に立とうとする人々が、作品から喚起されるであろう言葉の前では、簡単に崩れ去ってしまうだろう。彼／彼女らの作品は、私たちの言葉が崩れ去り、また新たに紡がれることを待っている。ぜひ自らの眼と言葉で、何が起こるかを確かめてほしい。

第5章

社会学

自閉症から考える親密性と共同性のあいだ

竹中　均

この章を読む前に

社会学という学問は、社会科学と混同されることがある。もっとも広い意味での社会的なものを扱う諸科学を指す社会科学は一般的で幅広い名称だが、社会学はかなり限定された内容を担っている。実は、社会科学全体の中では、法学や経済学と比べても、社会学は新しい学問である。なぜなら社会学は、目に見えにくく曖昧模糊とした研究対象である社会なるものを扱うため、学問として確立される時期が遅かったためである。単純化していえば、歴史上の近代になってようやく、社会学は誕生した。

「近代以前にも社会は存在したではないか」と思われるかも知れない。だが、この世の中の営みを「社会」として捉えるようになったのはそれほど古い話ではなかった。極論すれば、「社会とは何か」という問いは、「近代社会とは何か」という近代人の問いであり、近代とそれ以降における私たち自らのあり方を批判的にみる立場である。「社会が存在する」とか「社会の中で私たちは生きている」という常識に無自覚に埋没し続けるのをやめて、社会を考え直すことが、社会学のまなざしの根底を形づくっている。

社会学では、様々な現象が社会的に構築されたと考える。したがって社会学は、脳の機能障害だと思われる自閉症についても、それがどのようにして社会的に構築されてきたのかについて関心をもつ。ただしそれは、自閉症の原因が社会だという考えではないし、社会が変われば自閉症がすっかりなくなるだろうという考えでもない。ただ、社会との相互作用を抜きにして、その社会に生きる自閉症者の生き様は論じられないと、社会学は考える。

喩え話をしよう。雨は確かに自然現象である。だが、大雨で洪水が起きるかどうか、洪水でどのような被害が生じるか、雨が文学や絵画においてどのように描かれるか、人々が雨にどういう感情を抱くのかについては、自然現象という視点だけでは説明できない。自然災害が起きたときに「これは単なる天災ではなく人災だ」という言い方がされるのは、そのためである。同じように、自閉症は、脳だけがつくりあげるのでも、自閉症者が単独でつくりあげるのでもない。自閉症者が生きる社会の中で、他者との相互作用によって、自閉症はつくりあげられる。これが、「社会学的な」見方である。

1　家族社会学の視点

社会学には様々な領域があり、その一つに家族社会学がある。家族社会学の知見に従えば、家族のあり方は、社会によって時代によって多様であり、家族の中に生きる個人の姿は、その多様性の影響を受けてきた。だとすれば、自閉症者と家族の関係も、社会によって時代によって多様なはずである。そして、その考えが正しいのならば、自閉症者と家族の関係は、今後変わりうるはずである。

社会的な人間関係全般に関して、「これは当然こういうものだ」という暗黙の前提が数多くある。しかし、その前提が時代や場所によって異なるのは、誰もが気づいている。それでもなお、暗黙の前提はそう簡単には消え去らない。とりわけ、家族のあり方をめぐる暗黙の前提は根強い。そのような強固な前提を問い直し組み立て直そうと、現代の家族社会学は試みてきた。その試みにとって重要なヒントとなってきたのが、従来は少数派として例外扱いされてきた様々なタイプの人々の生きざまである。性的なマイノリティ・高齢者・単身者などがその代表例である。このような家族社会学の動向からすれば、自閉症者の存在もまた、家族社会学の進展にとってヒントになりうるはずである。さらには逆に、家族社会学の知見が自閉症者の生きづらさを克服するためのヒントになりうるのかも知れない。

自閉症の特徴については、「三つ組の障害」という言い方が使われてきた。それらは「社会性の障害」「コミュニケーションの障害」「想像力の障害」の三つである。また、現在のＤＳＭ-５の診断基準では、「社会的コミュニケーション」という言葉が使われている（第1章参照）。もちろんどのような障害であっても、何かしら社会的である。だが自閉症ほど、社会ということが強調される障害は少ない。他の障害が一切伴っていなくても、純粋に社会性のみに障害があるという状態は、比較的最近まで想像すらされていなかった。自閉症は他の様々な障害と比べて、独自の障害として認められるのが遅かったが、この遅れの原因の一つは、自閉症が社会性という目に見えにくい性質と不可分だという点にあった。

自閉症が社会性の障害であるとするならば、自閉症の症状はその人個人の内部にあるというよりは、本人と周りの他者たちとの間に生じているといえる。この場合、自閉症者とかかわり合う他者は様々であるが、その中でも家族という他者は大きな存在である。なぜなら、一般的に子どもが最初に出会う他者は自らの家族である場合が多いのだから。自閉症について考える際、どうしても家族との関係は無視できない。

社会学という学問分野全体からみて、家族という集団は重要な位置を占めている。しかし近年、家族のあり方は大きく変化しつつある。自分の親世代の家族観と、自分たちの家族観が大きく異なることは、多くの若者が実感していると思う。それはちょうど、親の世代の職業観が自分たちの職業観と大きく違うのと似ている。親の時代の常識は、現在では通用しない。

そのような実感に歩調を合わせるようにして、家族社会学も変わりつつある。以下では、家族社会学の基本的な考え方の一部と、それらがどのように変化しつつあるかを、家族社会学入門書の記述を手がかりにして紹介したい。そのうえで、そのような変化と自閉症者の生き方とがかかわる可能性についてコメントしたい。過去の家族社会学的常識は、自閉症者に対して妥当するのか。もしそうでないとすれば、家族社会学は、自閉症者から何を学ぶことができるのだろうか。

2 「おひとりさま」と孤独

近年、日本でも、社会学の周辺では、「社会的排除」という考え方が注目されるようになってきた。元々これはヨーロッパで生まれた考え方であるが、単に経済的な貧困だけを指す言葉ではなく、もっと広い意味をもっている。つまり、一部の人々が社会の中で、本来ならば当たり前にできるはずのことができない状況に追いやられ、居づらさや生きづらさを感じるようになるという問題を指す言葉である。個人が社会へと適切にそして緩やかに包み込まれていないのである。だが日本では、雇用や経済的苦境というハードな論点が中心となりがちで、このような「社会的包摂」という論点は後回しにされがちだった。

しかし近年、日本においても、社会的包摂の問題は重要になりつつある。その理由の一つは、「新しい社会的リスク」が増大しているからである。家族における「新しい社会的リスク」とは次のような状況である。「未婚化・晩婚化・少子化・高齢化の進展や、離婚率の増加など」のせいで、「ライフコースや家族形態の多様化」が進みつつあり、それに加えて「ポスト工業社会の到来、グローバリゼーション、消費社会化、個人化」という大きな社会動向も相まって，結果的に，従来の社会制度やシステムでは適切に「保護」されない人々が増加してきている[1]。

具体的には，「単身世帯やひとり親世帯など」が社会へ適切に包摂されにくいといわれている。つまり，従来の家族イメージを前提とした社会制度では，広い意味で孤独な人々の生き方にはうまく対応できていない。そのことが現在，単なる例外事例ではなく，誰にも起こりうる身近な問題として，新たな視点から注目されるようになったのである。

ならば，自閉症者はどうだろうか。もちろん，以前から自閉症者は社会の中で生きてきたはずだが，社会の中での自閉症者の存在が適切に認められてきたとはいえない。近年，自閉症に関する知見が広まり，議論が活発になるにつれて，ようやくこの問題にも目が向きはじめた。自閉症者がいかに社会に包摂されてきたか／こなかったか，さらにはどのように包摂されるべきであるか／べきではないかが，「社会的排除」や「新しい社会的リスク」という新たな切り口によって検討される必要がある。

自閉症者の孤独

イギリスの自閉症入門書では，架空の人物の描写を用いて自閉症者の孤独について次のように表現されている。

「デービッドは，小さい頃から，人を見ることがなかったようです。視線を避けているようにさえ見え，抱きしめられると顔を背けました。デービッドは，母親が彼を抱きしめようとしても，自分の体を母親の体にぴったりそわせることがありませんでした。デービッドは，抱き上げられると体をこわばらせました。年長になるにつれて，親しい人を見ようとすることはいくぶん増えましたが，体を触れられることは喜ばず，1人でいるときが一番幸せでした[2]」。

自閉症者をただ，孤独になりがちな人と捉えるのでは十分ではない。自閉症の特性を十分理解したうえで，自閉症者の孤独を捉える必要がある。自閉症者の孤独を定型発達者の孤独と不用意に同一視しない方がよい。そのような同一視はちょうど、家族というものには性別を異にする二人の両親がいることを自明視するのと似て、慎重さに欠けているといわざるをえない。

「核家族普遍説」という考え方がある。核家族とは、典型的には、婚姻による一組の夫婦とその子ども(未婚)から構成される家族形態である。この核家族が、時と場所を越えてどこでもいつでも、様々な家族を構成する最小単位であるとする主張が、二〇世紀半ばにアメリカ合衆国で提唱された。もっともこれは、必ずしも世界の家族の大部分が核家族だという意味ではない。そうではなくて、核家族とはまったく異なってみえる複雑で特異な家族形態であっても、それは必ず核家族という最小のブロックの組み合わせとして捉え直すことができるはずだという考え方である。この考えを用いれば、様々な家族を分析するうえでは好都合である。どんな家族も、複数の核家族に分解して研究できるのだから。

だが、もしも「核家族普遍説」が正しいとすれば、性別を異にする両親が二人いることが、あらゆる家族の普遍的な基本形態ということになる[3]。そのうえで、そのうちの一人あるいは二人が〈欠如〉しているかどうかに注目する視点が生まれる。だが、現在では、このような視点でみられがちだった「ひとり親世帯」が、何かが〈欠如〉してしまった不完全な姿ではなく、様々な家族形態の可能性の一つとして正当に認識されるべきだと考えられるようになりつつある。「核家族」が普遍的とは限らないのである。さらにいえば、家族をもたないことは必ずしも欠如とみなすべきではなく、一つの生き方として認識されるべきだろう。

同様に、自閉症者の孤独は、単純に社会性の〈障害〉や〈欠如〉だとみなすべきではなく、一つの生き方として認識されるべきなのかも知れない。従来、複数の人間の相互作用状況を自明の前提としがちだった家族社会学にとって現在、孤独の問題は、以前よりも重要なテーマになりつつある。

従来の家族社会学においては概して、孤独でないことは良いとされ、孤独であること、一人でいることは良くない状態と思われてきた。確かに、社会的排除の問題を考えても、孤独は肯定的にはみられにくい。しかしながら、今後の社会において、そのような割り切った考え方でよいのだろうか。

「おひとりさま」の時代

近年の代表的な社会学入門書（『社会学』有斐閣、二〇〇七年）の「家族とライフコース」の章には、「シングルという生き方――「おひとりさま」の時代」というコラムが付されている。[4]「おひとりさま」という言い方はそもそもサービス業が、近年増え続ける単身生活者をビジネスの恰好のターゲットとして捉える表現から始まった。その後、社会学などで関心が向けられるようになり、社会学入門書にその名が載るまでにいたっている。家族に関する従来の考え方に従えば、シングルでいることは、家族ではないことになる。ところが家族社会学入門書の中で、シングルであることが、問題状況としてではなく、一つの「生き方」として取りあげられるようになってきたわけである。

それによれば、高齢化の進行や、非婚や早期の離婚の増加傾向によって、「シングルという生活の過ごし方がじわじわと市民権を得てきている[4]」という。それに対応するように、シングルをターゲットとする外食・中食産業の展開など、経済や社会の側でも変化が起こっている。にもかかわらず、「社会制度の多くは家族単位・世帯単位で運営されているものが多く、個人単位・シングル単位の価値観の浸透とともに、各方面で起こっている齟齬に対して、どのように理解・対応すべきかという問題提起がなされている[4]」。つまり、社会制度が現実の変化についていけていないのが現状である。

社会学入門書において「おひとりさま」は未だ、本文ではなくコラムでの扱いにとどまっている。だが今後、その重要性は増大していくだろう。もはや、それは特別な例外状態ではない。今現在「おひとりさま」

である人々、今後そうなる人々の中には、おそらく自閉症者も含まれているだろう（竹中、二〇一六を参照）[5]。ならば、自閉症者の生き方について、来たるべき「おひとりさま」の時代という大きな流れの中で幅広く考えてゆく必要がある。

孤独でありながら、社会と適切な形でつながることはできないのだろうか。家族についての新しい考え方を取り入れることによって、この困難な課題に取り組めないだろうか。自閉症者に限らず多くの人々にとって、孤独は新しい共通課題となりつつあるのだから。

以下では、従来から用いられてきた社会学用語を新しい視点から取りあげて、自閉症者の生き方と孤独について考えるための手がかりとしたい。

3　第一次集団と親密性

第一次集団という捉え方

社会学の基本用語の一つであり、家族社会学でも用いられてきた言葉に、「第一次集団」がある。そもそも「第一次集団」とは、二〇世紀初頭にアメリカ合衆国のチャールズ・ホートン・クーリー（一八六四～一九二九）によってつくられた用語であり、「諸個人が理想をはぐくみ社会性を獲得していくにあたっての基礎となるという意味において、第一次的」な集団という意味である[6]。つまり、個人が社会性を獲得するためには、そのような集団がまず何よりも（第一次的に）必要だということである。その典型は「家族、仲間、近隣」である。「クーリーは、第一次集団はくつろぎを可能にする共通の生活の源であり、また社会的な理想に溢れた連帯の場であるとして、これを社会学的に賞揚した[6]」。つまり、親しい他者たちとの「共通の生活」のもとで「くつろぎ」「連帯」「理想」が育まれる場が必要不可欠なのであり、それが社会性の獲得へとつながっていくのである。そのような場で培われる人間関係が、「第一次的関係」である。

ところが、クーリーの時代から一世紀を経て、最近では、この「第一次集団」という用語よりも、「親密性」という用語の方がよく用いられるようになった。この転換の背景は何だろうか。いくつかの背景事情があるだろうが、少なくともその一つは、「第一次集団」そのものが、目に見えやすい形では存在しにくくなったという事情があると思われる。

かつて「第一次的関係」の多くは、家族のように明確な集団を舞台として展開されてきた。ところが近年、「第一次的関係」を特定の集団が担うというわかりやすく目に見えやすい対応関係が弱まってきたように思われる。家族それ自体の多様性が強まるにつれて、「第一次集団」としての家族のイメージは揺らぎはじめ、今日にいたっている。もはや、家族という集団に所属していれば自動的に、「くつろぎ」「連帯」「理想」が育まれるとは思えなくなってきた。生活のために必須の「第一次的関係」は「第一次集団」から獲得するという従来の図式を自明視できなくなってきたのである。

このように、家族という集団のあり方は近年、変化しつつある。だが自閉症者にとっては、家族の大きな変容が生じる以前からすでに、脳の機能障害という要因によって、家族が「第一次集団」としての機能をうまく果たせていない状況にあったのではないだろうか。自閉症者にとっては、家族という集団が難問を突きつけられる場であることは今に始まった話ではない。そう考えれば、従来、自閉症者にとっての特有の課題と思われていたものが、今や、多くの人々に共通の課題となってきたのだともいえる。

家族はもはや「第一次集団」としての特権的立場を維持できなくなり、その代わりに、かつて「第一次集団」が担ってきた様々な働きが、特定の集団に全面依存しない形で担われるようになった。そこで登場してきたのが、「親密性」（intimacy）という抽象的な用語である。この用語はイギリスの社会学者、アンソニー・ギデンズ（一九三八〜）の著書『親密性の変容』（一九九二年）などで用いられ、広く知られるようになった。現代社会において、自閉症者に限らず人々はいかにして「親密性」を確保していくのだろうか。

「親密性」という用語は、「第一次集団」よりも抽象的な用語である。「第一次集団」については、家族や仲間など具体的イメージを抱きやすいが、「親密性」は必ずしもそうではない。「第一次集団」によって「第一次的関係」が育まれると表現する場合、暗黙のうちに、何が第一次的（primary）なのかが自明視されている感じがする。つまり、第一次的関係の内実自体はそれほど疑われているわけではない。それに対して「親密性」という用語は、それまで当たり前のこととして第一次的関係と呼ばれていたものを最初から検討し直そうという姿勢が感じられる。つまり、「そもそも親密性とは何か」という根本的問いかけが感じられるのである。

ある調査結果によると、「あなたにとって一番大切なものはなんですか」という質問に対して、かつては「自分」や「子」と答える人が多かったが、現在では「家族」と答える人が多くなっているという。[7] 一見すると、子ではなく家族と答えるようになったという変化は奇妙に思える。しかし、自分・子という具体的な表現よりも、家族という抽象的な表現の方が好まれるようになってきているのではないだろうか。この傾向はちょうど、社会学用語における「第一次集団」から「親密性」への転換と軌を一にしていると思われる。

親密性の視点

ところで、目に見えない抽象的な事柄が把握しにくいといわれる自閉症者にとって、「親密性」という抽象的表現はどのように受けとられるのだろうか。抽象的ということは、イメージがしにくいということであり、後述のような自閉症者の言葉もある。「音は以前よりはっきり聞きとれるようになりましたが、苦手な言葉もまだたくさんありました。「家」「犬」「木」「走る」「スケート」「座る」といった具体的な言葉は簡単です。こういう言葉なら、頭に〝絵〟を思いうかべることができます。でも、抽象的な言葉はイメージがわきません」[8]。もしそうだとすれば、「親密性」という新しい用語は自閉症者には理解されにくいのかも知れない。

「親密性」には、「第一次集団」よりも、平等な関係のニュアンスが込められている。「親密性」という用語の登場は、「関係性の民主化」が進んでいることの現れなのである[9]。たとえば、家族という「第一次集団」の場合、それが集団として明確な形をもっているために、母親・父親・子どもというふうに、個人の位置づけが固定的であり、必ずしも個人対個人のような平等な関係にもとづいていない。それに対して「親密性」の方は、特定のタイプの集団や集団内の役割を前提としない分だけ、複数の人々の間における平等な関係の印象がある。さらに、親密性という用語では、性的な関係も親子関係もきょうだい関係もすべて含まれてしまう。このような抽象性は、社会学用語としては、長所でもあれば短所でもあるだろう。

自閉症者は、社会の中での上下関係などに対して（定型発達者の立場からすれば）敏感ではないといわれることがある。日本語話者の場合でいえば、敬語がうまく使えないと指摘されることがある。大人に対して横柄な口を利いたり、逆に家族に丁寧語で話したりしてしまうのである。つまり、相手が誰かによって、また、どのような場面かによって、敬語をうまく使い分けなくてはならないのが日本社会なのだが、そのような使い分けが苦手だとされる。言い方を変えれば、誰に対しても平等な関係で接してしまうということである。この点を考慮に入れれば案外、「第一次集団」「第一次関係」よりも「親密性」という用語の方が自閉症者にとって理解しやすいという可能性もある[10]。

もっとも、他面では、「親密性」は抽象的で平等な関係性を志向するがゆえに、「第一次集団」よりも不安定で、失われやすい。具体的で制度的な親子関係は、たとえ喧嘩をしたとしても、容易に消え去ったりはしない。だが親密性は、制度に依存しないゆえに、時と場合によって一瞬にして消失してしまことがありうる。したがって「親密性」の問題は「新しい社会的リスク」をもたらす危険性がある。この種の不安定さとどう向き合っていくかという問題は、自閉症者に限らず、現代社会に生きる多くの人々の共通課題となりつつある。

共依存か反復か

「親密性」が「純粋な関係性」であるゆえに生じる不安定さに耐えられなくなったとき、人は「共依存」に陥ることがある。「共依存」は本来、アルコール依存症などの嗜癖問題に関する特殊な用語であったが、幅広い関心を呼び、社会学においては、かなり緩やかな意味で受け取られている。それによれば「共依存」とは、自分が他者から必要とされており、他者が自分に依存しているという状況それ自体に、歪んだ形で依存することである。二人がお互いに相手に依存することで、奇妙な形で安定が実現してしまうのである。それはいわば、他者との関係を通じて何かをするというのではなく、関係そのものに耽っている状態である。二人が「共依存」の状態にありさえすれば、相手が自分を見限って去っていくことはない。したがって、「どちらか一方が関係の終了を宣言すれば終わる」というような不安定さをなくすことができる(9)。しかしそれは単に、相手との関係にのめり込むことで、現実の危うさから目を背けているに過ぎない。「「親密性」は、対等で民主的でありながら不安定さを伴い、それとは逆に、「共依存」は不平等で非民主的でありながら安定をもたらす」のである(9)。

社会学における「共依存」は緩やかな考え方なので、様々な人間関係が共依存的でありえる。たとえば、恋愛関係や友人関係でも共依存的になってしまうことは多い。人間関係が、関係のための関係になってしまうのである。現在、インターネット上での関係の一部が、そのような関係になっていないだろうか。「即レス」が半ば義務化されたり、他者の同意を過剰に期待するような状況がその例である。

それに対して、自閉症者の場合はどうだろうか。「純粋な関係性」の不安定さに耐えられない場合に自閉症者は、「共依存」ではなく、同一性や反復への固執へ向かいがちではないだろうか。たとえばフリスによると「自閉症に特有なのは、極端な程度の反復であり、強迫的な性質をもつ関心です。反復行動を別の見方でみると、極端な頑固さとみなすこともできます。実際、そこには変化に対する強い抵抗や新奇性に対する嫌悪があります。来る日も来る日も、同じビデオを見たり、同じ食べ物を食べたり、変わらないこと、まったく同じことをするという極端なパターンは、自閉症の子どもにみられる行動様式です」とされているようにである(11)。

関係へののめり込みに陥りがちの定型発達者。同一性と反復へ向かいがちの自閉症者。一見、方向性は逆である。だが、どちらの傾向も現在、ネット文化によって加速されているように思われる。定型発達者は、ネット上の過剰接続によって「共依存」を引き起こす場合がある。それに対して自閉症者にとっては、デジタル技術のおかげでコピーと反復が飛躍的に簡単になったネット世界は居心地が良いのかも知れない。ネット文化の功罪については様々な議論がなされてきたが、人々が「純粋な関係性」を追い求めながらも、その不安定さに戸惑っているという状況と、それへの二種類の対処法（共依存へ向かうか、反復に没頭するか）が、この問題を考えるうえで重要になってくる。

「親子だから、絆があって当然」というような自明性に頼るのではなく、ゼロから関係性をつくりあげようと志向するのが「純粋な関係性」である。その意味では、親密性が自明の前提ではない自閉症者にとっては、「第一次集団」のような従来の社会学用語よりも、「純粋な関係性」としての「親密性」の方が、関係性をつくりあげていくための適切なモデルなのかも知れない。

ギデンズが「純粋な関係性」や「存在論的安心」を論じた際には、自閉症の問題をその視野には入れていなかっただろう。ギデンズが主に参照したのは、R・D・レインやエリクソンやウィニコットのような人たちである。これらの研究者が活躍した時代から、ギデンズが前提にしていたのはむしろ、神経症や統合失調症のモデルだったと思われる。神経症や統合失調症の〈発見〉はかなり古いが、それに比べて、自閉症の〈発見〉はようやく二〇世紀半ば頃だった。そのため、ギデンズがその理論を組み立てた時代、自閉症について現在のような知見は未だなかった。今、あらためて「親密性の変容」を論じるとするならば、現時点での知見を踏まえたうえで、自閉症者の存在を十分に考慮に入れる必要があるだろう。

さらにいえば、ギデンズの「純粋な関係性」論は、何より欧米社会を前提とした議論である。したがって、欧米以外の社会にもこの議論がそのまま当てはまるかどうかについては、慎重な検討が必要である。実際、近年の日本の家族社会学入門書では、「親密性」について、「欧米型」と「日本・韓国型」という異なる類型を提案している。(12) 家族のあり方が多様になってきた、あるいは多様に把握されるようになってきたのと並行して、親密性もまた多様になってきているのである。(13)

このような多様性を考えるうえで、自閉症者の生き方や社会とのかかわり方は今後、一つのヒントになるだろう。だが、多様な親密性を生きる人々を、「社会の中で公平に包摂する」ためには、親密性だけでは十分ではない。そのためには、個人を超えた「共同性」のようなものが成立していなければならない。それがなければ、個人は個人のままにとどまってしまい、社会への包摂や、その包摂の公平性を実現できないだろう。そこで次に、親密性と共同性の関係について取りあげたい。

4　親密性と共同性

家族と親密性・共同性

近代社会とは異なり、伝統社会（おおまかにいって、近代化以前の社会）における家族は必ずしも親密性の場所ではなかった。むしろ家族は共同性を実現する場所だった。共同性とは何か。それは、親密な関係にある他者だけでなく親密でない他者たちとの間にも、ある種の相互関係をつくりあげ、共通の目標や誰か個人の目標のために、考えを交換したり、力を合わせたり、自分の要求を抑えたりできるという状態である。伝統社会の時代には、個人は、家族の中での自分の社会的役割を担い、家族全体の共同性のために存在していたとさえいえる。

ところが近代になってから次第に、ある種の共同性は家族以外の場所で実現するようになっていった。その端的な表れの一つは、通勤という現象だろう。人が働く場所が、その人の家族の居場所とは分離する場合が増えたのである。この変化に伴って、家族には新たな役割が与えられるようになった。それはたとえば、職場から帰ってくる人に対して親密性を提供するための特別な場所としての役割である。結果的に「近代家族」は、共同性と親密性の両方を実現する場所となっていった。つまり、現代人の印象とは逆に、「親密性」という考え方は案外に新しい。そして、家族の一員としての「親密性」を育むことが、自ずと、家族内だけでなく家族をも超えた広がりをもつ「共同性」を育むことにもなっていたのである。それは、良くも悪くも、一石二鳥の効率的なやり方だったといえる。

それは家族だけに限った話ではない。一般的にいって「第一次集団」とは、「第一次的関係」（親密性）と、集団（共同性）がセットになった状況でこそ成り立つ。それゆえに、近年になって、親密性と共同性のセットが崩れてくるにつれて、「第一次集団」という用語が当てはまらなくなってきたのである。そして代わりに、「純粋な関係性」という新しい用語が浮上してきたわけである。親密性と共同性をセットにするというかつての効率的なあり方が、現在では成り立ちにくくなりつつある。

それとともに、「共同性」に気を遣わずに、「共同性」から切り離して、「親密性」をそれ自体として追求できるようになってきた（本当にそれが実現できるかどうかは別として）。それどころか、「親密性」の追求が、既存の「共同性」を壊してしまいかねない状況が生じているのである(14)。

具体例で説明してみよう。かつて電話（固定電話）は家の玄関に置かれていた。その後、電話は居間に置かれるようになり、さらにコードレス子機の登場により、居間以外の場所、たとえば個室で通話をするように変わっていった。その結果、家族が通話の内容を推測するのがむずかしい状況が生じた。だが、それでもなおこの段階では、電話をかけた際に、話をしたい本人ではなく、その家族が電話に出る可能性があった。家族はまだ、共同性の場所だったといえるだろう。しかし最終的に、携帯電話やスマートフォンの登場によって、家族が一切かかわらずに電話することが可能になった。いわば、家族内の「共同性」から離れて、電話機の向こうの誰かと「親密性」を実現できるようになったわけである。このことは、日常の人間関係のあり方に少なからず影響を与えてきた。

親密性と共同性の分離

親密性と共同性がセットになりにくいという現在の家族の状況は、自閉症者の生活にどんな影響を与えているだろうか。一般的にいって（言い換えれば、定型発達者にとっては）、複数のことが同時にできるのは良いことだと思われている。ところが自閉症者にとっては必ずしもそうではないらしい。家庭以外の例を挙げてみよう。同じ教室という空間が、ある時間帯には算数の学習の場であり、他の時間帯（休憩時間）には遊びの場であるということは、定型発達者にとっては当たり前であり、とくに問題にはならない。しかし自閉症のある児童にとっては、大きなストレスになる場合があるといわれている。同じ場所で同じことをすることに安心感をもつ傾向のある自閉症者にとって、同じ場所で適宜に違うことをするという効率的なやり方は、納得しにくいらしい。

〈一つの場所は、一つの目的だけに使用する〉というような一義性（一つのことに一つの意義だけが与えられること）が、自閉症者にとっては心地よいのであろう。だとすれば、近代家族が「親密性」と「共同性」という互いに異なる目的を同時に追求してきたのは、自閉症者にとっては居心地が悪かったのではないだろうか。もしそうだとすれば、近年、家族の営みにおいて、親密性と共同性がセットになりえなくなりつつあるという変化は、歓迎すべきなのかも知れない。

とはいうものの、家族内において親密性と共同性をセットにすることが困難になりつつあるのならば、今後、どのようにして親密性と共同性を実現していけばよいだろうか。そのための現在進行形の試みとして、シェアハウスやグループホームが挙げられる。

シェアハウスというのは、様々な理由と目的から、家族でも恋人でもない他人と同じ一軒の家で共同居住することである。従来、誰かと一緒に住むことは、結婚や血縁など、特別な社会的関係を伴うのが普通だった。ところが近年、もっと緩やかな理由（たとえば、経済的な理由や、多様な生き方の追求）で一緒に住むことを選ぶ人が増えてきた。このような新しい社会的現実を描き出すために、新しい言葉がつくられたのである。シェアハウスにおいては、一軒の家を皆で営んでいる以上、そこには確かに共同性が成り立っている。だが、だからといって、皆が家族や恋人のように親密であるとは限らないのである。

シェアハウスという言葉はかなり広い意味をもっている。それゆえ、様々な形態があり、その一つがグループホームである。グループホームは、日常生活に支障のある障害者や高齢者が少人数集まって住宅で共同生活し、それを同居あるいは近居する支援者がサポートし、自立をめざす住居形態である。家庭的な雰囲気を保ちつつ、地域社会とのつながりをつくりあげていこうとするものである。しかしそれは、共用スペースとは区別された個室が設置されることによって、親密性に一定の歯止めが与えられている。親が子どもの部屋へ入るように誰かが同じグループホームの住人の部屋へ入ることは許されない。ホームやハウスという家族関連の言葉が、グループやシェアという、従来は家族とはあまり関係ないと思われていた用語と組み合わされているのが特徴的である。シェアハウスやグループホームの工夫は、近代家族において自明視されてきた親密性と共同性のセットという前提を考え直すことによって、今まで以上に柔軟に目の前の現実に対処していこうとする試みであるといえる。つまりシェアハウスやグループホームとは、親密性と共同性を切り離したうえで、共同性だけを確保しようとする工夫なのである(14)。

近代家族は、「親密性」と「共同性」をセットで実現することを前提にしてきた。シェアハウスやグループホームの試行錯誤は、近代家族のこの前提を一旦棚上げにして、家族なるものを捉え直そうとする試みである。親密性・共同性・同居を不可分の三つ組みとして自明視してきた、これまでの家族観が問われている。このような発想の転換は、家族社会学という領域に大きな変容をもたらしつつある。

シェアハウスやグループホームは、親密性と共同性の空間的分離である。親密性の空間が存在し、それとは別に、共同性の空間が設定される。グループホームが、各自の個室と共用スペースを明確に分けた構造をしているのは示唆的である。近代家族の住む家の場合、これほど明確な分離はなされてこなかった。かといって、グループホームにおけるこのような分離は必ずしも共同性を拒否しているわけではない。居住者同士が交流しなくても成り立つアパートのような居住形態とグループホームとは異なっている。グループホームではむしろ、今までになかった新しい形の共同性が積極的にめざされている。

構造化と時間・空間

ここで、自閉症療育の一つとして有名なＴＥＡＣＣＨ《ティーチ》（Treatment and Education of Autistic and Communication-Handicapped Children の略称）における「構造化」ということによってわかりやすくするための工夫である。これは、自閉症者にとってわかりにくい世界を、感覚情報などを整理することによってわかりやすくするための工夫である。

たとえば、自閉症のある児童が学校の教室で混乱したり不安に感じたりする理由の一つは、空間や時間がごちゃごちゃしたり、曖昧だったりするためだといわれている。いつもの教室が工事のため変更になったり、いつもは算数の一限目が、教師の急病のために、国語の時間になったりする。定型発達の児童にとっては、このような変更は大した問題ではない。むしろ変化があって楽しいと感じるかも知れない。だが、見通しが利くことに安心を感じる自閉症のある児童にとっては、予測ができない変化は不安を引き起こす。

だとすれば、空間や時間を多義的に使わなければよいのではないか。このコーナーは勉強専用、あのコーナーは休憩専用というふうに、空間と使い道を一対一対応で（一義的に）固定させる。あるいは、一日のスケジュールを一目見てわかるような明解な表にして掲示し、いつでも見られるようにしておく。このようなスケジュール表では、ある時間帯に行う作業が何なのかが一義的に決定されている。まとめていえば、多義的で曖昧な世界を、一義的で明解な見通しが利く世界へ組み立て直すことによって、自閉症者が少しでも安心して活動し、その結果、少しでも主体性を発揮しやすくすることがめざされているのである。

杉山は、「構造化の手法でしばしば空間を区切り、ほかの情報が入らない工夫をするのは、このような特性を考慮してのことです。そもそも子どもが生活する保育所・幼稚園や学校という場所は、にぎやかな雑音がいちじるしく多い場所で、つねに雑多な情報にあふれかえっています。われわれは慣れてしまっていますが、人という大情報源がごちゃごちゃといる学校という場所それ自体が、自閉症者にはたいへんに不得手な場所であることを知っておく必要があります」[15]と述べている。

もちろんこれは、自閉症療育技法の話である。しかしながら、家族が住む空間としての家のあり方にも相通じる点があると思う。近代家族が住む家が「親密性」と「共同性」をセットにした多義的な空間であり続けてきたのに対して、新しいグループホームやシェアハウスの発想は、空間の一義性を前提にしたうえで、複数の一義的な空間をうまく組み合わせることをめざしている。だとすれば今後、「構造化」の工夫がグループホームのあり方にヒントを与えたり、逆に、グループホームについてのアイデアが「構造化」に取り入れられる可能性もあるだろう。

自閉症が医学によって〈発見〉される以前から自閉症者は、近代社会と近代家族の中で生きづらさを感じ続けてきたと思われる。ならば、近代家族を相対化し、新しい家族のあり方を模索する現代の家族社会学は、自閉症者にとっても受け入れやすい新しい家族の未来像を提示する可能性と義務を担っているのではないだろうか。

5　空間と家族

近年の家族社会学入門書においても、従来と同様に、「「家族」で一緒に暮らす、すなわち、複数の人で暮らす方が合理的であり（中略）物理的な近接性がもたらすメリットだけでなく、心理的な面でも接触が多く、一緒にモノや経験＝暮らしを共有しやすい同居には一定の意義がある」という一節があり、空間的な同居のメリットが語られている[16]。だが、この一節には註が付けられており、そこでは「ただし、個々の成員が別居していても家族であり、虐待などの例を出すまでもなく、家族が一緒に暮らすことは必ずしも良いとは限らない」と留保を付けている。かつての入門書ならば、この註は付かなかったかも知れない。一緒に暮らすというのは何なのか。なぜ人は空間を共有したいのか。根本的な問いかけがその背後にはある。

住宅構造と家族関係との相互連関について、阪井は「そもそも住宅の構造それ自体が、家族で暮らすかさもなければひとり暮らしであることを前提として設計されており、人びとは住宅構造に自身の生活を合わせざるを得ないということもできる(17)」と述べている。従来の家族社会学では、茶の間や居間の空間こそが、家族の象徴だった。その際、漫画「サザエさん」や「ちびまる子ちゃん」で描かれる茶の間が典型的イメージとして用いられてきた。だが自閉症者にとっては必ずしも、このような空間が温かくて居心地が良いとは限らないのではないか。空間上での共在を、親密性や共同性と安易に結びつけてしまいがちな従来の発想それ自体を相対化してみる視点が必要である。

家の中での居間の位置づけは、電話の変容、テレビの個人化、ネット機器のあり方などの変遷に伴って変わってきた。「サザエさん」や「ちびまる子ちゃん」の空間は今や、ノスタルジーの眼差しで見られている。むしろ、実家の居間という空間に長くはとどまれない「ふうてんの寅さん」（映画「男はつらいよ」シリーズの主人公）のイメージの方が、案外とリアルになってきているのではないだろうか。寅さんは時々東京下町の実家に帰ってくるが、家族や近所の住人と口げんかをしたりして、結局、また旅立ってしまう。家族生活の枠内にとどまれず、ふらふら生活しているために、かつては「瘋癲」（ふうてん）と呼ばれてきた人々の中に、自閉症者を含む発達障害者はいなかっただろうか。

このように、家族自体が変貌しつつあり、また自閉症者の存在に人々が目を向けるようになった現在、家族との同居をめぐる従来の常識は再検討に付されざるをえない。言い換えれば、「共同生活や相互依存関係に対する従来の思考枠組みから自由になること」が求められているのである(18)。

6 ダブル・バーレルな社会

以上見てきたように、家族社会学に限らず、様々な既存の事実を、新しい思考枠組みによって見直すことは重要である。その際に武器となるのは、緻密で実証的な調査である。新たな事実の発見が、新しい思考枠組みへのヒントになることも多い。もちろん社会学は長年、調査のための技法を練り上げてきた。だが、本論で提示してきたような自閉症の視点からみると、調査技法それ自体にも再検討すべき点があるように思われる。

社会学では質問紙調査がよく行われる。家族社会学入門書でも随所にその成果が活用されている。だが従来、社会学者が質問紙調査をする場合、回答者の性別や年齢の違いには注目するが、その人が自閉症的かどうかは関心の対象外だった。もし、この点を考慮に入れれば、親密性に関する社会調査はどうなるのだろうか。親密性に関する調査項目の場合、回答者が自閉症的か否かによって、回答が大きな影響を受けないだろうか。もしかすると今までは、自閉症的な回答者の回答は、数字の上で少数の例外として扱われて、統計数字の中に埋没してきたのではないだろうか。今まで調査者は、回答者が定型発達的な社会性を身につけていることを暗黙の前提にしてきたように思われる。

さらにいえば、記入式のアンケート調査はともかく、対面的なインタビュー調査は、自閉症的な人にとって苦手ではなかっただろうか。また、アンケート調査においても、質問項目の文章は一義的に理解しやすかっただろうか。あるいは、（定型発達者間の）暗黙の共通認識が前提になった質問項目はなかっただろうか。すなわち、従来の社会調査は、自閉症的な回答者にとって対応しやすいように、十分に「構造化」されていただろうか。今後、新たな配慮が必要だと思われる。

質問紙調査でやってはいけないことの一つに「ダブル・バーレル質問」がある。これは、見かけ上は一つの質問であり、一つの回答を求めていながら、実はそこに複数の論点が含まれているという不適切な質問のことである。ダブル・バーレル（double barreled）とは、同時に二発の銃弾を発射する二連銃のことである。一つの質問で二つの銃弾が発射されてしまうというわけである。たとえば、ある社会調査法入門書では、次のような例が挙げられている[19]。

「喫煙は健康に良くないのでやめるべきだ」という意見に賛成ですか反対ですか」。

この質問中の意見には、健康に良いかどうかという論点と、やめるべきかどうかという論点の二つが含まれている。喫煙は健康に良くないとは思うが、喫煙をやめるべきとは考えない回答者がいた場合、どう答えるべきか迷ってしまうだろう。次のような例もある[20]。

「これからは、物質的な豊かさよりも、心の豊かさやゆとりのある生活をすることに重きをおきたい」という意見に賛成ですか反対ですか」。

この質問中の意見には、物質的な豊かさが重要ではないという論点と、心の豊かさが重要だという論点の二つが含まれている。この質問に対しては、物質的な豊かさも心の豊かさも両方必要だと考える回答者や、物質的な豊かさも心の豊かさも両方とも重要ではないと考える回答者は、どう答えていいかわからないだろう。

とはいえ、この二つ目の質問文に関しては、回答者がうまく文脈を読んで質問文を理解してくれさえすれば、大して問題は生じない。実際、そういう回答者（対象者）も少なくないだろう。「ただし、もしも対象者がもっと細かな意識構造をもっていたり、質問文の曖昧さにとまどったりする場合には、こうしたダブル・バーレル質問は明らかに不適切になるだろう」と、この入門書の著者である盛山は注記している。[21]この場合の「もっと細かな意識構造」が具体的にどのようなものなのか、二〇〇四年刊行のこの本には書かれていない。しかし今後、回答者が自閉症的である場合の可能性について、社会調査は考えておく必要があるように思われる。

ダブル・バーレル質問が調査の上で不適切だというのは、理解しやすい。調査というものが一義的な回答を求めているのだから。しかし、ここで自閉症論の視点を敢えて用いるならば、日常生活というのはそれ自体、大部分がダブル・バーレル的な状況ででき上がっていると考えられる。そして定型発達者は、そのことを気にせずに日々の生活を送っている。

ごく普通に話をするという場面においても、そこで生じているのは、話す言葉の内容が相手に伝達されるだけのことではない。言葉の伝達と同時に、話し手の顔の表情や身振り手振りもまたメッセージを発している。たとえば、人をほめる言葉を発しながら、にやにや笑っていれば、それは皮肉や嫌みなのかも知れない。ところが自閉症者にとっては、このように複数の異なるチャンネルによって同時並行的にメッセージを送られても、それに対応するための情報処理がうまくできない場合があるといわれている。したがって、ほめ言葉という情報だけを、表情を抜きにして文字どおり受け取ってしまったりする。いわゆる「空気が読めない」という状況である。自閉症者のそのような特性は「モノトラック」（走路が一つしかないこと）と呼ばれる。それに対して、定型発達者たちを中心とする社会は「マルチトラック」なのである。自閉症者は、マルチトラックのうち、一つだけしか把握できない場合も多い。

フリスによると「自閉症の人はうわさ話やからかいの要点をつかめません。私たちはたいていそういう話が好きですが、それは、情報交換よりずっと多くのことが可能だからです。（中略）対照的に、自閉症の人は情報の交換自体に対応するようにしか調整されていません。ですから、自閉症の人をからかったり、冗談を言ったり、皮肉を言ったりすべきではありません。彼らは、言われたことすべてを額面どおりに受け取る癖があるからです[22]」とされているように、日常会話では、「言われたこと」だけでなく「情報交換よりずっと多くのこと」がマルチトラックで進行している。だが自閉症者は、「言われたこと」というモノトラックに対応するだけで精一杯なのである。ならば、社会の側の方が自閉症者にどのような形で働きかけるかが重要になってくる。たとえば、「二つの刺激を同時に提示しないように注意する必要」がある[15]。

この点について杉山は、「どのような指示の出し方が子どもにいちばん有効であるのか、じっくりと観察して働きかけを工夫していかなくてはなりません。たとえば、ある児童は体のどこかに触れた状態でことばかけをすると、その身体接触だけで知覚入力はあふれてしまって、耳からの提示はまったく入らなくなってしまいます。別の子は、大声で指示を出した場合には、その声の大きさにだけ反応してしまい、肝心の内容は飛んでしまいます。さらに別の子は、泣き声と嫌いな音がいっしょに背景に流れていれば、それだけでほかの知覚入力は完全に入らなくなってしまいます[23]」と述べている。

社会調査にとってダブル・バーレルが不適切なのは自明なので、そうならないための工夫がなされてきた。しかしながら、自閉症者の日常では、体に触れられながら言葉をかけられるなど、この世界や社会自体がダブル・バーレル的に感じられているのかも知れない。もしそうだとすれば、ダブル・バーレル問題とは、調査技法上の特殊問題というだけではなく、定型発達者中心の社会のあり方をめぐる問題なのだといえる。そのような新しいタイプの社会学的想像力が必要とされている。

＊

現在の家族社会学入門書では、高齢化社会とのかかわりなどで、認知症者の話題はすでによく登場している。だが、自閉症者の話題はまだあまり登場してはいない。家族社会学から自閉症者をみること、他方で、自閉症者にとって家族社会学はどう役に立つのかを考えること。両方の道は未だ拓かれていない。阪井は「未婚率や離婚率の上昇によって、家族関係から離脱する人びとが増える中、われわれは従来の枠組みにとらわれることなく、さまざまな共同生活を展望していくことが求められている[24]」と述べている。

「関係から離脱」することと「共同生活」とは一見すると矛盾するが、新しい思考枠組みの導入によって、その矛盾が解消されていく可能性がある。逆に、私たちが今後も引き続き「従来の枠組みにとらわれる」ならば、その態度はある意味で〈障害〉と呼べるのかも知れない。家族社会学に限らず社会学全般が、自閉症者の生き方をめぐって、想像力の〈欠如〉や〈障害〉に陥らないようにするためにはどうすればよいか。今後の課題である。

ブックガイド

広い意味で社会学的視点から自閉症にアプローチした著作の例として、以下の三点を挙げておきたい。

立岩真也『自閉症連続体の時代』（みすず書房、二〇一四年）

障害や精神医療について独自の思考を展開してきた著者が、発達障害とりわけ自閉症に焦点を当てて、膨大な文献資料を駆使しながら、今という時代を分析する。

寺本晃久・岡部耕典・岩橋誠治・末永弘『ズレてる支援！——知的障害／自閉の人たちの自立生活と重度訪問介護の対象拡大』（生活書院、二〇一五年）

障害者の自立生活とそれへの支援に様々な形で実践的に関わる著者たちによる論集。実践とそこから紡ぎ出された理論は、社会への批判的眼差しを育む。

酒井泰斗・浦野茂・前田泰樹・中村和生・小宮友根（編）『概念分析の社会学2――実践の社会的論理』（ナカニシヤ出版、二〇一六年）

エスノメソドロジーという立場による社会学的論集。様々な興味深い対象が扱われているが、その一つが「神経多様性」の問題であり、自閉症をめぐって先端的な議論が展開されている。

コラム05

自閉症と知覚世界

三浦仁士・相川　翼

昨今、「発達障害」への社会的関心が高まっている。NHKの情報番組でも、「ASD（自閉症スペクトラム障害）」や「ADHD（注意欠如・多動性障害）」という診断を受けた子どもたちの「偏食」の実態が取り上げられた（二〇一七年四月五日「おはよう日本」）。

番組によると「偏食」の原因は、本人の「好き嫌い」や「わがまま」ではなく、発達障害をもつ人に特有の「感覚の特性」にある。コロッケの衣の食感が「痛くて食べられない」、イチゴの表面にあるいくつもの「つぶつぶ」が目に飛び込んできて「気持ち悪さ」や「怖さ」を感じる、といった具合である。そして、発達障害をもつ子ども一人ひとりの「感覚の特性」に応じた調理を行えば、「偏食」は改善することが多いという。

発達障害をもつ子ども一人ひとりへの配慮は、たしかに重要だ。しかし彼らの「感覚の特性」は、単に配慮されるだけにはとどまらない可能性を秘めている。

そもそも「感覚」とは、イチゴであれば「赤」「つぶつぶ」「三角」「甘酸っぱい」というように、視覚、味覚などの感覚器官で受け取られた情報を指す。それらの情報がまとめられて、「赤くて、つぶつぶがあり、三角で、甘酸っぱいイチゴ」となったものが「知覚」である。そして「感覚がまとめられることによって身のまわりにつくられる世界」を、本コラムでは「知覚世界」と呼ぶ。

自閉症をもつ人の知覚世界はどのように形成されるのだろうか？　それは、定型発達の人の場合とどのように異なるのだろうか？　自閉症の当事者の証言に耳を澄まし、彼らの感覚が織り成すユニークな知覚世界をほんの少しのぞいてみよう。

見えないものは、ない

自閉症の当事者であるテンプル・グランディンによると、通常の脳は細部を無視し、物事を概念的・一般的に捉える傾向があるのに対して、自閉症の脳は、細部に注目する傾向がある。「『教会の尖塔について考えよう』と言えば大半の人は一般的なものを想像します（中略）私の場合はGoogle画像検索のように具体的な画像が次々と浮かんでくるんです」（「世界はあらゆる頭脳を必要としている」二〇一〇年「ＴＥＤ」におけるテンプル・グランディンの講演）。

定型発達の人にとって、「Google画像検索のように具体的な画像が次々と浮かんでくる」という事態はありうるのだろうか。たとえば、あなたの目の前にある「テーブル」のイメージを記憶するように心がけ、目を閉じて「テーブル」を思い浮かべてみよう。多くの人において、「テーブル」の具体的な画像が次々と現れることはなかったのではないだろうか？

なぜなら定型発達の人は、目の前の「テーブル」を具体的な画像としてではなく、「テーブル」という「一般的な概念」を経由して把握しているからだ。「テーブル」の一般的な概念とは、世の中にたくさんある「テーブル」の中から、「脚と平板からできている」「食事や話し合いに使う」といった共通の特徴だけを抽出したものである。目の前にある「何か」が「テーブル」だと判断されるためには、その「何か」が「テーブル」の一般的な概念と合致する特徴をもっていなければならない。

目の前にある「何か」について感覚器官で受け取られた情報は、数多くある一般的な概念の「フィルター」にかけられる。これはテーブルだろうか？　それともイスだろうか？　「フィルタリング」の結果、それが何であるかが「判断」され、「自分の目の前にはテーブルがある」といったように「知覚世界」が構成される。

逆にいえば、定型発達の人が知覚世界を構成する際、目の前にある「何か」についての「感覚」は、あらかじめ形成された一般的な概念へと向けられている。概念に合致しない感覚は、実はそぎ落とされているのかもしれない。目に見えたものを見て、耳で聞いたものを聞いているつもりでも、感覚器官で得られた情報は編集されたりカットされたりしているのかもしれない。極端な言い方をすれば、定型発達の人は、目に見えたものを見ていないのかもしれないし、目に見えていないものを見ているのかもしれない。

たとえば立方体が目の前にあったら、多くの人はそれが「立方体」であると判断しうる。けれども立方体の六面のうち、多くても三面しか見えない。それにもかかわらず、目の前にあるものを「立方体」と判断しうる。こうした判断が可能となること自体、目には見えていない残りの面を、過去の経験や立方体の概念を頼りにして、ある意味で見ていることの証しである。

定型発達の人の知覚世界は、感覚器官で受け取った一次的な情報が、過去の経験や一般的な概念に照らして編集されて構成される傾向がある。

それに対してグランディンをはじめとする自閉症をもつ人は、一般的な概念による「フィルタリング」の働きが弱い。「教会の尖塔」も、さまざまな「教会の尖塔」にあてはまる一般的な概念を経由するのではなく、一つひとつの具体的な「教会の尖塔」として把握する。感覚器官で捉えられた「教会の尖塔」を、ありのままに写し撮って記憶している。

自閉症をもつ人の知覚世界は、「目に見えたものを見て、耳で聞いたものを聞く」という仕方で――感覚器官で受け取った一次的な情報に依存する仕方で――構成される傾向がある。

同じことだが、感覚器官で受け取っていない情報は反映されにくい。ニキ・リンコと藤家寛子という自閉症当事者による対談『自閉っ子、こういう風にできてます！』[1]では、自閉症をもつ人の認知の特徴として「見えないものは、ない」ことが挙げられている。たとえば二人とも、コタツに入ると脚がなくなり、出るときはコタツ布団をめくって脚の位置を確かめないと立てないという。

見ることと知ること

自閉症をもつ人の知覚世界を知るうえで、非常によい素材があるので紹介しよう。それは、自閉症の当事者である福島尚《ひさし》の描く絵である。福島は「映像記憶」の持ち主であり、記憶だけを頼りに、写真のような絵を数多く描いている（コラム04「自閉症と芸術」参照）。

福島の風景画には、電車の方向幕の「普通」という文字、車両番号、表示板の「ＡＴＳ　Ｐ確認」いう文字が正確に再現されている。線路の軌道上の砂利の一つひとつにいたるまで、精緻に描かれている。

もちろん、自閉症をもつすべての人に映像記憶が可能なわけではないのだが、この絵から、福島の知覚世界がどのようなものかを推測することができる。福島は、定型発達の人では見逃してしまうものを見ている。福島の知覚世界は、視覚によって捉えられた一つひとつの情報を「見えるまま」に写し撮ったものになっていると考えられる。

ブリタニカ国際大百科事典の「児童画」の項目には、「人物を描く場合に四歳前後には顔から足の出ている頭足人を描き、五歳頃から一定の略画を繰返し描き、かつ拡大、展開、透視といった、見えるままではなく、知っているままの絵を描くことがみられ、九歳頃から写実的になる」とある（傍点引用者）。

この記述からもわかるように、「見ること」と「知ること」との間には「ズレ」がある。小さな子どもは、このズレを学習していく。このズレはどうして生じるのだろうか？　次の絵は、そのことを考える助けになる（図1）。

これは、ベラスケスという画家が描いた「ラス・メニーナス」（一六五六年）という作品で、哲学者のフーコーが『言葉と物』という本の中で論じていることで大変有名だ。

この絵を見ると、まず、登場人物の視線が、絵を鑑賞しているあなたのところに集まっていることに気づくだろう。それに、左側に立っている男性は、あなた（鑑賞者）の絵を描いているようだ。でも、どんな絵が描かれているかを知ることはできない。

実は、絵を描いている左側の男性は、作者であるベラスケス自身である。ベラスケスは何の絵を描いているのだろうか？　それは、後ろのほうの小さな鏡を見るとわかる。男女二人が映っている。これは、スペイン国王フェリペ四世と王妃である。宮廷画家だったベラスケスは、国王と王妃をモデルに絵を描いていたのだ。登場人物の視線があなた（鑑賞者）のところに集まっていたのは、あなた（鑑賞者）と同じところに最も偉い国王と王妃がいるからなのである。

この場所を中心Oとしよう。中心Oは、絵の外側にあって決して見ることができない。けれども中心Oがあることによって、絵全体の構図が成立している。

図1　「ラス・メニーナス」

中心Oに位置する鑑賞者・国王と王妃を「主体」、絵を「知覚世界」と呼べば、こういうことが言える。中心Oに向かって視線が集まり、その視線に応えることによって主体は立ち上がる。主体が立ち上がることによって、知覚世界も成立する。つまり見ることだけでなく、知ることもできるようになる。見ることと知ることのズレがここから生じる。けれども中心Oの内実は、主体自身にはわからないままである。（このことは、第2章で詳しく取り上げられているので、参照してほしい。）

フーコーは、このベラスケスの絵に、近代人の「ものの見方」や「主体性」の特質が表現されていると考えていた。今日の自閉症研究の知見を踏まえれば、これは、定型発達の人の「ものの見方」や「主体性」の特質のことだと言い換えてもよいだろう。

それに対して福島の絵には、中心Oがない。中心Oがなくても成立する絵の構図になっている。ベラスケスの絵に描かれているのは「視線」だが、福島の絵に描かれているのは「視覚」である。だから福島の絵をあなたが鑑賞するとき、まるで現実そのものを見るかのように、「視線」の起点になる中心Oを自由に置くことができる。

自閉症をもつ人の知覚世界は、私たちの「ものの見方」や「主体性」のあり方を問い直すきっかけを与えてくれるのである。

第6章

法律
自閉症が生みだす「法」

内藤由佳

▼▼▼ この章を読む前に

みなさんは普段の生活の中で法律をどのくらい意識しているだろうか。常々、法律のことを意識しながら生活をしている人は少ないと思う。それでも「日本＝法治国家」という意識は日本に住む多くの人たちに根付いていて、法律は、目には見えなくても、当たり前に存在するものと捉えられている。ところが、現実には法律の網目はどこにでも行き届いているわけではない。私自身、弁護士として、理不尽な目に遭っていながらも法律に頼る術を知らず、長い間泣き寝入りを強いられてきた人を多く目にしてきた。法律は身近な存在ではあるが、法律に守られた社会を実現するためには、法制度を守ろうという人々の地道な努力が必要なのである。

ところで「法律のない世界＝無秩序」なのかというとそうではない。法律より大きく根源的な「法」というものが存在するからである。

「法」と「法律」は日常生活の中ではほぼ同じ意味で使われているが、実は両者はまったく違う概念である。「法律」は所定の手続を経て意図的に作成された法規の一つであるが、「法」は意図的に作成された決まりごと以外にも、社会の中で自ずから培われてきたルールや作法、さらには自然の法則まで様々なものを含みうる大きく幅広い概念である。

では「法」とは何かというと、実は、この問題についてはこれまでもたくさんの議論がなされたが、未だ決着はついていないし、つく見込みもない。このため、ここで「法」の正体を明らかにすることはできないが、参考までに述べると、英語の「法」つまり"law"の語源をたどると"lay"あるいは"lie"の語源と同じ「置かれているもの」「そこに横たわるもの」という意味の言葉につながるといわれている。とすると、「法」は人がつくりあげるのではなく人や社会の中に本来的に存在していたものであり、それを人が発見・認識することによって、「法律」のような法規がつくられるとも考えられる。法学部生たちは、このような流れの中で、「自然法」と「成文法」などの概念を学んでいく。


長くなるのでここでは割愛するが、要は、人の心や社会の中には本来的に「法」というものがあり、それが社会や法律の根底にあるということだけを頭の片隅に入れておいていただければと思う。

さて、そのような法律の中で「自閉症」はどのように取り扱われているだろうか。

実は、「自閉症」という言葉は、日本の法規定の中にはほとんど登場しない。法律の条文で「自閉症」という言葉が明確に書かれているのは「発達障害者支援法」第2条の「発達障害」の定義部分しか思いつかない。自閉症の人に対する法的な支援は「障害者」のカテゴリーの中で行われ、それがゆえに行き届かない面もある。

このように、法律の規定の中では影の薄い「自閉症」ではあるが、「私たちと法律との付き合い方」を考えるにはちょっとした面白いヒントを与えてくれる。

この章においては、一見、あまり関係のない「自閉症と法律」を、「水や空気」という言葉を間に挟んでつなげてみようと思う。

1　生活の中の法律

法律は、みんなが決めた折り合い点

さて、法律という決まりごとは、たとえば国会での採決など一定の手続を経ることにより正当性を得ており、人々の生活を規制することができる。

規制というと害悪のようにも聞こえるが、すべての人々が、自分の「個性」にもとづいてやりたいことをやり、排除したいものを排除したら恐ろしい事態になることは想像に難くない。社会全体で個々人の幸福を実現するためには、あらかじめ個性同士の折り合いをつけ、「ここまでは許容できる、ここから先は許容できない」という共通のベースをつくって共存をはからなければならない。だから、法律が必要となる。

言い換えれば、法律は社会という枠組みの中で多種多様な「個性」の隙間を埋めるものである。ここでの「個性」とは、「こうするのはよい、こうするのはダメ」という個々人の考え方であり、法律は、その時代を生きる一人ひとりの考え方の違いをつなぐ「折り合い点」なのである。

折り合い点を決めておけば、思考のスタート地点が決まり、社会の中で「自分の行動と、それに対して起こりうる結果」について予測ができるようになる。予測不能であること――自分の立ち位置も、そこから続く道の行方もわからず、これからどこに行き着くのかがわからないこと――ほど不安なものはない。予め折り合いをつけておくことで、予測可能な社会が実現し、人々は自分の幸福に向かうであろう行動をとり、不幸に向かうであろう行動を避け、安定した日々を過ごせる、というわけである。

折り合い点なので、同じ対象であっても、時代が変わり人の心が変われば折り合い点も変化していく。大きな歴史の流れでみれば、身分制の廃止などはその典型例であるし、もっと身近な一例を挙げれば、喫煙を

めぐっては二、三〇年ほど前までは、「どこで喫煙するかは法律の問題ではなくマナーの問題」というところで折り合いがついており、「喫煙権」が優先されていたが、近年になって、それでは折り合いがつかなくなり、ルールにもとづく受動喫煙防止という新たな折り合い点のもとに「健康増進法」が整備されている。

少し話の向きを変えて、生活の中の法律という観点で法律というものを考えてみよう。

法律の両輪

「規定」と「運用」

生活の中の法律は「規定」と「運用」の二つの側面から捉えることができる。「規定」というのは「法規がどのように定められているか」ということで、「運用」というのは、「定められた規定がどのように使われているか」ということだ。

言い換えれば、「規定」は「道具」であり、「運用」は「道具の使い方」で、その両方が車の両輪としてうまく働くことで法律に守られた社会が実現する。ただし、「道具」である規定、たとえば法律の条文は、安定性を保つため簡単には改変できないようになっている。多少の不具合については運用で対応を図る。性能の良い道具が正しい用法で使われていれば人々の生活を向上させるのはもちろんであるが、道具（規定）に多少の不具合があっても、運用、つまり使い方の工夫でカバーできる場合もあるということである。

このようにして、法律の世界では、規定という固定的なものをベースにしつつ、運用という流動的なものによって、変化に迅速に対応したり、個別のケースに対応したりしている。規定と運用の両者が、まさにハードとソフトの役割を果たし、安定性と柔軟性を保ち、違和感なく生活に溶け込んでいるというわけである。

生活に溶け込んでいる法律の一例としては、銀行預金がある。多くの人は、銀行に預けているお金は自分のために確保されており、いつでも引き出せると考えているだろう。知らぬうちにその預金がゼロになっているかもしれない、あるいは引き出そうとしても引き出せなくなるかもしれない、とは考えない。これは、銀行預金等の法律関係について、民法に「消費寄託契約」という「規定」があり、銀行は預金者が請求したときには預かった金額を返還しなければならないと定めているためである。

そして、銀行は、顧客を維持・獲得する必要から信用を重んじ、預かったお金を厳重に管理したうえ、ATMなどを設け顧客が望む際にはスムーズな返還ができる体制を整えるという「運用」をする。窓口でお金を受け取る銀行職員たちも、そのお金を着服しようものならば「刑法」による刑罰を受けるので（日本の警察機構がそれを守る働きをしているので）、一部の例外はあるものの、通常は目の前のお金に手を出そうとはしない。まさに、明確かつ合理的な「規定」とケースに応じて規定どおりの事務処理をする「運用」が整っている例である。

もう一つ、今度は、規定の不備が指摘されたものの、規定の変更は容易ではなかったため、運用が規定の不備をカバーしたという例を挙げる。一時期、世間を騒がせた過払金問題がこの典型例である。これは、出資法（正式名称は「出資の受入れ、預り金及び金利等の取締りに関する法律」。法外な高金利での融資を禁止する法律で、年二九・二%を超える金利で融資すると懲役などの刑罰を受けることが定められている）と利息制限法（借主保護のため貸金契約の利率の最高限度を定めるもの。金利の上限は貸金の額によって一五%から二〇%で、これを超える分の利息契約は無効）という二つの法律の間で金利の上限が異なり、その差の部分にある「グレーゾーン金利」が合法であるのか違法であるのか不明確であった。これに対しては、最高裁判所がグレーゾーンを違法とする判断を下し、それにもとづく運用が確立したことによって、規定の不明確さがカバーされ、結果的に予見可能性が担保されることとなった。

このように、法律は私たちの日常生活のいたるところに深く溶け込んでいる。法律の「規定」と「運用」の積み重ねが縁の下の力持ちとなって、予測可能な、安定した私たちの日常を生み出しているというわけである。

法律の「理想的な状態」のパラドックス

このように、私たちは日々法律とかかわっているのだが、だからといって、普段「自分たちは民法や刑法のおかげで安心して暮らせるのだ」と考えてはいない。たとえば、刑法のことを意識する機会があるとしたら、それは、自分や自分の関係者が、人に何かの危害を加えてしまった、あるいは危害を加えられてしまった、という望まぬ事態に陥った場合のみである。民法も同様である。預けたお金が返ってこないかもしれない、といわれてはじめて「法律はどうなっているのか?」と考える。予測しない、あるいは予測したくない何かが起こったときに法律が意識に上ってくるのだ。

このように考えれば、人々の心情として、法律のことなど意識しないで済むならば意識しないに越したことはなく、予測可能な毎日のままで当たり前に法に守られていたいと望むのも理解できる。法律の最も理想的な状態は、人々の心の折り合い点を的確に反映した規定が存在し、それが、少なくとも自分の周りでは円滑に運用され、法律が縁の下の力持ちの役割だけに徹して、「水や空気」のように影の薄い存在であることにほかならない。

とはいっても、このような法律の理想的な状態にもまた、思いがけない落とし穴がある。法律が理想的な状態、つまり「水や空気のような存在」であればあるほど、人々は法律に守られることが当たり前になり、法律に支えられているという現実に気づかなくなってしまう。そうすると、みえてくるのは法律の悪い面であり、「国の施策はおかしい」「法律は不公平だ」という不満が湧いてくる。

たとえば、その人自身も税による恩恵を大いに受け取っているにもかかわらず、恩恵の部分はすっかり忘れ、租税制度(=税に関する法制度)について「税負担のあり方がおかしい、税金の使い方がおかしい」と、不満ばかり感じているというように、である。

冒頭に述べたように、法律は、もともと社会の中での個々人の幸福を実現するための折り合い点である。ところが、もっとも満足すべき状況、つまり法律が的確な折り合い点を見つけ、「水や空気」のように生活に馴染み、すべてが当たり前である状況が、なぜか当初の目的である幸福を阻害してしまう。虫の良い話ではあるが、法律によって人々の幸せを実現するという「効用」の観点からすれば、実は、法律の理想的な状態は、基本的には、「水や空気」のように生活に馴染みつつも、時には法律の網の支えを意識させてくれるような、ちょっとした不便さを供給してくれる状態なのかもしれない。

2　法律と障害者支援制度

法律解釈と趣旨・目的

法律の「規定」は簡単には変更できないがゆえに、概括的な形で定められている。個々のケースへの対応はそれぞれの運用に任されており、法律の条文は多くのケースに対応できるよう、きわめて抽象的な書き方をしている。

有名な「窃盗罪」を例にとってみると、刑法235条の「他人の財物を窃取した者は、窃盗の罪とし、一〇年以下の懲役又は五〇万円以下の罰金に処する。」という短い一文が、万引き、スリ、侵入盗、さらにはATMの不正利用まで、「盗み」と呼ばれるすべての事象に対応している。その中で、条文の意図するところの解釈や、どんな場合にどんな刑を適用するのかなどの運用が、日々の様々な事例の中で行われている。

これらの解釈・運用の基盤となるのが「何をどうするための法律か」という法律の趣旨・目的である。その趣旨・目的に沿うよう法律を解釈・運用するのが、法律を使う者の大事な責任でもある。

たとえば、刑法は「刑罰の対象となることは何か」ということと「どのような場合にどのような罰則を受けるか」を明確にする役目を果たすが、その趣旨としては、①「罪と罰を明示することにより犯罪を抑止する」という点と、②「罪の内容と対応する罰をあらかじめ規定することにより、意外な行為で罰せられることや、罪の内容に見合わないような不当に重い罰を受けることを防ぐ」という点の両面がある。

①と②は、根源的にはどちらも国民の安心・安全につながるが、①と②のバランスを誤り、適正な運用がなされなくなると、予想もしない行為で罰せられたり、あるいは必要な罰が与えられず犯罪がはびこったりして、安心・安全な生活という根源の目的を果たせなくなってしまう。表面にこそ現れないが、その法律がどの方向へ向かう法律なのかを正しく解釈して運用することはきわめて大事な事柄なのである。

障害者支援と法律の趣旨・目的

現在、障害者支援制度、つまり障害者をめぐる法律の運用の中で、自分自身の経験したことも踏まえて案じていることがある。それは、障害者をめぐる法律の運用が、何を基盤とし、どこへ向かおうとしているかについてである。

まずは障害者をめぐる法律の規定をみてみよう。たとえば近年定められた障害者総合支援法（正式名称は「障害者の日常生活及び社会生活を総合的に支援するための法律」）は、第1条の1（目的）で次のように目的を明示している。

「障害者及び障害児が基本的人権を享有する個人としての尊厳にふさわしい日常生活又は社会生活を営むことができるよう、（中略）障害の有無にかかわらず国民が相互に人格と個性を尊重し安心して暮らすことのできる地域社会の実現に寄与すること」

また、第1条の2（基本理念）には、「全ての国民が、障害の有無にかかわらず、等しく基本的人権を享有するかけがえのない個人として尊重される」という支援のための基本理念が謳われている。

これらの規定に定められた支援の目的・理念は「個性と人格の尊重」である。つまり、障害がある人についても、その個性と人格を価値のあるものとして肯定的に捉え、大切にすることを通じて、障害の有無にかかわらず、安心して暮らせる地域社会の実現をはかるということが、法律の解釈・運用の基盤となる精神なのだ。

これを踏まえて一つのエピソードを紹介したい。私には、自閉症という障害のある息子がいる。私が当時二、三歳だった自閉症の息子を連れて、しかるべきところで支援の相談をした際の話である。

相談員は、私に「お子さんの事でどんなことに困っていますか？」と質問した。

私はこのように回答した。

「今は、さほど困ってはいません。確かに行動は目立ちますが誰かが常に付き添っていますし、周りは小さい子だからと大目にみてくれます。でも、将来この子が大きくなったときのことを思うと不安です」。

相談員はこの回答に首をかしげ、言った。「将来ではなくて今のことを考えて下さい。今困っていることを見つけて、困らせないようにするのが支援なのですから」。

この相談員の言葉は決して特殊なものではない。似たようなニュアンスの言葉は何度となく受け取っているし、障害児のための育児書なども同じようなスタンスである。現在の支援制度の主流においては「今、困っている」が支援の前提であり、第一条件なのだ。

しかし、この解釈・運用は、法律の目的を果たすには不足の感を否めない。それは、言い換えれば、現在の障害者支援制度の運用実態と、法律の趣旨、さらには、障害者の人としての人生を思う親の切実な思いとのずれでもある。

「親亡き後の支援」は「その時に考えなさい」

まず、障害者の「今」に着目するという点である。これを障害児に置き換えれば、幼児期ならば幼児期、学齢期ならば学齢期に、その子が困らないようにすること（できるだけ不快・不便を感じさせないこと）を支援と位置づける。

しかし、障害は今日、明日で解決できるものではない。今障害をもっている人は、ほとんどの場合、将来も障害をもっている。今のための応急手当よりも、その「将来」が深刻なのである。とくに、障害児については今後の長い人生に備えなければ、という不安がある。そうした不安から、親の気持ちは「自分自身が支えられる今ならば、多少不快・不便な思いをさせてもフォローできるので、今は少し負担でも将来の自立度を高める機会を増やしたい」という方へと向かう。

日本の法律は自己責任を原則としており、わが子のことは原則として親の責任である。自分の子に障害があるならば、まずは親が面倒をみる。確かに、愛情をもって接するという意味でも、幼少期から成人まで継続的に支援をするという意味でも、親こそ支援者に相応しいことは間違いない。法律は、親の一次的責任を前提として、二次的な支援の手をさしのべる。ここまでは、法律も、親も、周囲の人々も、折り合えている。

しかし、その最大の支援者である親自身が、わが子の面倒をみられなくなったときはどうなるのか。この、「親亡き後」の支援については、法律は、度重なる法改正を経ても、有効な方策を打ち出していない。

そして、運用の場面においては、カバーどころか、規定がないことが誇張され、先ほどの相談員の回答のように「今は積極的に負担を引き受けてでも、自分亡き後のわが子のために備えたい」という親たちの切実な願いは、「その時になったらその時の法律を使いなさい」と遮断すらされてしまっている。

法律の規定はその時々の人の心の折り合い点であるから、人々の考え方が変われば、現在の支援が打ち切られるかもしれないし、法律は維持されても、親亡き後のその人の支援を担う人がいなければ（その人のための運用がなされなければ）その人にとっては、支援は存在しないのと同様の状態になってしまう。現に、障害のある子のために親が残した財産が、必要な保護を受けられなかったために他人に奪われ、失われたという例は数多く存在する。

「今を困らせない（＝不快・不便を感じさせない）」を繰り返すだけでは、障害者本人も、障害者の親たちも、安心して暮らせることはない。

「困らせ『ない』」のもたらしたもの

もう一つ思うところがある。相談員が口にした、「困らせ『ない』」という言葉である。

残念ながら、今の障害者支援においては、多くの場面で、「〜〜ない」という消極的な言葉が主流となってしまっているように思われる。この消極的な言葉の習慣は、支援をする者の側だけではなく、支援を受ける保護者や家族の側にも、同様に定着してしまっている。しかし、この言葉が生み出すものは、本当に障害者の支援につながるものなのか、疑問が残る。

数年前のことであるが、小学校の特別支援学級に通う私の息子が、通常学級の児童たちと共に学校の読み聞かせ会に参加したことがあった。ところが、その読み聞かせ会の後、同じように障害児を育てる母親から連絡があり、「読み聞かせ会の様子を見たけれど、お宅の子は特別支援学級ではダメ。本人のためにも他の子どものためにも、養護学校に転校させなさい」と強く迫られた。その母親によれば、自分自身が読み聞かせ会に参加して一部始終を見ていたところ、息子は、読み聞かせの途中に立ち上がったり声を上げたりし、注意しても聞かなかったということだった。学校と相談したい、と回答を保留しようとした私に、その母親はたたみかけた。「本人は参加したくない会に参加させられているからああいう態度を取っているに違いない。それに、あんな態度を取る子がいたら周りの子に迷惑がかかる。養護学校に行けば、健常児の集まりに参加することもなくなるから本人も困らないし、周りに迷惑もかからない。本人のためにも、周りの子のためにも、のんびりせずに早く転校させてください」。

この母親も発達障害の子を育てる親の一人である。同じ障害児の母でありながら、転校を迫るこの母親の行動は、この母親が支援の現場の中で学んできた「障害者とのあるべき接し方」が「本人を困らせない」「周囲に迷惑をかけない」というものだったからにほかならない。彼女の「障害者支援のあるべき姿」の中では、私の息子が困らず（不便、不快を感じず）、人に迷惑をかけない場所は養護学校だったのであり、養護学校を本人の居場所にすることが、支援のあるべき姿だと考えたのである。

なお、この件は私なりに衝撃的な出来事であったため、転校が必要であれば検討することも含めて学校に相談したところ、学校側からは、息子の年齢では息子に限らず集中力のない子も多々いるうえに、息子と級友との関係はきわめて良好であり養護学校を勧めるなど考えたこともないとの回答であった。さらにいえば、療育の担当医にもこの件を相談したところ、そもそも息子の障害等級では、養護学校には入れてもらえないとのことであった。ある障害児の母の「あるべき支援」にもとづく発想は、他の障害児の現在の良好な人間関係を奪い、どこにも行き場がない状態に陥れることにほかならなかった。そして、その行動の根源は、「本人を困らせない」「周囲に迷惑をかけない」という二つの消極的な言葉だった。

支援における消極的な言葉の行き着く場所

先述の母親が口にしたように、「障害者本人を困らせない」と「周囲に迷惑をかけない」という二つの言葉は、現在、障害者と接する際の典型的な言葉となっているように思う。

法律の規定は「個性と人格の尊重」「安心して暮らせる地域社会の実現」であり、いずれも積極的な言葉である。そもそも人が法律をつくる目的は、社会全体の中での個々人の幸福の実現であり、これも積極的な概念である。

それが、いつの間にかこの概念は、「本人を困らせない」「周囲に迷惑をかけない」という言葉に変化し、支援をする側とされる側で、障害者の日常は「〜〜ない」という消極的な目標を達成するよう、折り合いがつけられるようになってしまっている。

私は、この事態は、言葉だけにとどまらない、根源的かつ重大な過ちではないかと危惧する。「困らせない」「迷惑をかけない」という消極的な言葉は恐ろしい終着点へと行き着くからだ。最も障害者を「困らせない」方法は、本人にいかなる刺激も与えず、何も期待せず、また期待させようともしないことであるし、最も「迷惑をかけない」方法は、その人の存在を人前から消し去ってしまうことだからである。

「消し去ってしまう」。この考え方は、少し前の時代には、障害のある人を家の中に閉じ込めて、家族以外の目に触れさせないということで実践されていた。さらに極端な例を挙げれば、平成二八年七月に、相模原市の障害者施設で、一九人もの命が犠牲になった凄惨な事件の加害者の考え方——役に立たず、迷惑をかける存在を殺して何が悪い——という発想にも結びつきかねないのである。

積極的な言葉を使うことも、法律運用の一つ

一方で、「幸福を実現する」「相互に尊重する」などの積極的な言葉の向かうべき方向は、先に進めば進むほど、創造と生産の方向へと向かう。目的の実現に向けて個性と人格を尊重するためには、その人の欠点ではなく長所に目を向けようとするし、幸福を実現するのであれば、障害による不便さと幸福を両立する方法が模索される。さらに先に進めば、実現した幸福を維持するという観点によって、現在の「規定」では十分な手当がされていない「親亡き後の支援」を親の健在なうちに考えるという方向にさえ向かってくれるかもしれない。

今、障害者支援は多額の費用と人員のもと手厚く行われている。わが子も、障害者手帳をもち、特別支援学級で本人の特性に配慮された教育を受けている。それを「水や空気」と捉えるつもりはない。ただ、障害者を支援するというとき、「今、本人を困らせない」ことを積み重ねるだけでは、あるべき方向へは進んでいかない。障害者の親が願うように、障害をもちながらも、「障害者が幸せな将来を生きる道を開く」という積極的な言葉を使うことも、大きな支援となるはずなのだ。その人自身のできることを増やすとともに、親亡き後のことのように、今の支援が途絶えたときに対応できるような体制は、そのような積極的な言葉から生まれるはずである。

現在の法律の規定も障害者の将来までをカバーするものではない。しかしながら、まだわずかではあるが、そのような取り組み――法律が明示しない領域まで踏み込んだ運用が――ところどころの支援者の間でなされていると耳にする。

障害者との接し方を積極的な言葉から始めること。これも「法律運用」の一つといえるであろうし、このような一歩進んだ運用が多くの人々に認知されていけば、やがては人々の心の折り合い点、すなわち法律の規定が、障害児の未来、つまり障害のある人々の一生を視野に入れた支援を含むものとなるだろう。

現在の法律の中には、このような小さな運用の変化や進歩から「規定」へと変化してきたものもたくさんある。障害者に関する法律もまた、このように生きた法律として進化し、変わっていくことを願ってやまない。

3　法律家、そして自閉症の子の母として

エピソード１　ひととおりの苦労話

私が自閉症の息子を授かったのは今から九年前のことである。

その時私たち夫婦の職業は裁判官だった。給与、身分保障、標準的な転勤サイクルまで、予測可能性の高い職業だった。育児休業を取得し、一時的に主婦生活を楽しみながら、復帰後の勤務先のことなどを考えていた。息子より三歳年上の長女もいたので、子どもの成長や発達のことも、それなりに予測しているつもりだった。

ところが、息子は瞬く間に私の人生の予測可能性を打ち破った。

生まれたときから、とにかく手のかかる子だった。まったく寝ないし、昼夜構わずよく泣く。発達が極端に遅く月齢に従った言語や運動機能の発達がみられない。一歳を過ぎても、名前を呼んでも反応もしないし、玩具で遊ぼうともしない。この子がどのように発達していくのか、そもそも発達するのかどうかすら、まったく予測がつかなくなった。

そのような経緯もあって、一歳半健診で発達の問題を指摘され、二歳で自閉症の診断を受けたときは半ばほっとした。発達が遅れている理由がやっとわかった、ようやくスタートラインに立てた、という思いだった。転勤などの諸々の条件を考えれば仕事との両立はむずかしく、わが子のためと、前向きに退職を決断した。その後は、自閉症や発達障害に関する本を読みあさり、「予測可能性のある人生」に近づこうとした。

息子が三歳の誕生日を迎える頃、大阪の裁判所への夫の転勤が決まった。ここまでは、転勤サイクルその

もので、やはり予測したとおりだった。

ところが、その後、様々な壁が待ち受けていた。新たな居住地で幼稚園探しを始めたところ、いくつもの園に「障害児の枠はありません」と断られた。幼稚園側の事情も理解できた。その地域は人口増加地域で、幼稚園側は定員確保に困っていなかった。努力しなくても園児が集まるのに、手のかかる障害児をあえて受け入れる必要もなかった。何園か断られた後、保護者も全面的に協力するという条件のもとではあるが入園を認めてくれる園が見つかったときは涙が出る思いだった。

転勤先では長女を連れての図書館通いにも支障が出はじめた。息子は転勤先の図書館に行くなり、カウンターの上の置物に魅了された。「月」と「日」のプレートを入れ替えて返却日を表示するというシンプルな置物であるが、息子はそれが大好きでずっとその置物をいじり続けた。置物を触っていれば本人はご機嫌だが、図書館職員や他の利用者の邪魔になる。置物から離そうとすれば、大きな声を出して抵抗する。周りからは冷たい視線が飛んでくる。だからといって、長女だけを連れて本人は家で留守番をさせておくというわけにもいかない。この問題は、やがて「聞き分けのある長女を我慢させ、図書館に行くのをやめる」という選択肢に落ち着いた。

家で夕食の準備をしているときに突然一人で外に出て行くこともあったし、買い物に連れて行けば興味がある商品を触り、そこから動かないこともあった。そうかと思えば、外出中に何か嫌なことがあると、今すぐ帰ると騒ぎ出したりした。幸いにして軽傷で済んだが、機嫌が良すぎて突然道路に飛び出し、バイクに接触したこともあった。

周りの人々からすれば、子どものすることは母親の責任で、外に出れば親子共々浴びせられる奇異の目に耐えながら、少しでも目立たないようにと腐心する毎日だった。当然ながら、それまで身につけてきた法律の知識と技能が役立つことは何一つなかった。

エピソード2　幼稚園でのこと

幼稚園への入園の条件は、「保護者の全面的な協力」だった。息子が逸脱行動に出て、園が対応しきれなくなったときは保護者がすぐに迎えに行くことも決まっていた。

ところが、まったく呼び出しはこなかった。幼稚園が遠慮しているのかもしれない、先生たちが頑張っているのかもしれない、と私なりに考えつつ、クラスメイトたちに迷惑をかけているだろう、こんな手のかかる子がいたらクラス運営に支障が出ているのではないだろうか、と心配していた。

ところが、夏が過ぎた頃、私は呼び出しがこなかった真の理由を知った。

息子は、予想どおり集団生活の枠をはみ出していた。手洗いや身支度には、長い時間がかかっていたし、お遊戯中に寝転がったり、勝手に外に出ようとしたりしていた。ところが、そのような息子は、園の中で守られ、愛されながら過ごしていた。そして、息子を守り、愛してくれていたのは、わずか三、四歳の年少児たちだった。

そのクラスには、いつのまにか息子と共に毎日を過ごし、共に楽しむためのシステムができあがっていた。確かに、愛情深い担任のフォローはあったが、それは手助けであって、自ら役割分担をし、自ら動いていたのは、幼い子どもたちだった。時間がかかる息子を手伝う子もいたし、置いて行かれないように見守る子もいた。息子が寝転んで動かないときは、先生が声を掛けるまでもなく、子どもたち自らが、「踏んではダメ」「ぶつかってはダメ」と注意し合って、気をつけながらお遊戯をした。息子が輪の中に戻ろうとすると、自然と輪に隙間ができて息子が入る場所がつくられた。

他の園児たちが息子の園生活に協力しなければならない、という規定は何一つなかった。むしろ、規定

――幼稚園と私の間の折り合い点――では、息子が逸脱行動をとったときには、私が直ちに迎えに行って、他の子の園生活を阻害しないことが決められていたはずだった。そこに、子どもたちは、誰に強制されるでもなく、何かの採決をするでもなく、相互に合意しながら、息子と共に楽しい毎日を過ごすための「法」を生み出していた。

子どもたちの生み出した「法」は、子どもたちの間だけにはとどまらなかった。子どもたちは、年少児なりの方法で自分の母親を「説得」し、その「法」の世界へと引き込んでいた。

私は入園式当初から、クラスメイトの母親たちには、息子の障害のことを伝えていた。当然、迷惑をかけていると思っていたので、母親が集まる場では必ず、「息子が迷惑をかけてごめんなさい」と謝って回っていた。心優しい母親たちは、当初は私の立場に同情しながら、「迷惑なんてかかってないよ」と笑っていた。ところが、子どもたちの「説得」が進むにつれて、母親たちは口を揃えて、やはり予測もしなかったような回答をするようになった。「内藤さんの子のおかげで、うちの子は、助け合うことや思いやりをもつことの大事さを学んでくれている。こういう経験は、言葉で教えられるものじゃない。同じクラスになれて良かったよ」と。

エピソード3　志布志への移住と弁護士事務所の開設

私は現在、夫と共に、鹿児島の志布志市という町で、「志布志法律事務所」という小さな弁護士事務所を営んでいる。志布志市は、人口三万人ほどの田舎町で、夫も私も、何の縁もゆかりもなく、志布志市に移住してくる一年ほど前までは、その地名を口にしたことさえない場所だった。当然ではあるが、その志布志市に住み、弁護士事務所を開くなど、一度たりとも予測したことはなかった。

私が志布志市をはじめて訪れたのは、六年前の冬である。志布志市に、将来の自立を視野に保育を行い、障害児もどんどん成長している保育園があると聞いて、見学に訪れたのだった。見学の場では、保育方針や障害児保育の手厚さに驚き、さらに見学の後、数分であるが、このような保育の実践者である保育園の理事長と面談をする機会をいただいた。ところが、その面談の場で、息子は与えられたミカンを思い通りに剥けないことにパニックを起こして大騒ぎした。

目上の人に迷惑をかけてはいけない、と、慌ててご機嫌取りを始めた私を、保育園の理事長は、「泣いても誰も困りませんよ。やがて収まるのだから放っておきなさい」と一喝した。

そして、障害があっても子どもの能力を信じるように言い、もし志布志市に来るのであれば、喜んで息子の保育を引き受けるという積極的な言葉をいただいた。当時の幼稚園での毎日に感謝しつつも、息子の将来を案じていた私は、何が何でもここでの教育を息子に受けさせたいと考え、急転直下、志布志市への移住へと向かった。

何らの生活保障もないゼロからのスタートで、人生の大決断だったが、息子の将来を少しでも自立に向かわせたいという思いが、他のすべての困難に打ち克った。ありがたいことに、新天地において私たち家族は温かく受け入れてもらうことができた。過疎地であったことが幸いしてか、図書館でカウンター前に入り浸っても、温かい笑顔で対応してもらえた。

志布志市が最寄りの地方裁判所の支部から車で五〇分、弁護士はゼロという司法過疎地であったことも幸いした。多少の紆余曲折はあったが、様々な手助けをいただいて、弁護士事務所の開設にいたった。このような経緯で開設された「志布志法律事務所」は、現在、さらに多くの手助けをいただき、無事に五周年を迎えるにいたっている。志布志市での多くの出会い、さらには弁護士としての仕事の中でいただいた様々なご縁は、すべて息子がつないでくれたご縁である。

エピソード4　転校のはなし

息子が小学四年生に進級する際、私は、全校生徒一〇数名の特認校（校区外からの通学が認められている小規模校）への編入を真剣に検討した。それまでの学校も心優しい友人たちに恵まれ、楽しい毎日を過ごしていたが、学年が進むにつれて、多人数の中で学ぶむずかしさがみえはじめていた。

いざ特認校の体験入学に赴くと、息子は、はじめて目にする学習機器を触りたがり、他の子どもを押しのけて前に出ようとし、制止されると大騒ぎした。これでは編入先に迷惑をかける、人手の少ない小さな学校に大きなお荷物を押しつけるわけにはいかないと、私たちは編入を諦めかけた。

ところが、編入の申込期限が近づく頃、私たちのところに、その特認校の教頭先生がやってきた。私たちは「編入したかったが、迷惑がかかるから諦めようと思う」と、心のうちを語った。教頭先生は首を振った。「迷惑をかけたことがない人なんていませんよ。受け容れる体制はつくれます。そこは私たちの責任です。あとは、保護者の決断だけです」。

心どころか、魂を打たれるような言葉だった。「迷惑をかけない」という言葉の中で、いつの間にか小さくなることに慣れ、親として精一杯のことをすることさえ諦めかけていた自分に気づかされた。もしも迷惑をかけるならその迷惑以上に頑張れば良い、と勇気が湧いた。その日のうちに手続を行い、編入の手続は順調に進んでいった。

息子は今、小さな学校の小さな教室で、やはり心優しい友人たちに恵まれ、良き学習環境とともに、楽しい毎日を過ごしている。

「立ち位置」について

エピソード1に書いた「ひととおりの苦労話」は健常の子を前提とすれば大変な話ではあるが、自閉症の子をもつ母親たちからすれば、ありふれた出来事であろう。自閉症の子に関する本にはこの程度の逸話は溢れているし、その困難を軽減するための対策も教示されている。見出しのごとく「ひととおり」の話に過ぎない。

しかし、この「ひととおり」を通り過ぎることは、私にとっては、それまで当然に手に入れていた生活には戻れないことを身をもって感じ、次の一歩を踏み出すための道しるべだった。これを通じて、私は自閉症の子の母という自分の「立ち位置」を受け容れなければならないと、自分の向きを変えることができた。

ここで、「立ち位置」について少し述べたい。

私の今の職業は弁護士である。弁護士は実務家なので、仕事の相手は、理論ではなく現実であり、仕事の目的は目の前にいる依頼者の幸せを援助することだ。

依頼者の幸せを援助するための第一歩は、法律相談である。トラブルを抱えた人から現状を聞き、それを法律的に整理し、法律的に可能な対処・解決の方法を示すというものだ。ところが、相談者の中には、過去の望まぬ出来事とそれが引き起こした現状を受け容れられず、法的に可能な解決法を提示しても理不尽だと拒絶し続けて、希望どおりの解決案に固執する人も少なくない。

たとえば、事故に遭って後遺障害を負った際に、後遺症で人生を狂わされたのだから一生面倒をみてほしい、それができないなら、事故前の身体に戻してほしい、と譲らない場合などである。

この場合はまず、本人の希望する解決案は不可能だと断言する。そして、本人がそれを受け容れるのを待ち、現実的な案を示していく。言い換えれば、法律相談の最初のポイントは、依頼者に今の自分の正確な立ち位置を伝え、依頼者自身に、誤った認識や実現不可能な望みをもっていると気づいてもらうことであり、依頼者が自分では離れられずにいる、誤った立ち位置を現実の場所へと変更するよう促すことだ。

立ち位置の変更は、多くの場合は培ってきた価値観の変更や、積み上げてきたものの放棄を伴う。受け容れるには勇気が必要である。援助者たる弁護士としては、張り巡らされた法律の網を駆使して、本人の理解と納得を獲得し、新たな立ち位置で歩みはじめる勇気を引き出さなければならない。

「一つの幸せのドアが閉じるとき、もう一つのドアが開く。しかし、私たちは閉じたドアばかりに目を奪われ、開いたドアに気づかない」。

これはヘレン・ケラーの言葉であるが、まさに、そのもう一つのドアに気づくか否かが、トラブルの後に続く人生の分岐点であり、もう一つのドアの存在に気づかせるのが、援助者の役割なのである。

勇気をもって一歩を踏み出すことができた人の多くは、以前よりも前向きに生きている。私たちの依頼者の中でも、仕事の終わりに、「この大変さを経験したことで、前よりも人生が良くなった」と言ってくれる人が何人もいる。弁護士の仕事の中で、最もやりがいを感じる瞬間の一つである。

人間は偉大なる「法」をもっている

障害のある子を授かると、家族は否応なしに立ち位置の変更を迫られる。最初の立ち位置から動けず、障害を受け容れようとしない人もいる。障害そのものは受け容れたとしても、私もそうであったように、多くの家族は、最初は少しでも前の立ち位置から離れないように、目立たず、迷惑をかけず、「障害による困惑を減らす」ということに精神を費やしてしまう。

しかし、新しい一歩を踏み出した依頼者たちがそうであるように、また私もそうであったように、もとの立ち位置から離れまいとするのをやめ、立ち位置を変えることを受け容れたときにこそ、まさにもう一つの幸せのドアは開く。自閉症の子を授かったことは動かしようがないのだから、それについてくる困難を飲み込んで、わが子の障害をバネとして、自分の人生を以前よりも良くしようとすることは、何ら不謹慎ではなく、新しいドアから入る光を浴びるということにほかならない。幸いにして私が新しいドアに飛び込もうとする際には、先に述べてきたいくつかのエピソードが大いなる援助者となってくれた。

新たな立ち位置でまず私は、人と人の間には私が考えもしなかったような多くの愛と優しさが溢れているということを知った。団体行動がうまくできず、集団のお荷物であるはずの息子のまわりは、多くの場面で深い愛と優しさで満たされていた。それらはすべて、規律に強制されたものではなく、まさに「法律を超えた法」とも呼ぶべき、自然と湧いて出る行動と、それにもとづく合意の集合体であった。

幼稚園のクラスの中で、わずか三、四歳の子どもたちが生み出した「法」は、大人同士の事前の取り決め――周囲の迷惑にならないように、あるいは、本人を困らせないように、逸脱行動があれば、直ちに保護者が迎えに行くということ――をも打ち破るような強さと説得性をもっていた。わが子の充実した園生活を第一に願う母親たちに対してさえ、説得力をもつものであった。そして、近畿の都市圏に住む年少児たちが生み出していた「法」は、数百キロメートル離れた鹿児島の過疎地の保育園や学校でも、やはり同じように生み出され、運用されていたのだった。

立ち位置を変えて、世界が拓かれる

新たな立ち位置のもとで、私自身の根本も変化していった。まず、変わっていったのは、ものの見方、捉え方だった。それまでに私は、まさに平和と豊かさに慣れた日本人と呼ばれるように、多くを「水や空気」と捉え、欠けていることは不自然なことだと考えていた。

ところが、欠けているものを欠けているとわかったうえで、ありのままに受け容れ、さらにはその存在と共存しながら満たされるのが当たり前となり、尊重するのが当然という気持ちで臨めば、自ずと、その良いところ、愛すべきところが目に入り、前向きな気持ちへと変わっていくのだとわかった。

嬉しい出来事があったときに息子がみせる、無防備で、誰にも遠慮のないような、一点の曇りもない笑顔の素晴らしさに気づいたのも、立ち位置を変えることを受け容れたときだった。その表情は、誰の顔色をうかがうでもなく、ひたすらに幸せそうで、息子にかかわる煩わしさを忘れさせる笑顔だった。息子の笑顔は、この時もこれ以前も、何一つ変わりはしなかったのに。

もう一つ、私が大きく認識を変えた事柄があった。変えたのではなく、自分の本来の姿に気づかされたと表現するのが正しいのかもしれない。それは、「迷惑をかける」ということについてであった。多くの日本人がそうであるように、私も、「迷惑をかけないこと」を行動の基本と考え、そのように生きてきたつもりだった。恥ずかしながら、迷惑をかけることが多い人を良く思えなかった時期もあった。だが、息子と共にいると、どうしても迷惑をかけずに(正しくは、実際は何らかの迷惑をかけている自分から目をそむけて)生きていくことができなくなった。当初は、大きな罪悪感と劣等感に苛まれた。

そんな私に、先ほどの教頭先生をはじめとする「援助者」たちはある真実を教えてくれた。迷惑をかけない人はいないということ、そして迷惑は怖がるのでも嫌悪するものでもなく、かけて当然のもの、迷惑をかけ合いながらお互い補い合うのが人であり、社会であるということだった。

それは勇気だった。平和な社会は、折り合わなければ成り立たない。折り合うということは、自分も譲り、人にも譲ってもらうことなしにはできない。そうやって人に譲られながら生きているにもかかわらず、「迷惑をかけていない」と言い張ることは、劣等感を恐れるあまり、現に人から受け取っており、また、自らも人に提供できるはずの大切なものから目を背け、放棄しているに過ぎなかった。

「迷惑をかける勇気」。もっと正確にいえば「迷惑をかけている自分の存在をありのままに受け止める勇気」。それを得たことで、私自身、より多くの人の個性を愛せるようになった。

「勇気」を通じて、息子の生産性を感じることもあった。

障害者が生み出すもの

当初、健常の子よりも著しく能力が劣る息子には生産性をもてないのだと私は諦めていた。しかし、見ず知らずの過疎地に弁護士事務所を開くという行動は私自身のためだけでは到底なしえないことで、息子が私をかき立て、勇気を与えた結果にほかならなかった。今、弁護士として、人の心を受け入れ、支えていくことの最大の基盤となったのは息子を通じて学んだ「迷惑をかける勇気」の生み出したものだった。

かつて思い描いていた幸福も、すべてが失われたわけではないと知った。息子は、志布志市の保育園に入った後、息子の成長を信じる指導者や、息子を仲間として受け入れ、応援してくれる友人たちのもとで、ぐんぐん成長していった。他の園児たちとは歴然たる差があったが、子どもが成長する喜びはしっかりとこの手の中に残ってくれた。

人のもつ能力は、大部分は遺伝や環境という名のもとに、天が決めてしまう。法律でいう「規定」のようなものだ。しかし、その能力をどう受け取るか、どう使うかはそれを運用する人が決めていく。新しいドアを開けるのか否かも、その先の道でどのような輝きを見つけるのかも、そもそも、自閉症を積極的な言葉で捉えるのか、消極的な言葉で捉えるのかも、結局、その人自身とその人を取り巻く人々の「運用」次第なのだった。

4　この章のおわりに

法律は、一定の手続にもとづいて定められた人と人との折り合い点である。はるか昔の時代に遡れば、折り合う相手は国王や貴族のような強者だけでよかった。

ところが、時代が進むにつれて身分制が限界を迎えると、身分や財力にかかわらずその時代を生きるすべての人々の間での折り合いが必要になった。折り合う相手を増やした後、王や貴族の特権は廃れたが、庶民と呼ばれた人たちも能力を開花させる機会を得、人類全体の生産性は飛躍的に向上していった。ただ、その中でも障害者などの弱者の視点は置き去りにされがちであった。

さらに時代が進み、環境破壊や持続可能性という問題が飛び出してくると、法律は現在を生きる人々の間だけで折り合いをつけるのみでは済まなくなった。人類そのものの滅亡という危機意識のもと、法律は地球との折り合い点、未来を生きる人々との折り合い点まで探さなければならなくなった。それと時を同じくして、人と人との間の折り合い点も、障害のある人も障害のない人と同じ場所で暮らし、同じように尊重されるべきだという方向に大きくシフトしていった。

人は個性の隙間を埋め、補い合い、協力しあって多くのものを生産し、種（部族、民族）として生き残り、さらには幸せになるために法律をつくった。

冒頭に記したとおり、法のもともとの意味は「置かれているもの」、つまり、人や社会の中に本来的に存在していたものである。個性をもつということ。その個性を補い合い、より良いものを生み出すために、社会をつくり、協力しあおうとすること。そのような社会のしくみの中で、より幸せになりたいと願うこと。これらは、すべて、人という生き物が本来的にもって生まれた「法」である。

上記のような法律のシフト、つまり折り合い点の大きなシフトは、これまでの法律が想定しえなかった、あるいは想定しようとしなかった「社会」概念（「わたしたち」と呼ぶ対象）の拡張である。会話ができる人の中だけで折り合い点を語るという、これまでの「法律」の制度的な壁を、より根源的な「法」が突き破り、新たな突破口を開いたのだ。「規定」の大きな変更が起こり、人類が長きにわたって予測してきた世界を飛び出した今、新たな創造性・生産性の定義を生み出し、障害がある人のもつ「生産性」を認めて、さらなる飛躍の方向性へと向かうのか、それとも、障害がある人を「生産性に欠ける人」とみなして負担と困惑のレッテルを貼り、生産する者と生産しない者を対峙させ、引き算の世界へ落ちていくのかは、人類の「運用」次第である。

人類が「人は、幸せを求めて生きている」という変わることのない偉大な自然の「法」に気づくならば、当然、生み出す方向へと向かうだろう。

このように考えれば、私が自閉症の子を授かったこともまた、私自身が、多くのものを「水や空気」として受け取り続けながら培った稚拙な「折り合い点」をより幸福な方へ、より生産的な方へと導くための偉大な「法」の作用なのかもしれない。

もちろん、このような理性的な思索の傍らには変えようがない現実世界がある。「ひととおりの苦労話」には日々新たなエピソードが追加されているし、自閉症の子ならではの、生活面・学習面での課題は相変わらず多い。同年代の子どもたちの自立してゆく姿を目にし、わが子と比べてため息が出ることもある。

しかし、そのおかげなのだろう。私にとって、当然に過ぎてゆく日常は、感謝と喜びに満ちている。毎朝、息子が登校できること。図書館に行けること。反抗期に煩わされつつも、健康に育ってくれている長女の存在。友人たちと他愛もない話をする時間。「自閉症という障害がゆえにちょっと欠けた息子の存在」というフィルターがなければ、すべてが「水や空気」にしかならなかったような、ありふれた出来事だ。

その感謝と喜びは、行動のための原動力へと変換される。

自閉症の人と共に生きること。社会は、そのことが「水や空気」でしかなかった場所に新たな光を注いでくれることに気づけるのだろうか。そして、互いに補い合い、共に前へと進めるような積極的な言葉をもって法律を運用していけるのだろうか。

自閉症の人の数はこの数十年で爆発的に増加していると聞く。社会は、そして社会の産物である法律は、この大きな問いかけに対し答えを出すべき時期を迎えたともいえる。

かつて、息子の障害を知ったとき、私は息子の人生の一部となることを決意し、努力して手に入れた職を辞し、見ず知らずの土地へと移り住んできた。

今、社会の本来の姿――迷惑をかけ合い、また助け合いながら、それぞれの人の長けた部分と欠けた部分をつなぎ合わせて社会がつくられているということ――を知った私は、自らも迷惑をかけ、また補う存在として社会の一部になることを決意している。過疎地の一弁護士という地味な役割ではあるが、目の前の依頼者が、新たな立ち位置を受け入れ歩みはじめたときは、かつての自分の姿とも重なり、湧き出るような喜びを感じる。

私はこれからも、このささやかな役割分担を続けていくのだろう。息子が、私の亡き後も、現在と同じような幸せな日々を過ごせますように、という渾身の祈りを常に心の片隅に置きながら……。

ブックガイド

本稿に関してさらに学びたい読者には、以下の三冊を推薦する。

障害者福祉研究会（編集）『逐条解説障害者総合支援法』（中央法規出版、二〇一三年）

障害者総合支援法の各条文について解説を加えたもの。法律を正確に理解し、運用の適否を判断するにあたっては、各条文ごとの規定を正確に読み解くことは必須であり、障害者総合支援法の法的な理解に役立つ一冊である。

渡部伸『障害のある子の「親なきあと」』（主婦の友社、二〇一八年）

本稿でも触れている「親なきあと」の問題に関して実務的な観点も踏まえて検討している。「親なきあと」の問題に正面から触れた書籍は少ないが、この書籍では親として早期に考慮すべき事項や行動指針がわかりやすく解説されている。

渡辺洋三『法とは何か』（岩波新書、一九九八年）

法学部生が早期に学ぶ「法学入門」の基本書ともいえる著作であり、「法」とその関連概念との関係性を多様な観点から丁寧に解説している。

コラム 06

政治学から自閉症をみる

高橋一行

政治学とは政治現象を考察する学問のことである。そして政治とは、私たちの住む社会における対立する利害を調停し、社会の秩序を維持する人間の活動のことである。それは政府によってなされる。政府とは、国家の統治機構のことである。そしてその国家について考える際、私たちの場合は国民主権という原則があり、国民が政治権力の拠り所であり、責任主体であると考えるから、そうすると、政府は国民の意思により設立され運営される機関であるということになる。つまり、私たちが共同で、どのような社会が望ましいかを考え、そういう社会にするためには、どのような政府を作るべきか、決めることができるのである。

さて私たちは、今、大きな移行期にいる。これは本当に長期的な視野で考えるべきことであって、それは具体的には次のようなことである。

人類は第一のサイクルとして約二〇万年前に狩猟採集を始め、やがて第二のサイクルとして、約一万年前に農耕を始める。さらに第三のサイクルとして、三〇〇年前から産業革命を始める。今私たちは、この第三のサイクルの成熟期にいる。つまりこの三〇〇年間、社会は拡大を続けてきて、ここにきて、定常化の時代を迎えている。そしてこの第三のサイクルにおける成長の時期は資本主義の展開と重なり、今私たちがその安定期を迎えているということは、ポスト資本主義の時代を生きているということにほかならない。

それは世界人口が増大し続けるということがなくなり、少子高齢化の時代に突入したということでもある。そういうときに資本主義がどのように変容し、それに合わせて私たちはどのように生きていくのかが問われている（以上、広井良典(1)『ポスト資本主義――科学・人間・社会の未来』参照）。これが政治の問題である。この時代の変革期に、私たちがどのように生きるべきか、その集団的な生き方を決めるものこそ政治にほかならないからである。

別の言葉を使えば、私たちは今、資本主義が高度に発達した結果として、消費化、情報化社会にいると言うこともできる。これが成熟した資本主義、すなわちポスト資本主義の具体的なあり方である。そして繰り返すが、そこでどう生きていくかが問われている。

さて、消費化社会とはどんな社会なのかといえば、生産力が高まって、たとえば工場で車をたくさん作って、それがあり余るほどになり、消費できないほどになった社会のことである。これが定義である。そうすると、そういう社会では、今度は過剰な宣伝をして、無理やりその生産物を売り込むことになる。そこで重要なのは宣伝、つまり情報である。そしてこの情報が際立って重要になった社会を情報化社会という。つまり消費化社会は必然的に情報化社会になる。それは生きていくうえで、本当は必要でないものを、無理やり宣伝に乗せて売り込む社会である。ものがあり余っている社会である。私たちはそういう社会に生きている。

ここでポイントは二つある。一つは今述べたように、私たちの社会は十分余剰がある社会であるということ。もう一つは、そこでは雇用の必要性が少なくなるということである。これはどういうことか。

まだ資本主義が十分展開されず、第一次産業（農業など）が中心のときは、そういう社会では、仕事がないということはない。誰もが一日草むしりをして、田んぼにいなければならない。また第二次産業（工業など）が中心の時代も仕事はたくさんあった。高度成長期の日本において、中卒者は金の卵と持て囃され、高卒であれば、もう何の問題もなく、終身雇用で工場勤務が保証された。それが今や、そういった仕事は、機械がするか、労働力の安い国外で賄うようになる。人口の大部分が第三次産業（情報産業など）に従事するようになる。しかしそこでは、高度な知識をもっているか、人間関係を利用し、人の心を巧みに操って営業ができるか、そのどちらかでないと、仕事はない。

そこでは単に対人サービスが重視されるというくらいでは済まず、感情労働という言葉まで生み出される。心が管理され、感情が商品になる。そういう環境の中で、ひたすら人間関係に心を砕くことが仕事の大半になる。それに熟達すると、人をうまく支配し、営業成績を延ばすことができる。

高齢化社会で労働力が減っても、なおあり余る労働力の大半が、この対人サービス、感情労働に向けられ、そこで人々は疲弊している。私たちは、かつてないほど大きな変革の時期にきているのである。

＊

さて自閉症スペクトラムと括り出される人たちが、増加しているといわれるのは、社会のそういう変化を受けてのことである。しかし自閉症スペクトラムの人たちそのものが増加したのではなく、それを巡る議論が増加したというのが、正しいと思う。

人間関係が異常なくらい強調される時代に、そういうことが不得手な人がいる。人の気持ちを読み取って、それを巧みに、自分の利益に持ち込むということができない人がいる。細かなことや、自分の行動パターンに拘って、相手と話をうまく合わせられない人がいる。それは必ずしも病気でなく、障害でもなく、多くの場合、そういう傾向の人がいるというだけのことで、要するにいろいろなタイプの人がいるし、いろいろな生き方があって良いということが確認されれば、それで済むのに、しかし今の社会では、営業ができなければ仕事にあり付けない。自閉症スペクトラムといわれる人たちが、就職に際して、相当に苦労していることは報告されている。

高度な専門知識をもち、それを活用するだけで生きていかれる職業に就けたのなら、それは運が良かったと言うべきだ。しかし、教師や弁護士でも、今の時代、先の言葉でいえば、感情労働を要求される。それは感情のサービス業なのである。

しかし本来必要のないものを、無理やり売りつけるというのが、消費化社会、情報化社会の定義であったはずだ。そしてそれができない人を阻害する社会が正当化されるのはおかしい。

単純に社会的な生活がしにくいということだけならば、それはそれで、ある程度ならばしかたないと思う。つまり人間関係の作り方の点で、多数派のやり方と異なり、多数派とは異なった思考と行動の様式をとる以上、多数派でないという意味で、ある程度のやりにくさが生じるのはやむを得ない。しかしそれが、経済生活に大きな支障をきたす社会は一体どうなのだろうと思う。モノを作ることが中心の時代においてはとくに問題にならなかったのに、感情を売り、対人関係を処理することで利益を上げる社会では、対人関係の作り方が少数派の流儀であれば、著しく不利になる。

政治学ではこれは少数者の問題ということになる。ここで重要なのは、少数派を多数派に同化させることではなく、少数派だけで世界を作らせることでもなく、また少数者の権利を守ることだけが必要だと考えることではない。少数派と多数派がどのように共存できるかということを考えるべきなのである。

キーワードは多様性である。多様性が認められる社会の方が、少数派にとって生きやすいだけでなく、多数派にとってもそうであるはずだ。なぜなら、一つには、この場合、自閉症―健常者という分け方においては多数派であっても、何かしら他の面で、多くの人が少数派であるからだ。たとえば、女性であること（女性は人口の半分を占めるにもかかわらず、多くの社会で十分な権利が認められていないという点で、少数者とみなされる）、外国のルーツをもつこと、学歴が低いことなども少数者の要件を満たすし、収入が低いこと、一人暮らしをしていること、高齢者であることは、今や多数の人がそうであるにもかかわらず、生きていく上で、少数派がもっているのと同じ困難を共有している。またこの話でいえば、そもそも自閉症スペクトラムでなくても、営業の仕事が嫌だといえば、少数者扱いをされることになる。

また私は今、女性もまた少数者であると言った。それは、子育てをしながら、社会で活躍することがしばしば困難であるという状況を見ると、そこでは女性の権利が十分認められていないと考えざるを得ないからである。そしてその場合、女性の働く権利を認めるだけでなく、男性の労働時間も短縮して、育児を夫婦でできるようにすることが求められている。つまり男性という多数者の労働環境の改善も必要なのである。そうしてはじめて、男性と女性の共存ができるということになる。そうするとこの理由からも、少数者への対策は、同時に、多数者への対策をも含むものでなければならないということがわかる。自閉症スペクトラムといわれる人々への施策を考える場合、ここでも同じく、健常者と呼ばれる多数者の労働環境もあわせて考えねばならないと私は思うのである。

＊

私は一つの案として、ここでベーシック・インカム（以下、B・Iとする）という提案をしてみたいと思う（本書コラム01「「働くこと」からはみ出すために」参照）。まず、生活保障のあり方について、簡単に説明すれば、それは、雇用保障、つまり雇用の確保のための政策と、社会保障、つまり社会保険や公的扶助などと、二本立てで成り立つ。しかし今の時代は社会保障の給付抑制のために、前者に力点を置く傾向がある。それが実情だ。つまり雇用の促進に重点が置かれる。しかし先に述べたように、雇用がそもそもなくなる傾向にあり、雇用保障だけで生活保障をすることには無理がある。そこで考えられたのが、このB・Iである。

B・Iとは、国民全員に一率、たとえば毎月八万円程度のお金を支給するという制度である。こういう提案をすると、賛成派からは、しかし財源はどうするのかという話が出て、反対派からは、そんなことをしたら、誰もが怠けて働かなくなる、経済成長が鈍化するという声が聞こえてくる。前者に対しては、しかし、所得税か、消費税か、あるいは相続税かで十分賄えるという試算があり、実際に様々な案があり、その気になれば十分現実的な話である。また後者に対しては、そもそも人はなぜ働くのかという根源的な問いを突き付けることになる。政治学というのは、そういう原理的な話まで私たちに考えることを要求する。

実はB・Iの制度ができても、多くの人の生活、労働状況は今と変わらないだろうと思われる。月八万円くらいで満足する人は少なく、満足できなければ、今までと同じように働くだろうからである。しかし一部の人は、B・Iがあれば今とは違った生活をするかもしれない。B・I論者は、たとえば今後の社会では、老人の福祉が必要になり、しかも大半の老人は貧乏なのだから、それを国の予算で賄うと大変な経費がかかり、むしろB・Iを国民全員に支給すれば、あとはボランティアで福祉の仕事をしたいという若い人がたくさん出てくるだろうという、楽観論を展開する。つまり最低限の生活が保障されれば、人は喜んで、金にならない仕事に従事するだろうという訳である。

もう一つ考えられるのは、たとえば、売れなくても良いから、好きな芸術作品の制作に没頭するという人が出てくるかもしれないということだ。これは論証抜きで書くことになるが、情報化社会では、一部の芸術家は、今までにないほど金儲けができるが、圧倒的多数の人たちは、芸術では食べていかれないという世の中になる。芸能人を考えれば、このことはよくわかる。売れっ子の芸能人は寝る暇もないほど働いて金を稼ぐが、その裏には、その何万倍もの、売れない芸能人の予備軍がいるはずである。そしてその中には、売れなくても良いから、芸能活動を続けたいという人もいるはずである。それはそれで認めたら良いのではないか。文化活動は裾野が広いほど、充実するのだから。

今や社会の大きな転換期における労働の意義を再考すべきときだと私は思う。そこで、無理に人の心を支配する労働ばかりが、つまり本質的に必要がないのに、無理やり人の心をねじ伏せて金儲けをする仕事ばかりが世の中に残り続ける必要はない。労働の質の多様化が望まれる。労働は生き方の問題でもある。

それは必ずしも平等な社会を創ろうということでもない。社会に余剰があるのだから、その部分は、平等に配分して、しかしそのあとは、経済競争があって良いという話である。

今までは資本主義の興隆期だったので、成長路線でやっていかれたが、定常期に入った今、同じ方針ではやっていかれない。消費化社会、情報化社会に入り、さらに今や、それが定着した時代である。しばしばいわれるように、日本の場合、終身雇用制が崩れ、多くの人が中流社会にいるという幻想が崩れ、格差社会といわれる状況になったのである。営業中心の仕事は不安定で、生涯の雇用は保証されないし、営業のできる人とできない人の経済格差はその能力の差が増幅されて現れるし、また営業に向く人と向かない人との間でワークシェアをしようとしてもうまくいかない。

もちろん上述のことは一案に過ぎない。しかしこのくらい過激に対策を考えねば、やっていかれない時代になっているということだけは間違いないのである。様々な生き方と、様々な質の労働が保証されるべきである。

そしてここで少数者への対策は、多数者にとっての改革までをも求めるものにならねばならず、少数者は、多数者よりも先に、問題のありかを敏感に感じ取って、社会に警鐘を鳴らすという役割をもっているのである。

第7章

文学
フィクションにおける「心の読みすぎ」と「透明化された体」

持留浩二

この章を読む前に

文学研究とは、大きく分けると、解釈と批評とに分けることができる。解釈とは、その作品の中に何が描かれているのかを明らかにすることで、批評とはその作品にどれだけの価値があるのかを定めることである。作品に何が描かれているのかがわからなければその価値を定めることもむずかしいので、解釈の作業は文学研究の基本になる。

人が文学を読むのは娯楽と教養のためであるといわれてきた。われわれは文学作品を読んで、いかに生きるべきかを学んできたのである。近頃の映画やテレビドラマを観ると、主人公が様々な苦境を乗り越えていく際に、いかにうまく他人の言動の真意を読み取れるかが鍵となっていることが多いことに気づく。かつてヒーローにとって苦境を乗り越えるのに必要だったものはたくましい筋力であったが、複雑な現代社会の中では、様々に絡み合う人々の意図と意図の間で、自分にとって誰が味方で誰が敵かを見極める能力こそが苦境を乗り越えるための鍵となっているのかもしれない。

他人の精神状態を推測する際に必要とされる機能は「心の理論」と呼ばれている（第1章参照）。「心の理論」という概念を最初に提唱したのはデイヴィッド・プレマックとガイ・ウッドルフであるが、続くジョゼフ・パーナーとハインツ・ヴィマーが「誤った信念」課題を用いて「心の理論」の発達過程を明らかにした。その後「心の理論」と自閉症との関係についてサイモン・バロン＝コーエンが「自閉症＝心の理論欠如仮説」を提唱し、自閉症の人たちが他者とのコミュニケーションに困難を感じるのは、生まれつき「心の理論」の機能が欠けているからではないかと主張した。しかし、バロン＝コーエン後も「心の理論」に関する研究はさかんに行われ、「自閉症＝心の理論欠如仮説」だけでは説明がつかないことが数多くあることがわかってきた。自閉症者にとって問題となっているのは「心の理論」だけではなく、そこにはワーキングメモリや実行機能といった機能が大きくかかわっていることがわかってきたのである。

「心の理論」の機能は文学作品を読む際にも不可欠なものである。文学作品の中に登場する様々な人物たちの心理をうまく推測することができなければ、ストーリーを追うことができないからだ。われわれの心が物語を理解していくプロセスを明らかにすることは、文学研究にとってとても価値あることである。「心の理論」の観点から文学を研究することによって、そこに新たな光を投げかけることができるのではないだろうか。

1 「心の理論」の発見とそれが文学にもたらした意味

「心の理論」

一九七八年、アメリカの動物心理学者プレマックとウッドルフは「チンパンジーは心の理論をもつか」（"Does the Chimpanzee Have a 'Theory of Mind'?"）(1)の中で、チンパンジーなど霊長類の動物が、同種の仲間や他の種の動物が感じ考えていることを推測しているかのような行動をとることに注目し、それは「心の理論」（"Theory of Mind"）という機能が働いているからではないかと指摘した。同種の仲間であれ、他種の動物であれ、他者の行動に心の状態を帰属させることが「心の理論」の機能である。

プレマックは「心の理論」提唱から十年後に「チンパンジーは心の理論をもつか　再考」（"Does the Chimpanzee have a Theory of mind? Revisited"）という論文の中で、人間以外の霊長類が「心の理論」をもつことを示す証拠は未だ乏しいと認めている。[2] さらに、プレマックとウッドルフによる論文の発表後三〇年経過した二〇〇八年に、ジョゼップ・コールとマイケル・トマセロは「チンパンジーは心の理論をもつか三〇年後」（"Does the Chimpanzee Have a Theory of Mind? 30 Years Later"）の中で、確かにチンパンジーはある程度他者の心を読むことが可能であるが、「誤った信念」が理解できるかどうかという、より狭い定義の「心の理論」に関していうと、プレマックとウッドルフの問いに対する答えはノーである、つまりチンパンジーは「誤った信念」を理解できないと主張している。[3]

「誤った信念」課題はダニエル・デネットが原型を提案し、先述のようにパーナーとヴィマーによって実験レベルに発展させられたもので、マクシとチョコレートについての課題となっている。健全な「心の理論」を備えている子どもであれば、この課題にパスすることができるのだが、自閉症者のうちこの「誤った信念」課題をパスすることができるのはわずか二〇〜三五％に過ぎないのだ。デネットは、「誤った信念」課題が、「心の理論」が獲得されているかどうか判断するためのリトマス試験紙であると指摘している。[4]

コールとトマセロが主張するように、「誤った信念」を含む複雑な「心の理論」をもっているのは人間だけなのかもしれないが、人間についていうと、「心の理論」の出現時期は四歳ごろであるといわれている。「心の理論」をもつということは、自己および他者の目的、意図、知識、信念、思考、疑念、推測、ふり、好みなどの内容が理解できるということである。そしてそのためには、少々ややこしい話になるが、一次的信念の理解のみならず二次的信念が理解できなければならない。

一次的信念とは、「Aさんは物Xが場所Yにあると（誤って）信じている」というものであり、二次的信念とは、「Aさんは物Xが場所Yにある、とBさんは（誤って）信じている」という信念である。子安増生は『心の理論』[5]の中で次のように指摘している。

「まず第一に、二次的信念の理解ができるようになると、他者から見た自分を知ることによって、他者を通じた自己理解を促進できるということがある。（中略）このような二次的信念の理解を通じて「私」の自己理解もまた進んでいくのである。

第二に、二次的信念の理解は、三次的信念へ、そしてさらには一般にn次の信念の理解へと発展し、そのことが複雑な人間関係を理解するために必要不可欠のものとなるのである（中略）。

第三に、このような高次の信念は、登場人物の込み入った人間関係を描く小説やドラマを理解する前提となり、そのような小説やドラマを通じて子供の世界は広がっていくのである[6]」。

この子安の指摘の中で注意してもらいたいのは、高次の信念の理解は「登場人物の込み入った人間関係を描く小説やドラマを理解する前提となり」という部分である。われわれが小説やドラマを理解するために必要なのは言語能力だけではない。いくら高度な言語能力を有していても「心の理論」がうまく機能していないと小説やドラマが理解できないのである。そして自閉症の人たちは「心の理論」の課題に通過できない人が多いといわれている。

自閉症と「心の理論」の関係に関する研究の第一人者であるバロン＝コーエンは以下のように指摘している。

「調べさえすれば、それ（自閉症）は、どこの国においても、どんな社会階層においても起こっていることが分かるだろう。主な症状は、生後二、三年において、社会的能力、そしてコミュニケーション能力の発達に明らかな異常が見られ、そのような子供の遊びに特徴的なのは、普通なら見られる柔軟性、想像性、そしてふりをすることが欠如していることである」[7]。

このバロン＝コーエンの「自閉症＝心の理論欠如仮説」はそれなりに説得力をもつものの、その後の研究では、この仮説に真っ向から反対する考えも提唱されている。モートン・アン・ガーンズバッカーとジェニファー・L・フライメイアは、自閉症者には「心の理論」が欠如していると実証するためには、①自閉症者は一般的に「心の理論」課題をパスできない、②「心の理論」は生来のものである、③「心の理論」は特定の神経機構に依拠しているという三つの要件が必要になるが、いずれの要件も明らかにされていないという。ある調査によると自閉症者の五〇％が「心の理論」課題をパスしている一方で、言語機能に問題がある人々がその課題にパスできておらず、「心の理論」の欠如は自閉症者に普遍的な特徴でもなければ、自閉症者にのみ当てはまるものでもないのかもしれない。また、マインドリーディング（「心の理論」を使って他者の心理を読むこと）や構文のトレーニングが「心の理論」課題の成績を向上させることがあるが、このことは「心の理論」が生来のものではないということを示唆している。さらに、数多く行われている脳撮像による研究でも、ある一つの神経機構を特定できずにいるのだ[8]。以上の点からガーンズバッカーらは「自閉症＝心の理論欠如仮説」に疑問を投げかけている。

「心の理論」と文学

リサ・ザンシャインは文学研究者であるが、認知科学の視点から文学研究にアプローチしている。『なぜ我々はフィクションを読むのか——心の理論と小説』（*Why We Read Fiction: Theory of Mind and the Novel*）[9]の中でザンシャインは、自閉症者には物語を読むことへの興味を欠いている傾向があると指摘している。フィクションを読むには相手の心を読み取るマインドリーディングの機能が必要となるのだが、自閉症者にはそのマインドリーディング機能に問題があることがあるからだ[10]。

自閉症とフィクションの関係を明らかにする際に、ザンシャインはコロラド州立大学教授であるテンプル・グランディンの例を挙げている。グランディンは自閉症研究においてしばしば言及される有名な自閉症者である。グランディンのもとを神経科医のオリバー・サックスが訪ね、詳細なインタビュー取材を行ったのであるが、その内容が「ある神経科医のノート――火星に降り立った人類学者」("A Neurologist's Notebook: An Anthropologist on Mars")というタイトルで雑誌「ニューヨーカー」(*The New Yorker*)に掲載された。サックスはグランディンがフィクションについてどう感じているかを次のように記している。

「彼女が言うには、彼女はロミオとジュリエットに当惑させられた(「私には彼らが何をしようとしているのか分からなかった」)。そして『ハムレット』に関して言えば、劇の前後関係が分からなくなってしまった。彼女はこういった問題を「順序立ての困難さ」のせいにしたが、彼女が登場人物たちに感情移入できず、動機や意図が複雑に絡み合う劇の筋を追うことができなかったのが問題であったのだ。彼女が言うには、「単純で、はっきりしていて、ありふれた」感情は理解できるが、より複雑な感情や人々が行う駆け引きには困惑させられるとのことであった。「大抵いつでも」と彼女は言った、「自分が火星に降り立った人類学者のように感じるのです[11]」」。

では実際に文学作品を読み解くにはどのように「心の理論」の機能が必要とされるのかをみてみよう。まず前に引用した箇所で子安はこう言っていた。「二次的信念の理解は、三次的信念へ、そしてさらには一般にn次の信念の理解へと発展し、そのことが複雑な人間関係を理解するために必要不可欠のものとなるのである」。この「n次的信念」は「志向性」と言い換えることができる。一九世紀後半から二〇世紀初頭にかけて活躍したオーストリアの心理学者フランツ・ブレンターノは、「志向性」（"intentionality"）こそが、物質にはない、心がもつユニークな属性であると考えた[12]。たとえば「家の外で雨が降っている」という文章はただの客観描写であるが、「僕は家の外で雨が降っていると思う」とすると、ここに一つの志向性が加わる。さらに、「マイクは僕が家の外で雨が降っていると思っていることを知っている」とすると、さらに一つの志向性が加わり、二重志向性の文章となる。当然のことながら志向性は多重化していくほど理解がむずかしくなる。

ロビン・ダンバーは多重志向性の文章理解に関して成人を対象に興味深い実験をしている。被験者には二つのタイプの物語が与えられる。一つ目は連続した出来事の単純な説明、たとえば「AはBを生じさせ、それがCという結果になり、今度はDを引き起こした」（"A gave rise to B, which resulted in C, which in turn caused...."）といった文章、もう一つは、以下のような三重から五重の志向性が含まれた文章である。たとえば、ダンバーは以下のような五重の志向性を含む文章を用いている。「ジェーンは、ピーターが、サラがサイモンはサラがピーターと付き合いたいと思っていると信じていると思っていると考えていると信じている」（"Jane believes that Peter supposes that Sarah thinks that Simon believes that Sarah would like to go out with Peter."）。被験者には、その物語を読んだあと、志向性のレベルによって分類された一連の質問がなされる。その結果をみてみると、誤答率は一つ目のタイプの物語についてはたったの五％であった。多重志向性をもつ物語についても、四重レベルの志向性までは低い誤答率で五～一〇％、しかし五重レベルになると急激に六〇％まで誤答率は上昇する。つまり普通の人にとって四重レベルを超えてマインドリーディングしなければならない物語を処理することはきわめて困難なのである[13]。

しかし四重レベルを超える多重志向性の文章というのは実はめったにみられない。複雑な文体が使われがちな文学作品においても、四重レベルを超える多重志向性をもつ文章は比較的新しい時代の産物なのである。なぜならそのような多重志向性を含む物語は、人々が口づてに物語を伝えていた古い時代の口承文学では不可能だったからだ。そのような複雑な物語は、まず語り手が憶えられないし、聞き手も一度聞いただけですんなり理解できるとは思えない。それゆえ口承文学に四重の志向性を超えるものはみられないだろうとザンシャインは言っている。[14] もちろん印刷が可能な状況になったとしても、すべての作家が四重を超える志向性をもつ複雑な文体を使うわけではない。ベストセラーの作品などでも、ほとんどが四重以内の志向性にとどめた物語となっている。おそらくその理由は、いたずらに読者のマインドリーディング能力に負担をかけることが、読者が物語を楽しむうえで決してプラスには働かないためであろう。四重レベルを超える志向性の文章をひたすら読まされる気持ちを想像してもらいたい。どう考えても普通の人には苦痛以外の何ものにもならないはずだ。

しかしきわめて文学性の強いモダニズムの作家の作品には、かなり込み入った複雑な語りの構造をもつものも少なくない。ザンシャインは、二〇世紀を代表するイギリスの女流作家ヴァージニア・ウルフの代表作『ダロウェイ夫人』（*Mrs. Dalloway*）の中には、六重の多重志向性の文章が含まれていると指摘している。[15] なぜウルフのようなきわめて高度な芸術性をもつ作家はそれほど複雑な多重志向性を用いるのであろうか？　なぜ五重以上の多重志向性をもつ文章が、われわれのほとんどがそれを必要としていないにもかかわらず、存在するのだろうか？　ザンシャインは、それは、なぜボディー・ビルディングが存在するのかと同じ理由であると言う。

ボディー・ビルダーのもつ鋼の肉体ははたして日常生活で必要といえるだろうか？　いや、現代社会ではほとんど不要であろう。五重以上の多重志向性をすんなり理解できる能力も同じである。ではなぜボディービルはなくならないのかといえば、鍛えられた筋力はその人の秀でた能力のディスプレイとなるからだ。複雑な多重志向性を理解する能力についても同じことがいえるとザンシャインは言う。そのような複雑な小説を読めるということは、「心の理論」の能力が秀でていることのディスプレイとなるのだ。

2 「心の理論」と文学に関するその後の展開

ワーキングメモリと実行機能

『心を読みすぎる』[16]の中で前原由喜夫は「当初、心の理論は記憶や言語、一般的知能のような他の認知システムの影響からは比較的独立した、生得的でありモジュール的な、すなわち心を読むことに特化した認知システムだと考えられていた。（中略）しかし、一九九〇年代の後半から、ワーキングメモリや実行機能といった、心を読む能力専用ではない、汎用的な認知的情報処理システムが心の理論の発達に大きく関与していることを示す研究が蓄積されるようになってきた」と言っている。[17]

つまり当初は、他者が考えていることや感じていることを推測することが苦手な人は生まれつき「心の理論」の機能が弱いのだと考えられていた。そしてその「心の理論」の機能は、脳の他の機能とは「独立した、生得的でありモジュール的な」ものであるために、生まれつき自閉症的な傾向がある人が、生まれた後にこの機能を活性化させることは基本的には不可能であると考えられてきた。ちなみにモジュールとは、それぞれが個別の問題を解決するために独立して機能している小さなマシンのようなものである。

しかし前原が言うように、心の理論を機能させる際に、ワーキングメモリや実行機能といった機能も深くかかわっていることがその後の知見で明らかになった。つまり、他者が考えていることや感じていることを推測することが苦手な人がいたとして、それはその人の「心の理論」の機能が弱いせいなのか、あるいはワーキングメモリや実行機能という機能が弱いせいで「心の理論」がうまく機能しないせいなのかの判別がつきにくくなってきたのだ。

ワーキングメモリとは、前原によると「現在進行中の課題に必要な情報を頭の中に一時的に保存して、その情報をいつでも利用できる状態に「活性化」しておく短期記憶システム」である。[18] それは日常生活の中で様々な情報処理をする際に必要とされる機能で、コンピュータにおけるメモリに相当すると考えるとわかりやすい。あまりコンピュータに詳しくない人は、コンピュータに情報処理をさせる際に中心的な役割を担うのはCPU（中央処理装置）であると思いがちだが、メモリも同じくらい重要だ。コンピュータのメモリはよく机の上のスペースにたとえられる。コンピュータでいうとCPUにあたる脳がいくら素早く仕事を片付けていったとしても、机の上のスペースが小さければ、本や資料を置くスペースが不足し、その結果仕事は首尾よく進まなくなる。高性能なCPUを備えながら容量の少ないメモリを搭載しているパソコンにありがちなように、作業はハングアップして進まなくなる。

第一節で言及した自閉症のグランディンは「私は自分のワーキングメモリがひどいものであることを知っているが、それは高機能自閉症の人々によくみられるものである。われわれはマルチタスクが苦手だ。人の顔や名前を覚えるのも苦手。仕事の優先順位付けについては完全にお手上げだ」と自分のワーキングメモリ機能に著しい欠陥があることを認めている。[19]

次に、「心の理論」の機能に大きくかかわっているもう一つの機能である実行機能に話を移したい。前原は実行機能について以下のようにまとめている。

「また、ワーキングメモリは実行機能と連携して活動することが多い。実行機能とは目標志向行動を実現するための認知機能の総称であり、優勢反応の抑制や注意の柔軟な切り替えといった複数の下位プロセスから構成されている。その中でも「思わずやってしまいそうになる」反応を抑える能力、すなわち優勢反応抑制は最も重要な下位プロセスだと考えられてきた[20]。

「心の理論」と実行機能については、ジェイムズ・ラッセルらの研究で明らかになっている。ラッセルらは三歳児、四歳児、ダウン症児、そして自閉症者を対象に、チョコレートを用いた窓課題を使って、彼らが他者を欺くことができるかどうかを調べた。四歳児の多くが他者を欺くことに成功したのに対し、三歳児はほとんどが失敗した。そして自閉症者のほとんども三歳児同様に失敗した。その結果を受けてラッセルらは、三歳児と自閉症者が失敗したのは、相手を欺くための嘘の反応をし続けることが困難だったからだと考えた。この課題を成功させるためには、目の前で目立っているチョコレートへの反応を抑える必要があるが、三歳児と自閉症者にはそれがむずかしかったのだ[21]。目の前で目立っているチョコレートへの反応を抑制するために必要とされるのが実行機能なのである。

「心の理論」とは、他者が考えていることや感じていることを推測するために必要な機能であるが、他者が考えていることや感じていることを推測するためには、完全にその他者の立場に立つ必要がある。つまり自分の心的状態と他者の心的状態をうまく切り替える必要があるのだ。しかし普段は自分の心的状態の方が、その利用可能性が高いために、他者の心的状態よりも強く活性化されている。それで、自分の心的状態に固執してしまい、他者の心的状態にうまく切り替えることが困難になるという現象がしばしば起こってしまう。

たとえば、あなたの身内に不幸があり、大切な人を亡くしたとしよう。そんな中友人と会って話をしているときに、その友人が最近自分の身に起こった幸せなエピソードを次から次へと話してきたとする。あなたはそんな友人に対して複雑な思いを抱くだろう。もしかすると、少しばかり相手に対して嫌悪感を抱くかもしれない。しかし冷静に考えると、相手は、あなたの身内に不幸があったことを知らないわけで、あなたに対する悪意などこれっぽっちもなかったことがわかるはずだ。しかし身内の不幸というのは、あまりにもショックな出来事であるために、その情報は強く活性化される。そこで、相手の心的状況を正しく読み取ろうとすれば、「身内に不幸があった」という自分しか知らない情報の活性化を抑制する必要が出てくる。それこそが優勢反応抑制、つまり実行機能の役割である。

この実行機能がうまく働かなければ、自分が知っている事実を他者も知っている前提で、他者の心的状態を推測することになってしまう。その結果、完全に他者の心的状態を読み違えてしまうことになる。自分の知識が他者の心的状態の推測を歪めてしまう数々の現象は「知識の呪縛」（"Curse of Knowledge"）と総称されているが、前原は「知らず知らずのうちに自分の心の状態を極端なほど相手に投影してしまい、「あなたの心は分かりきっている」と思い込んでいる状態」を「心の読みすぎ」と名付け、これこそが他者とのコミュニケーションにおける大きな落とし穴だと指摘している。[22] つまり「心の読みすぎ」という状態は、その文字どおりの意味とは逆に、実はまったく相手の心が読めていない状態のことなのだ。この現象は、相手の心的状態を推測する際に、そこに自分の心の状態という余分なものをも読み込みすぎていることから起こるのである。

フィクションを読むとはどういうことか

『頭の中を覗く――認知科学がポップカルチャーについて教えてくれること』（*Getting Inside Your Head: What Cognitive Science Can Tell Us about Popular Culture*）[23] の中でザンシャインは、「朝目覚めてからずっと何かを見ることを止められないのと同様に、人は起きている間マインドリーディングの機能を停止させることはできないのだ」と言う。[24] 彼女によると、われわれ人間は「貪欲なマインドリーダー」なのだ。ザンシャインによると、フィクションを読むとは、登場人物、作者、そして自分自身の三者に何らかの心的状態を帰属させることである。「心の理論」はもともと他者の思考や感情を推測するために進化してきた。フィクションの世界は現実の世界とは違って、作者によってつくりあげられた世界である。そこに現実の世界の「心の理論」の概念を持ち込んでよいのだろうか。この点に関してザンシャインは次のように言っている。「(前略) あるレベルにおいて我々のマインドリーディング適応機能は、現実の人々の心的状態とフィクションの世界の登場人物の心的状態を区別できない。フィクションの物語は飢えた心の理論の空腹を満たしてくれる(25)」。

フィクションの世界に現実の世界で有効なものの見方を持ち込むことについては、少々違和感をもってしまう人もいるかもしれない。しかし実のところ、文学批評の歴史においては、このことは何ら珍しいことではない。作品を解釈する際に、精神分析やポスト構造主義を使ったり、フェミニズムやポストコロニアリズムを使ったりすることは当たり前のように行われてきた。多くの人々が読んでいる有名な文学作品には、生物学的にも説得力をもちうる豊かな人間性が描かれているはずだという前提があるからである。

「透明化された体」

『なぜ我々はフィクションを読むのか』の中で、ザンシャインは様々な小説がわれわれのマインドリーディング機能をもてあそび不安定にさせてしまうメカニズムを示した。小説の中では、語り手も含めて様々な登場人物が様々な情報を提供するが、それぞれの情報が真実かどうかを判断するために読者は絶え間ないマインドリーディングをすることになる。しかしそういったマインドリーディングは不確実な危ういものになりがちである。登場人物たちは、互いの心的状態を自分の有利なように操ろうとするし、語り手は読者の心的状態を操ろうとする。稚拙なマインドリーダーはいともたやすく語り手の術中にはまってしまい、語り手にうまくコントロールされてしまいかねない。

『なぜ我々はフィクションを読むのか』の出版から六年後に書かれた『頭の中を覗く』では、ザンシャインは前作とは対照的にマインドリーディングの確実さに注目している。そしてその手がかりとしてボディーランゲージに光を当てている。彼女は「透明化された体」（"Embodied Transparency"）という自らつくった概念を使って、いかに貪欲なマインドリーダーである人間が、様々な手がかりをもとにして他者の心を読んでいるのかを示している。「透明化された体」についてザンシャインはこう語っている。

「私は、フィクションの物語における、ある瞬間を言い表すための特別な用語を考えた。その瞬間とは、特に登場人物たちが自分の感情を他者から隠そうとしている時に、彼らのボディーランゲージが意図せず彼らの感情を裏切る瞬間のことである。（中略）私はそれを「透明化された体」と呼ぶ。（中略）「透明化された体」の例は、我々の日常生活では多くは手に入らず、ごくまれにしか手に入らないものを提供してくれる。それは、複雑な社会状況の中における、完全に他者の心を読むという経験である」。[26]

ここでザンシャインは、「登場人物たちが自分の感情を他者から隠そうとしている時に、彼らのボディーランゲージが意図せず彼らの感情を裏切る瞬間」のことを「透明化された体」と呼んでいる。「透明化された体」という表現がやや誤解を生みかねない表現なので、ここでこの概念について明確に定義しておきたい。先の引用でザンシャインが言うように、「登場人物たちが自分の感情を他者から隠そうとしている時」にこの「透明化された体」という瞬間が訪れる。つまり、この現象には、ある人物が自分の真の感情を他者から隠そうとしているという状況が前提となっている。

われわれにとって、巧みに言葉を操って、嘘をつき自分の真の感情を隠すことは比較的簡単だ（Eメールの文面だけであれば、相手に自分の性別について嘘を信じ込ませることも簡単である）。しかし言葉上では巧みに嘘をついて自分の真の感情を隠し通せたとしても、われわれの体がその嘘を露呈させてしまうことはよくある。Eメールの文面では勇ましかった人物が、実際に会ってみると、おどおどしていたり、妙にぎこちない動作を繰り返していたりすると、Ｅメールの内容自体に疑問が生じてくる。ザンシャインの言う「透明化された体」とはそういう現象のことであり、自分の真意を隠している人物が、思わぬボディーランゲージの裏切りにより、隠していた真意を露呈させてしまう瞬間のことなのだ。

ある人が「透明化された体」を見せた瞬間、その人の心の動きは完全にあらわとなる。話の最中にあくびをすると、その人が退屈をしているということがあらわになってしまう。普段われわれは、自分が退屈をしているということを相手になるべく見せないようにする。相手との関係が悪化することを恐れるからだ。われわれが自分の心が透明になってしまうことを恐れるのは、それがしばしば人間関係における大きな不利を意味するからだ。自分が相手のことを退屈だと思っていることがばれてしまうと、相手は自分のことを大切だと思ってくれなくなるかもしれない。そうなると不利益を被るのは自分だ。それゆえに、社会的動物として人間は他者の心を読むように進化してきたが、同時に他者から心の内を読まれないようにも進化してきた。

ザンシャインは、「透明化された体」は現実の生活ではめったに見られないし、見られたとしてもあまり興味を起こさせるものとはならないので、小説や映画などにおける「透明化された体」の方が研究対象としてははるかに興味深いと言い(27)、その理由を次のように述べている。「ある物語がフィクションであると分類されると（中略）その物語は、その背後に特定の心が存在している物語だと認識されることになる。その心とは、その作者の心である。（中略）このことはその物語に出てくる人物の心を理解しやすいものとさせる(28)」。

現実の世界において人々は互いに、相手の意図を読み取ろうとし、自分の意図を隠そうとするので、「透明化された体」はそう頻繁には見られない。しかし小説や映画の世界においては、作者が物語をつくっており、その物語全体に作者の意図が働いている。物語をうまく機能させるために、作者は意図的に、現実にはありえないような顕著なやり方で「透明化された体」を描くのである。そういう理由で、フィクションの世界には、わかりやすい形の「透明化された体」の事例が多くみられるのである。

「透明化された体」の三つの特徴

フィクションにみられる「透明化された体」には三つの特徴があるとザンシャインは言う。[29] 一つ目は「コントラスト」（"Contrast"）だ。作者は、ある人物の透明性を目立たせるために他の人物を少々不透明にさせる。あるいは、その同じ人物の過去の不透明さとのコントラストをつくることにより現在の透明性を目立たせたりもする。このように透明性にコントラストをつけることにより、「透明化された体」をわかりやすくさせるのだ。

コナン・ドイルの名探偵シャーロック・ホームズを例にとろう。ホームズは相手の心を読む名手であり、彼が考えていることは常に読者の上手をいく。それでわれわれはホームズが謎解きをしたときに感心させられることになる。ホームズは天才的な心の読み手であるが、自分の本心をめったに外に出さない術も心得ている。それに比べ、彼の助手のワトソンはホームズに度々「透明化された体」をさらけ出してしまう。悪役である多くの犯罪者たちもやはりホームズの前では「透明化された体」をさらけ出してしまう。ホームズとワトソン、あるいはホームズと犯罪者の間には心の読みやすさのコントラストがみられる。それによって読者は、物語に出てきた「透明化された体」に気づきやすくなるのだ。

二つ目は「一時的であること」（"Transience"）だ。「透明化された体」がより信憑性のあるものとなるには、その出現が一時的である必要がある。ザンシャインが出している例を紹介すると、ある女性がネズミを見て一瞬飛び跳ねたとしたら、それは明らかな「透明化された体」の例といえる。しかしその状態が長く続く、もしくはそれが頻繁に起こるようであれば、それは不自然な反応となり、もはや透明ではなくなってしまう。もしかすると、その不自然な反応には、彼女が周囲の人々に、自分をか弱い女性として見てもらいたいといった別の意図が働いている可能性が出てくるのだ。

三つ目は「抑制的であること」（"Restraint"）だ。小説に出てくる人物は現実にいる人間同様、しばしば自らの感情を隠そうと骨を折るものだ。それゆえ、もしある人物がうっかり「透明化された体」をさらけ出すようなことがあったとしても、それは抑制的なものとなるはずだ。つまり抑制的に出された「透明化された体」には信憑性がある。これは二つ目の「一時的であること」と似ているが、その違いは「透明化された体」をさらけ出してしまう本人がその感情を抑制しようとしているかどうかという点だ。

信用できない語り手

文学研究において「語りの手法」は中心的な研究課題の一つである。神の視点から俯瞰的に物語を語る三人称の語りは一般的であるが、ある特定の個人が主観的に物語を語る一人称の語りもある。一人称の語りにおける興味深い問題が、「信用できない語り手」問題だ。語り手があまりに主観的な語りをしていると、彼の語る内容が恣意的に事実を歪曲したものである可能性が高くなる。そうなると読者は何を信じていいのかわからなくなる。物語を知る唯一のソースである語り手が誤った情報を与えることにより、読者が騙されてしまうという現象が起こることになる。

そういうとき、読者がとれる態度は大きく二つに分かれる。一つ目は、その主観的な語りをそのまま信じようとする態度だ。そしてもう一つは、その主観に強く影響されている語り手のバイアスをできる限り除去して、その語り手の影響を受ける前の出来事を推測しようとする態度だ。これは語り手に忠実な態度をとるか、批判的な態度をとるかという問題でもあるが、当然その作家に忠誠心をもっている読者は忠実な態度をとる傾向が強い。その作者にそれほど忠誠心をもっていない読者は、語り手の主観バイアスを取り除いた出来事を読み取ろうとするだろう。これが、読者が小説やエッセイを読む際に、最初に読んだときと、二度目あるいは三度目に読むときの印象の差を生んでいる可能性がある。語り手への態度が変わると、作品の読み方が大きく異なってくるわけである。

現代アメリカ作家であるJ・D・サリンジャーの代表作『ライ麦畑でつかまえて』[30]（*The Catcher in the Rye*）は主人公ホールデン・コールフィールドによる一人称の語りによって物語が展開していく。物語の内容は、通っていた高校を成績不良のために退学になってしまったホールデンが、ニューヨークの街を放浪しながら様々な人々と会い、最終的にある種のカタルシスへといたるものとなっている。はじめて『ライ麦畑』を読んだとき、私は、ホールデンを、無垢の世界の代表者であり、インチキな社会の中で孤軍奮闘する英雄的な少年としてみていた。小説を最初に読むときは、たいていその語り手に忠実な態度を取ろうとするものだが、最初は私も、語り手ホールデンが主張するとおりに、彼が正義であり、周りの世界は悪だと信じていたのだ。そうなると、彼の語りを疑う気持ちはなくなり、彼の言葉すべてを額面どおりに受け取るようになる。しかし作品を二度目、三度目と読んでいくにつれ、少々事情が変わってくる。ホールデンの行動に首尾一貫しないところがあることに気づきはじめるのだ。彼の様々な言動や彼の考え方に明らかに矛盾があることに気づくようになる。そうなると彼の語る内容自体に疑念がわきはじめる。

一度疑念がわくと、次から次へとその疑念は広がっていく。そして批判的に語り手の一言一句を吟味しはじめる。これがまさにマインドリーディングだ。マインドリーディングをすることにより、彼の語る内容のどこまでが事実でどこまでが主観なのか（完全に分離するのは不可能であろうが）、その境目が徐々にわかってくるようになる。

3　『ライ麦畑でつかまえて』における「心の理論」

『ライ麦畑』にみられる「心の読みすぎ」

『ライ麦畑』には主人公ホールデンがとても気になっている二人の女性が描かれている。ジェーン・ギャラハーとサリー・ヘイズだ。どちらも魅力的な女性で、周りの男性たちから人気がある。もちろんホールデンも彼女たちのことをとても魅力的だと感じている。この二人とホールデンとのやりとりに注目して、そこに、前原が言う「心の読みすぎ」という現象や、ザンシャインの言う「透明化された体」の事例がみられることを示したい。

まずはジェーンとホールデンの関係に注目したい。ジェーンはホールデンの家の隣に住んでいて、おととしの夏にホールデンととても仲良くなった。その後引っ越してしまったジェーンとは長らく連絡をとっていなかったホールデンが久々にその名前を聞いたのは、高校の寮のルームメイトであるストラドレイターからだった。ストラドレイターは、背が高くマッチョでハンサムなバスケットボールの選手だ。

ホールデンが退学処分となったために寮を去ろうとしていたとき、ストラドレイターがドライブデートに行く準備をするために寮の自分の部屋に戻ってきた。そしてそのデートの相手が偶然にもジェーンだったのだ。ホールデンはストラドレイターに、彼女によろしく伝えてくれと言う。そしてジェーンに関するあるエピソードをストラドレイターに話す。それは彼女がホールデンの家の隣に住んでいた頃に、血がつながっていない父親から性的な虐待を受けていたのではないかという疑いだ。その根拠は、その義理の父親が家の中ではよく彼女がいる前で裸でいたということ、そしてある日ジェーンが、ホールデンと遊んでいるときに、彼女を呼びに来たその父親を無視し、そのすぐ後にホールデンの前で涙を流していたことであった。

ジェーンは、ホールデンの家の隣に住んでいた当時、ホールデンとよくチェッカーというゲームをして遊んでいた。彼女は決まってチェッカーをするときに、キングをすべて自分側の一番奥に並べていた。ホールデンはこれを、彼女が外部の性的な攻撃から自分を守ろうとしていることの表れだと考えていた。ストラドレイターがジェーンとのドライブデートのための支度をしているときに、ホールデンはストラドレイターに、ジェーンが今でもキングをすべて一番奥に並べているのかどうか聞いておいてくれと言う。性的に積極的で、デートの相手をことごとく車の中で落とすことに成功しているハンサムでマッチョなストラドレイターに、彼女が性的に控えめな女の子だとわかってもらおうとしたのだ。

ストラドレイターがデートに出かけた後、ホールデンはどんどん落ち着かなくなっていく。そして夜遅くにストラドレイターがデートから帰ってきたとき、ホールデンは自分がその時間まで何をしていたのか思い出すことができないほどまでに動揺していた。

「俺がよろしく言ってたって、彼女に言ったか?」と尋ねた。

「ああ」

嘘つけ、このクソ野郎が。

「彼女は何て言ってた? まだキングを全て一番奥の列に並べてるのかどうか聞いたか?」

「そんなこと聞くわけないだろ。俺たちが一晩中何をしてたと思ってるんだ? チェッカーでもしてたと思ってるのか?」

僕は返事もしなかった。本当に奴のことが憎たらしかった。(31)

この後、ホールデンはストラドレイターに殴りかかる。二人は取っ組み合いながら床の上を転げまわるが、気がつくと、筋骨隆々のストラドレイターがホールデンを床に押さえつけていた。押さえつけられたホールデンは、ストラドレイターに向かって、ジェーンに対する思いやりのなさを非難する言葉を浴びせる。

お前はやりたい女なら誰とだってやっていいと思ってるんだろうと言ってやった。その相手がキングを全て一番奥の列に並べていようがいまいが気にしないんだと言ってやった。そんなことを気にしない理由は、お前がとんでもない低能野郎だからだと言ってやったんだ。(32)

このジェーンをめぐるホールデンとストラドレイターのやりとりの中で、様々なミスコミュニケーションが起こっている。まずホールデンが、「今でもキングを全て一番奥に置くのかどうか」ジェーンに聞いておいてくれとストラドレイターに頼んだ理由はやはり、ジェーンが性的に控えめな女の子であることを伝えるためだったことが先の引用箇所からわかる。しかしストラドレイターにはその意図はまったく伝わっておらず、「俺たちが一晩中何をしてたと思ってるんだ？　チェッカーでもしてたと思ってるのか？」と彼は言う。彼はジェーンがキングを一番奥に置いていたという話を、単なるチェッカーの話としか捉えていない。しかしホールデンは、それを理解できなかったストラドレイターに不満をあらわにしている。そしてそれを理解できなかったのは、彼が「低能野郎だからだ」とホールデンは言う。

この二人のミスコミュニケーションの原因はホールデンにある。彼は他者とのコミュニケーションをとる際に困難さを抱えており、自分が知っていることは当然相手も知っており、自分が感じていることは当然相手も同じように感じているはずだと決めつけてしまう癖がある。キングをすべて一番奥に並べることは本当に性的に控えめであることを意味しているのだろうか？　それは彼の思い込みに過ぎないのではないだろうか？　もし仮にその解釈が正しいとしても、彼女がホールデンとチェッカーをしていたのはおととしの夏のことである。ジェーンがそれ以降もずっと性的に控えめであり続けたと考えるのはあきらかにホールデンの思い込み以外の何物でもない。

実際、それがホールデンの思い込みに過ぎないのではないかと考えられる根拠がある。まずジェーンは、ハンサムでマッチョな性的魅力溢れるストラドレイターと夜遅くにドライブデートに行くという決断をしている。無理やりデートに連れていかれたわけではない。性的に控えめな女性がストラドレイターみたいな女たらしと夜遅くにドライブデートに行くだろうか。

この場面以外でも、彼女がホールデンが思うような性的に控えめな女性ではないことを示す証拠がある。ジェーンがホールデンの隣の家から引っ越した後で、ホールデンは一度だけ彼女がデートをしているところを見たことがあった。その時、ジェーンと一緒にいたのが、アル・パイクという男だった。ホールデンに言わせると、「彼はいつもスイミングプールをぶらぶらしていた。彼はぴったりフィットした白いスイミングトランクスを穿いていて、いつも高飛び込みをやっていた。（中略）筋肉が全て、脳みそはゼロってタイプの男だ(33)」。なぜジェーンがそんな「筋肉が全てで脳みそゼロ」のアル・パイクとデートしているのかホールデンは理解に苦しむことになる。「よくアル・パイクみたいなナルシストとデートできるね」と言ったホールデンに対して、ジェーンはアル・パイクはナルシストなどではないと反論する(34)。

ここには前原が言う「心の読みすぎ」現象がみられるのではないだろうか。このアル・パイクというマッチョな男をジェーンが好きだったということと、後にストラドレイターというマッチョでハンサムな男とジェーンが夜遅くのドライブデートに行くことを客観的に考え合わせれば、ジェーンはホールデンが思っているような性的に控えめな女性ではなく、むしろ積極的にマッチョでハンサムな男にひかれるタイプの女性であると判断する方が理に適っている。にもかかわらず、ホールデンは自分の頭の中でつくりあげた性的に控えめなジェーンというイメージを捨てることができないのだ。その結果ストラドレイターと大喧嘩をし、最後には殴り合いのケンカをすることになる。このミスコミュニケーションはすべてホールデンの「心の読みすぎ」が原因であるといえる。彼は自分の知識や感情をもとにして他人の気持ちを推測しているのだ。

『ライ麦畑』にみられる「透明化された体」

次に、サリーとホールデンとのやりとりに注目し、そこに描かれているホールデンの言動をマインドリーディングし、その言動が、「透明化された体」、つまり思わず出てしまった本当の感情の表出なのか、それとも何らかの意図をもった偽の感情の表出なのかを明らかにしたい。

ホールデンはサリーに対して相反する二つの感情をあわせもっている。たとえば、彼はサリーと演劇を観るために待ち合わせ場所へ向かうのだが、その途中でサリーと会うのが苦痛になっている自分がいることに気づく。しかし彼はサリーと会った途端急激に心変わりする。「おかしな話だけど、彼女の姿を見た途端、彼女と結婚したくなったんだ。僕は頭がおかしいんだろうな。それまでは彼女のことなんか大して好きでもなかったんだ[35]」。

激しい抱擁が終わった時、彼女のことを愛しているとかそれらしいことを言ったんだ。もちろん嘘だけどね。でも困ったことに、それを言った時は僕は本気だったんだ。頭がおかしいんだよ、きっと[36]。

この場面におけるホールデンの「激しい抱擁」という行為であるが、これは「透明化された体」といえるのだろうか？　この「激しい抱擁」の後ホールデンはサリーに「愛している」と言うのだが、それが本心かどうか判別するのはむずかしい。なぜならその直後に、ホールデンが、愛しているという言葉は嘘だが、その時は本当だったというあいまいなことを言っているからだ。しかしザンシャインの「透明化された体」の三つの特徴を思い返すと、この「激しい」という言葉が気になってくる。この大げさな行為は、三つ目の特徴「抑制的であること」という特徴に反しているように思われる。「激しい抱擁」という不自然に過度な愛情表現は、偽りの感情の表出ではないかと思われる。

演劇を観終わった二人は、ラジオ・シティーへアイススケートをしに行くことになる。しかし二人ともスケートがへたくそで、まったく様にならない。それでホールデンはバーでお酒でも飲もうとサリーを誘う。「僕は煙草をすすめたけど、彼女はあまり楽しそうな様子じゃないんだ[37]」。サリーが楽しそうではないと感じて、ホールデンはしだいにイライラしはじめる。

それから何となくマッチを擦り始めたんだ。僕は、ある気分になると、かなり頻繁にこれをやっちゃうんだ。それ以上持てなくなるまで燃えるままに任せておいて、それから灰皿に落とすんだ。イライラした癖だよな。

その時突然、思いがけなく、サリーの奴が言った。「ねえ、聞きたいんだけど、クリスマス・イブにツリーの飾りつけをするのを手伝いに家まで来てくれるの？　くれないの？　どうなのよ？」彼女は、スケートをしていた時に痛めた足首のことでまだふてくされていたんだと思うんだ。「行くって、手紙で返事したじゃないか。その質問をもう数十回も繰り返してるぜ。本当に[38]」。

この次から次へとマッチを擦るという行為は「透明化された体」なのだろうか？　ホールデンはこの行為を「ある気分になったときに自分がやってしまう癖」だと言っている。癖は普通無意識的なものであるが、ここでもホールデンは無意識的にマッチを擦るという行為をしている。これが無意識的な行為であるとわかる理由は、ホールデンが、サリーがふてくされた理由を、スケートで足首を痛めたためであると考えているところにある。ここでサリーがふてくされているのは、間違いなく、デートの最中にマッチを擦るというイライラしたときにする癖をホールデンが始めたせいだ。普通デート中に相手にこんなことをされるとたまったものではない。なのにホールデンはそのことに気づいていない。もし気づいていたら、わざわざサリーを怒らせるようなことをするはずがない。つまりホールデンのこの行為は、何らかの意図をもった意識的なものではなく、無意識的に思わず出てしまった感情の表出だったと考えられる。以上の理由から、この行為は「透明化された体」ではないかと考えられる。

　この後ホールデンは「今僕がニューヨークにいる唯一の理由は、たぶん君がここにいるからなんだ。君がいなきゃ、どこか他の場所に移ってるよ。今頃どこかとてつもなく遠く離れた場所にいるだろうな」とサリーに好意をもっていることを打ち明けるが、おそらく読者はもうこの言葉をまともに受け取りはしないはずだ。ホールデンはこれまで何度もサリーについて、普段は好意をもっていないが、実際に彼女を目の前にすると、恋をしている気分になると言っていた。「透明化された体」は一時的なもので抑制的なものでなければならないとザンシャインは指摘していたが、先ほど言及した「激しい抱擁」も含め、あまりにも何度も相手に好意をみせつけてきたホールデンの言葉をまともに受けるのはむずかしい。おそらくサリーも同じことを感じていたはずだ。「「素敵なことを言ってくれるのね」と彼女は言った。でも僕に話題を変えてもらいたがってることが分かるんだ[39]」。

このやりとりで興味深いのは、サリー自身もホールデンの好意を真剣に受け取っていないことである。われわれ読者からは、ホールデンがサリーに対して本当の好意をもっていないことを知ることは容易だ。なぜならホールデンによる一人称の語りの中で、何度も何度も彼は、サリーを好きではないが彼女を目の前にすると好きな気分になってしまうという、サリーに対する相反する感情を吐露しているからだ。しかし先の引用から、ホールデンによる一人称の語りを聞く機会がないはずのサリーが、ホールデンの過度な愛情表現を偽りのものであると感じていることがわかる。サリーもおそらくマインドリーディングをしていて、ホールデンの愛情表現が誠実なものではないと感じたのであろう。

自閉症文学としての『ライ麦畑』

アメリカ文学のジャンルの中に自閉症文学というジャンルは存在しないが、もし自閉症文学というジャンルがあるとすれば、『ライ麦畑』はそのジャンルにぴったり当てはまるのではないだろうか。主人公ホールデンは、周りの人々とうまくコミュニケーションがとれない。それでも何とかうまくコミュニケーションをとろうともがくのであるが、最後までその努力が報われることはない。

この作品のエンディングでは、ある種のカタルシスのような場面が描かれている。ずっと子供たちの無垢を守る「ライ麦畑の捕らえ人」になろうとしていたホールデンが、「落ちる時は落ちるんだ、子供たちに何かを言ったりしてはいけないんだ」ということを悟り、子供たちの無垢を守る「ライ麦畑の捕らえ人」になることをあきらめる場面である。(40) この場面で、ホールデンに明らかに変化が起こっている。「落ちる時は落ちるんだ」という言葉は、彼が今まで必死でしがみついていたものを解き放つ準備ができていることを意味している。

この「今までしがみついてきたものからの解放」には、実は周りの人々とのコミュニケーションからの解放も含まれているのではないだろうか。彼は必死で周りの人々とコミュニケーションをとろうとしてきたが、最後までうまくコミュニケーションをとることはできなかった。そこで、周囲とうまくコミュニケーションしなければならないという考えから自らを解放してもいいと思いいたったのかもしれない。

そう考えると、『ライ麦畑』は、周囲とのコミュニケーションをとろうとしてもとれなかった若者が、コミュニケーションをとることをあきらめ、自らの世界の中で生きていくことを決意した物語といえるのかもしれない。そして、このメッセージが、この作品が生まれた二〇世紀半ばの新しい時代の若者たちの心に響いたのかもしれない。さらにいうと、このメッセージこそが、現代においてもなおこの物語が読者に古臭さを感じさせない理由なのかもしれない。

＊

本稿では、まず「心の理論」という概念を簡単に説明し、そして文学において「心の理論」はどういう意味をもっているのかについてまとめた。それから、「心の読みすぎ」という現象と「透明化された体」という概念に注目し、サリンジャーの代表作『ライ麦畑』において、「心の読みすぎ」現象や「透明化された体」の事例がみられることを示した。

人はなぜ文学を読むのだろう。今現在最も有力だと考えられる説はシミュレーション説だ。小説を読んでいるとき、われわれの脳はその各場面で「もし自分だったら、この場面でどういう行動をとるだろうか」というシミュレーションをしている。そうすることにより、実際に現実世界でそれと同じような場面に出会ったときに、より間違いのない選択肢をとることができる。

ザンシャインは、それに加えて、マインドリーディングすること自体が目的化してしまっていると言う。われわれは自然淘汰、性淘汰のプロセスで、他者より優位に立つためにマインドリーディングという能力を進化させたのだが、その過程で他者の心を読むこと自体に人は喜びを感じるようになったというのだ。

文学はマインドリーディングをするための材料であふれている。登場人物同士が互いに相手の心を読み合い、互いの心的状態を自分の有利なように操ろうとする。また語り手は読者の心的状態を操り、ある特定の解釈に導こうとする。それだけではない。語り手の向こうには作者がいる。作者もやはりある意図をもって、語り手に自らの意図に沿うように語らせているのだ。

文学研究は、「心の理論」のさらなる解明により、飛躍的に新たな方向へと進展する可能性がある。そしてまた、文学における新たな知見が、「心の理論」の解明や、自閉症者の問題解決に寄与することができるかもしれない。

ブックガイド

ここでは、本章とも関連があり興味深い視座を与えてくれる書籍を紹介する。

Zunshine, Lisa. *Getting Inside Your Head: What Cognitive Science Can Tell Us about Popular Culture.* (Baltimore: The Johns Hopkins University Press, 2012.)

「心の理論」における様々な知見を用いて、映画、絵画、小説などをとりあげ、独創的な解釈を行っている。認知科学とカルチュラル・スタディーズを組み合わせた学際的な研究は興味深く生産的な内容となっている。

子安増生『心の理論』（岩波書店、二〇〇〇年）

「心の理論」という概念がいかに誕生し、その後どのような研究プロセスを経たのか、わかりやすく解説されている。「動物の心」から、今話題のＡＩのような「機械の心」をトピックにし、興味深い内容となっている。

前原由喜夫『心を読みすぎる――心の理論を支えるワーキングメモリの心理学』（京都大学学術出版会、二〇一四年）

ワーキングメモリや実行機能が「心の理論」の機能と密接にかかわっているという新たな知見から、実証的データをもとに、なぜわれわれは「心の読みすぎ」と呼ばれる他人の心を読み違えてしまう過ちを犯してしまうのかを明らかにしている。

コラム07

自閉症断想
——自我の基礎構造と精神疾患

那須政玄

「狂気は、個人においてはめったに現れない。……」
——ニーチェ『善悪の彼岸』(156)

この頃「発達障害」という言葉がよく聞かれる。発達とは、人間が生きていくために、自分勝手なあり方を抑制して、「社会」の中で生きていく術を身につけていくことといえるであろう。社会に向かって個人は自己形成(発達)を行うべきというのである。その意味では発達は、個人からすれば保守化であり、また社会の安定に寄与するものである。ハイデッガーは、われわれ人間の日常的あり方を、ダス・マン(das Man)という造語で表現しようとした。ダス・マン的生き方は、非個性的・非革新的であるが、同時に安心して生きていく可能性を与えてくれるあり方でもある。このダス・マン的あり方の安心性は、マジョリティーに起因し、またそれゆえ無批判に肯定されてしまう。だからそれは、「正常」ともなってしまう。

社会と自分との「関係」を形成することが困難な人がいる。その人は、社会を有機的に変化するものと捉えることができず、物(対象)的に捉えてしまう。

人間を定義して「言葉をもつ動物」、「理性的動物」あるいは「社会的動物」等々といわれる。蜂や蟻は社会生活を営む動物で見事な役割分担をもってコロニー(社会)を形成する。しかし彼らには人間と違ってコロニーの一員という意識はない。というのも彼らには個体の意識はなく、社会との一体感もない。人間が「社会的動物」といわれるのは、個体の意識をもち(これが知恵のはじまりである)、そのうえで社会とのかかわりをもつ動物であるからである。つまり人間においては、個体(個人)と社会とはすでに分離されてしまっているのであるから、個人がいかにして社会と「一致」していくかが、すなわち「発達」ということが最重要な事柄となるのである。

そもそも人間が自己意識をもつにいたるプロセスはどのようなものなのであろうか。それは「自分のうちに他者を認める」ことによってである。自分は自分であって自分のうちに他者などいない、と考えるのはきわめて日常的・常識的な考えである。動物が自我をもたないのは、動物は自然と一体となっていて自らのうちに他者をもつほどの自己分裂を行っていないからである。自然のゆりかごは動物に分裂を許さないほどに十分な包容力をもっている。人間は、「自分のうちに他者をもつ（認める）」からこそ、自己（自己意識）をもつのである。この「他者をもつ（認める）」とは、自己成立のための必要不可欠な契機として他者があるという意味であり、したがって自己の成立は同時に他者の成立であるという意味である。こうして「内なる他者」をもって成立する自我（自己）が、二次的に「外なる他者」を認めることができるようになるのである。人間において、自らのうちでの他者の誕生は、同時に自己（意識）の誕生でもある。

人間が自己意識をもったということは人間の存在の基礎的な指標である。つまり、自己がなければ人間であることはできないし、他者をもたない自己はそもそも自己ではない。

キルケゴールは『死に至る病』で、「人間は精神であり、精神は自己であり、さらには自己は自己自身にかかわる一つの関係である」と語る。「自己自身にかかわる関係」とは、自己のうちに関係し合う二つの自己があることを意味している。この二つの自己は今まで述べてきたように自己とそこから生じた他者とである。したがって自己と他者とは等根源的なのである。

ハイデッガーは、人間の基礎的あり方を「配慮」（Sorge）、そして「顧慮」（Fürsorge）とした。これらの用語は、人間は根源的に他者にかかわることによって存在することを言い表しており、配慮は物（対象）への、そして顧慮は他人へのかかわりを表している。もちろんハイデッガーは、配慮や顧慮によって日常性に埋没してしまっている人間のあり方（頽落存在：Verfallsein）を乗り越える人間の実存的あり方を求めるのであるが、ハイデッガーは『存在と時間』において「自己の自立性［実存的あり方］と非自立性［日常的あり方］」とは微妙に絡み合っている」とも語る。社会的動物でもある人間にとっては、実存的（本来的）あり方だけで生きることはできず、乗り越えられるべき配慮的あり方も必要なのである。「微妙に絡み合っている」とは、両者にはバランスが必要であるという意味である。自己のうちの「自己」と「他者」とは、自己全体を形成する二つの契機であるが、これらの契機はもともと危ういバランスにおいて関係し合っている。

人間を人間たらしめている自己意識は、自己が他者を生み出すことによって、つまり自己が「自己」と「他者」とに分裂することによって成立する。自己が「自己」と「他者」とのバランスの上に成り立っているといっても、もともと絶対的な均衡などありえない。両者の間には「強度」の違いがある。「自己」が強すぎると、「他者」が見えなくなり唯我独尊的な生き方の傾向を示す。また逆に「自己」が弱いと、「他者」に依存的になる。中井久夫は、『分裂病と人類』で、狩猟民族は分裂病的であるから「他者」への顧慮が希薄であり、また農耕民族は執着気質をもっているから「他者」依存的な傾向があると語る。もちろん人間は社会的動物であるということは事実であるし、そのかぎり多かれ少なかれ他者依存的にしか生きられない。ハイデッガーの「顧慮」(Fürsorge) もそのような意味で受け取らなければならない。だから人間は社会的動物でありつつも、「他者」への依存度には生活形態的にも、民族的にも、個人的にも相当の相違があると言わざるをえない。

筆者は精神疾患の分類は、「自己」と「他者」との強度の違いをもって可能となると考えていた。しかし、そもそも強度とはいかなることなのか、「自己」が強ければ同時に「他者」が弱くなるといった相対的関係をもって強度と言っていいのか、この強度をもって、分裂病(統合失調症)、うつ病、パラノイアさらには自閉症をどう説明したらよいのかわからなくなったのである。たとえば分裂病では発症初期には幻覚といった「他者」からの働きかけに悩み、慢性期になると「他者」を遮断するようになる。また分裂病の一つとされる離人症(Depersonalisation)は、かつて自分が生きていた平均的・常識的世界に戻れないことに悩む。自明性(あたりまえ)が失われてしまったからこそ、自明性など意識しなくても生きられた過去を、空しく憧れる。

「他者」への顧慮が少ないと、分裂病的(中井久夫は分裂病的傾向をもつ人を「S親和者」と呼ぶ）な傾向を示す。この傾向の者は他者への顧慮が希薄なるゆえ、他者への干渉も少なく、上下関係的社会構造を受容しない。

注意しなければならないことは、「自己」の強さは独裁者的・君主的強さではないことである。むしろ分裂病的傾向をもつ人は、自らを弱き者と認める。しかしその弱さは他者に対するものではなく、むしろ自然界の中での弱さである。狩猟民は、自らが狩る動物に対して自らが劣っていることを十分知っており、そういう状況の中で辛うじて狩猟を行っていたのである。したがって分裂病的気質の者の「自己」は他者を意識することによる強さではなく、むしろ他者を意識することが希薄で、それを強迫症的な「他者」依存的あり方と比べるならば、ある種の強さをもっているだけのことである。一方、他者依存的な強迫症的あり方は、弱い自己しかもっていないにもかかわらず、社会・倫理といった全体への志向を他者にも強制する強さをもっているのである。

分裂病にせよ自閉症にせよ、それ自身は強さも弱さももってはいない。ただそれらが社会（他者）を必要とすることが少ない点で、いわゆる強さをもっているのであるが、いったんマジョリティーとしての他者（としての社会）の干渉を受けると、たちまち弱さを露呈するのである。干渉を受けないことを自らのあり方としている者は、干渉に対してはまったく弱い。他者が世間あるいは社会（ハイデッガーの「ダス・マン」も）として強制力をもつものとなるのは、分裂病的気質の者から見た社会観である。

精神疾患の区分を、筆者はほとんど意味のないものと考えている。なぜなら精神疾患のほとんどは、マジョリティーとしての他者（ダス・マン）の干渉によって引き起こされるからである。しかし、ダス・マン的あり方も精神疾患の一つなのである。つまりわれわれ人間が自我をもつかぎり、人間だれもが精神疾患から逃れることはできないのである（これは可能性の問題であるのではなく、「つねにすでに」人間は精神疾患から逃れられてはいないのである）。中井は『分裂病と人類』で、かつて生き方の手本とされた二宮尊徳を執着気質の例として挙げながら、その倫理的〈強制の〉異常さを見事に描いている。

最後にカントの倫理学を考えながら精神疾患について考えてみよう。カントは倫理学を基礎づけようとした。つまり倫理の基礎を見出そうとした。倫理の基礎は、古代ギリシアにおいては自然（ピュシス）に、キリスト教中世においては神に求められた。近代は倫理の基礎は人間そのものに求められた。カントも近代という時代の制約の中で、倫理の基礎を人間以外のものに求めることはできなかった。それだから人間を分裂させて（すでに分裂している自我を前面に出して）、叡知界に生きる人間と現象界に生きる人間とに分離させて、前者が後者に対して命令すること（定言命法）をもって倫理学を成立させようとした。われわれが見てきたように一人の人間（自我）のうちに二つの自己があることは、カントにおいても同じなのである。

しかしカントにおいては、叡知的自己が圧倒的な優位にあり、現象的（欲望的）自己が低位におかれる。そうであるのは、倫理的あり方（個的あり方を後退させて、個を超える社会・倫理的あり方）を絶対的・根源的なことと考えるカント（執着気質的カント）がいるからである。

「倫理を求めること」がひとりカントのみならず、いかなる人間にとっても正当なことになってしまったことは古代ギリシア以来変わらない。執着気質的あり方をする者は、自分たちのあり方を反省することなしに、分裂病的あり方をする者に対して転向を求める。カントは自らの倫理的・執着気質的性格に気づいていないし、いわんやそういう自らを反省することなどない（このようなことの危うさを告発した代表者はニーチェである）。倫理をもって社会をそして人間を考えようとすることが、すでに決定的に偏向したあり方なのである。

自閉症を媒介にして人間をあるいは社会を考えようとする「自閉症研究」は、社会あるいは他者にあまり多くの関心をもたないという自閉症的あり方を、決定的な一つのあり方（存在）と考える。従来の執着気質的・倫理的な基盤の上に成立する人間観・社会観・世界観は、自閉症的現象（の研究）によって全面的に考え直されなければならないように思われる。

第8章

生物学

遺伝子変異と発生から解明する自閉症

大隅典子

▼▼▼この章を読む前に

いのちの始まりであるたった一個の受精卵から、一〇〇〇億個もの細胞により形成される脳はどのようにしてつくられるのだろう？　筆者は神経発生を専門とする生物学という立場から、高度な精神神経機能を営む中心である脳という臓器に興味をもって研究している。

究極に知りたいことは、「私たち人間の脳がどのようにつくられるのか」、そして「進化過程でどのように誕生したのか」、なのだが、研究対象としているのはラットやマウスなどの齧歯類。それは、脳や神経系ができあがるメカニズムを理解するうえでとても役に立つからだ。

たとえば、脳の構造と睡眠について知りたいと考えて、一〇〇人の高校生を集めて脳の画像検査を行うとともに、睡眠時間について答えてもらったとしよう。海馬という学習・記憶に重要な領域の容積と睡眠時間をグラフに表わし、相関係数を計算してみると、両者の間には比例関係が得られたとする。このとき「海馬容積と睡眠時間の間には正の相関関係が認められる」と結論づけることはできるが、「寝る子は育つ」、つまり「睡眠時間が長い（原因）生徒は、海馬が大きくなる（結果）」とはいえない。なぜなら、海馬の大きい（原因）生徒が、睡眠時間が長くなる（結果）かもしれないからだ。

そこで、本当に睡眠時間と海馬の大きさの間に「因果関係」があるかどうかを厳密に検証するために、基礎研究者はラットやマウスをモデルとして利用して動物実験を行う。たとえば、睡眠時間を減らしたマウスと、普通の睡眠時間のマウスをそれぞれ二〇匹ずつ用意し、脳の画像をマウス用の脳画像解析装置で撮影し、両者を比較する。もし、睡眠時間を減らしたマウス群の方が、通常の睡眠時間のマウスよりも海馬の容積が小さかったら、それは睡眠時間を減らしたことが原因であると推察できるだろう。

ラットやマウスを利用するのは、実験室で飼育しやすいことに加え、遺伝的背景が均一であるというメリットも大きい。ヒトはとても多様性に富み、遺伝的背景が不均一である。たとえば、同性で親戚でない他人同士の間には〇・一％、すなわち三〇〇万塩基対もの遺伝情報の違いがあるのだ。したがって、多様なヒトを対象にした研究を行う場合には、被験者が一〇〇人、一〇〇〇人いたとしても統計的に意味のある解析を行うことができないこともある。

私たちが実験動物を用いた研究を行うのは、このほかに、人為的に遺伝子改変を行った動物を利用できるというメリットもある。たとえば、疫学的な解析から、発がんにかかわりそうな候補遺伝子が見つかったとき、そのような候補遺伝子の働きをなくすようなトリック（遺伝子改変技術）を使って病態のモデル動物を作製し、候補遺伝子が原因かどうかを確かめることができる。これまでこのような病態モデル動物はマウスに限られていたが、ごく最近になって確立した新しい「ゲノム編集」の技術を駆使すれば、ラット（齧歯類としてはマウスより賢い）でも、マーモセット（非ヒト霊長類の中では小型で多産）でも、遺伝子改変を施すことが可能だ。

さらに、疾患のメカニズムを追求するためには、目的の臓器を詳しく調べなければならない。肝臓や腎臓の病気であれば、「バイオプシー」を行って、人体の臓器の一部を切り出して調べることも可能だが、実験動物の臓器をまるごと使った方が均一に多数の試料を得ることができる。まして、脳の病気に関しては、無傷の脳からバイオプシー試料を得るなんて、取る方も取られる方も嫌だろう。ただし、最先端研究として、皮膚などの細胞からｉＰＳ細胞をつくり、それを神経細胞に変えて病気のメカニズムを推測するような試みも行われている。

さて、筆者の専門は「神経発生学」である。この学問は、「脳の中で今、どのような営みが行われているか」ではなく、「どのようなプロセスを経て脳ができあがっていくか」について追求する。脳の発生の概略を述べるとすれば、①神経誘導、②神経管の領域化、③ニューロンの産生と移動、④神経回路形成、⑤グリア細胞の産生、⑥シナプスの精緻化と髄鞘形成というステップに分けられる。つまり、発生過程とは時間軸に沿ってカタチも機能も変化する４次元の現象である。もし交響曲の楽章に喩えるなら、それぞれの楽章ごとに一〇〇〇名を超える演奏者（遺伝子たち）がいて、調和のとれたハーモニーを奏でているような情景を想像してほしい。ただし、実際には、それぞれの楽章が独立しているのではなく、第一楽章の途中で第二楽章が始まり、第三楽章と第四楽章はかなりオーバーラップしているなど複雑だ（興味のある方は拙著『脳の誕生――発生・発達・進化の謎を解く』（ちくま新書）をお勧めする）。

さて、本書で扱う自閉スペクトラム症／自閉症スペクトラム障害（以下、ＡＳＤと表記）などは「神経発達障害」、もしくは略して「発達障害」と分類されているように、脳の発生・発達の過程に原因があると考えられている。脳の発生・発達は複雑精緻な過程なので、ちょっとした不具合が起きてもおかしくない。たとえば、発生・発達過程で働く分子たちを交響曲を奏でるオーケストラの団員だと考えてみよう。ヴァイオリン奏者の一人が少し音程を外したくらいでは交響曲全体に大きな影響はないが、第一ヴァイオリン全員の調律が悪かったら旋律は変わってしまう。フルートを吹く人が誰もいなかったら、その調べは違ったものに聞こえるだろう。ヴィオラの担当者の一人が休んでしまったときには、他の数名でカバーできるかもしれないが、一人でも重要なパートを担当するティンパニをたたく人がいないと、オーケストラはかなり困った状態に陥り、その楽曲は異なったものになる。

神経発生学者である私たちは、このようなオーケストラの団員それぞれが、どんな役割を担当しているか、どんなときに音を奏でるのか、どのような原因で調律が狂うのか、などについて研究している。本章はASDの学際的な理解に関して、生物学的立場から考察したい。なお、拙著『脳からみた自閉症――「障害」と「個性」のあいだ』（講談社ブルーバックス）も参照いただければ幸いである。

1　発達障害の増加？

近年、ASDをはじめとした発達障害の発症率が増加している(1)。米国のカナーやドイツのアスペルガーが独自に見出した症例を報告した一九四〇年代において、今日のASDに相当する小児の精神疾患はきわめて稀と思われており、一九七五年の時点でも五〇〇〇人に一人の頻度であった。ところが、米国疾患予防センターの報告では、二〇〇九年では一一〇人に一人、二〇一二年で八八人に一人、二〇一四年では六八人に一人にまで増加している（図8-1）。この急激な増加はなぜなのだろうか？

まず、診断基準の確立が挙げられる。たとえば、米国の精神疾患ガイドラインDSM-Ⅲ以前には知的障害と診断されていた児が、現在ではASDの診断基準に当てはまるというケースは少なくない。また、社会におけるASD等の発達障害に関する認知度が上がれば必然的に、専門医を受診する頻度が増えることになる。その帰結として、ASDと診断されるケースは増えると考えられる。注意欠陥多動性障害（ADHD）

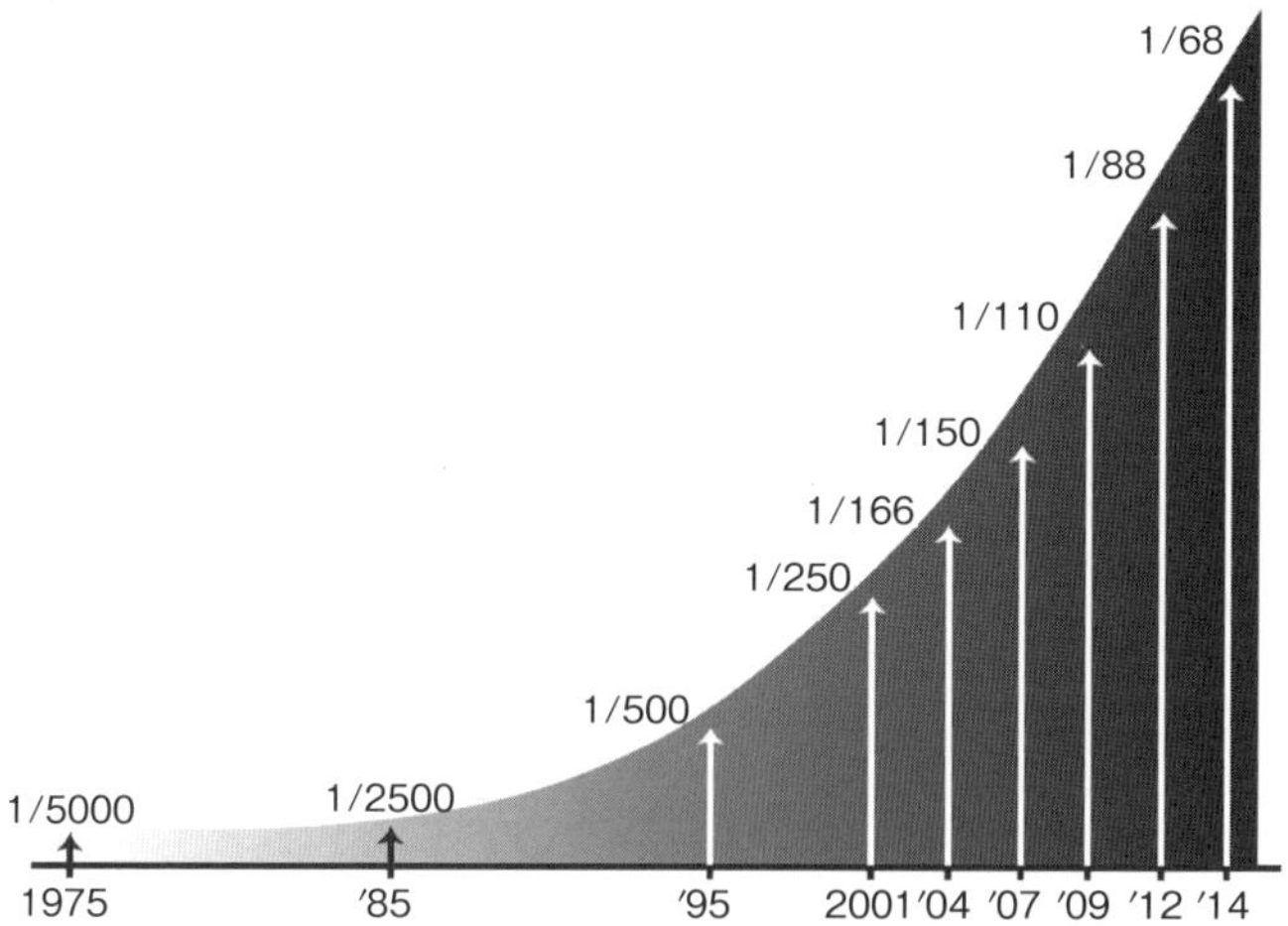

図 8-1　ASD の頻度の経年変化

等も同様だ。二〇一八年は日本放送協会が発達障害の特集TV番組をシリーズで放映したこともあって、わが国での認知度が格段に向上した。ここではASDを代表的な発達障害として取り上げる。

一九七〇年代より開始された双生児研究の結果、ASDには遺伝的要因が大きく関係することがわかった。一卵性双生児の片方がASD児であった場合、もう片方のきょうだいもASDであれば、遺伝的な影響が強いと考えることができる（これを専門用語では「遺伝一致率」と呼ぶ）。そこで次に、遺伝学的な解析により原因となる責任遺伝子（もしくはリスク遺伝子）を明らかにする研究が進展した。ここで遺伝学や遺伝子に馴染みのない方に補足すれば、「責任遺伝子」とは、その遺伝子を構成するDNA塩基配列の中の特定の塩基の違い（「遺伝子多型」と呼ばれることもある）と、疾患や症状（この場合にはASD）の間に有意な相関性がみられることを指す。けっしてASDの方のみが「リスク遺伝子Xをもつ」というようなイメージではない。強いていえば、ASDの方では「遺伝子Xの働きが健常者とやや異なる」ということを意味する。

米国でASD研究を支援しているサイモンズ財団のウェブサイト（https://www.sfari.org/）によれば、現時点でこのようなASDリスク遺伝子や関連遺伝子の数は千個を超えている。しかしながら、特定の遺伝子型と疾患・症状の関係が明瞭な「メンデル遺伝」に合致するケースは少なく、ASD等の発達障害には多因子が関与することは間違いない。その背景には、そもそも現在の診断基準（たとえばDSM-5）に照らしても、コア症状（コミュニケーションの障害とこだわりの強さ）以外の合併症状が個人個人で多彩であり、ASDが単一の疾患概念として捉えにくいこともあるだろう。

遺伝的背景があるとはいえ、ASDの急激な増加の原因として、集団遺伝学的な常識に則れば、たった半世紀の間に集団の中でリスク遺伝子型をもつ者が急激に増えたとは想定しがたい。したがって、発達障害増加の生物学的要因を探索することには大きな意味があると考えられる。

一九九八年に「小児のワクチン接種がASDの原因ではないか」という論文が英国の権威ある医学雑誌「ランセット」に掲載された。子どもの混合ワクチン接種の時期が、ちょうどASD児に認められる退行現象の現れるタイミングに近いこともあり、ASDの生物学的な環境要因として相応しいのではと考えられた。ワクチン接種が第二次世界大戦後に増加したことも、ASD増加との関係性を想像させた。ところがなんと実は、これはデータ改竄にもとづく研究不正だった。当該論文は二〇〇二年に撤回され、著者は医師免許を剥奪されている。残念ながら、いまだに信じている方もいるようなので、このような論文不正が社会にもたらす影響が大きいことを嘆かずにはいられない。

これまでの疫学研究ならびにモデル動物を用いた検証により、ASDの生物学的要因として確立されているものは、母体感染と母体の薬物暴露である。感染源としては風疹ウイルスやサイトメガロウイルスがよく知られたものである。ヒトの疫学的研究だけでなく、ウイルスの代わりにウイルスRNAと似た分子を用いた動物実験においても、母体への投与により胎仔大脳皮質の形成異常が生じ、ASD様の行動異常が再現されている。近年、風疹等に対するワクチン摂取を受けていない成人が増えていることは、重要な問題があると考えられる。

子どもにASDをもたらすことがほぼ確実とみられる妊娠期の薬物としては、抗てんかん薬のバルプロ酸、かつてマタニティーブルー治療のために投与されたサリドマイドや、環境ホルモンとして巷に知られるビスフェノールなどが挙げられる。母体感染については半世紀の間に増加したとは考えにくいが、薬物や環境ホルモンについては、二〇世紀前半に比して使用量は増えたと考えられるので、集団として考えた場合にこれらの化学物質に対する暴露リスクは高くなった可能性はあるだろう。

もう一つ、筆者が注目している生物学的要因として、両親の年齢の上昇がある。結婚年齢の上昇や生殖補助医療の増加に伴って、子どもをもつ男女の年齢は世界中で徐々に高くなっている。二〇〇六年に発表されたイスラエルで行われた調査研究では、両親の年齢がともにわかっている一三二、一六一名の集団についてASD発症の有無と両親の年齢との関係について解析した。その結果、受胎時に二九歳以下の父親からの子のASDリスクを1とした場合に、四〇歳代の父親の場合には五・六五倍になることがわかった[2]。

さらにその後、デンマーク、ノルウェー、スウェーデン、オーストラリアおよびイスラエルで実施された同様の調査をあわせて、複合的な「メタ解析」が為された。五、七六六、七九四名もの集団に対して、種々の補正を加えた解析を行った結果、二〇代の母親に対して、四〇代の母親の子どものASD発症リスクが一・一五倍であるのに対し、四〇歳代の父親は二〇代の父親よりも子どものASD発症リスクが一・二八倍、五〇代以降の父親では一・六六倍に上昇することがわかった[3]（表8-1）。つまり、母よりも父の加齢の方が子どものASD発症に影響するとみなすことができる。

父加齢の影響はＡＳＤだけではなく、統合失調症、若年発症の双極性障害（躁鬱病）、低ＩＱ、成人の社会性異常にも認められるという報告がある。わが国における類似のデータとしては、浜松医科大学のグループが行った追跡調査研究が二〇一六年に国際的な疫学雑誌に報告されている。それによれば、発達遅延が認められるグループでは、父加齢の影響が有意に認められる。今後、他の精神疾患に関しても、父加齢の影響に関して、大規模なメタ解析が必要であろう。

表8-1　両親の年齢とASDリスクとの関係

親の年齢	母側のリスク	父側のリスク
＜20歳	1.18（1.08-1.29）	1.08（0.92-1.27）
20-29歳	1	1
30-39歳	0.98（0.95-1.01）	1.05（1.02-1.08）
40-49歳	1.15（1.06-1.24）	1.28（1.22-1.34）
50歳＜	N. D.	1.66（1.49-1.85）

出所：Sandin et al.（2015）[3] より作成

2　精子の *de novo* 変異とメチル化に対する父加齢の影響

上記の父加齢による自閉症リスク増加の原因として真っ先に考えられるのは、精子における新たな（*de novo* の）遺伝子変異の増加である。*de novo* の変異では、生殖細胞の形成過程において生じるＤＮＡのコピーミスが原因となる。すると、親の体の細胞には認められない遺伝子変異が生殖細胞に生じることになるのだ。

自閉症の遺伝子解析では、親から受け継いだ変異よりも、このような *de novo* の変異が多く、さらに父方由来が多いことが報告されている。たとえば、二〇一二年に同時にネイチャー誌に発表された三本の論文のうち米国の O'Roak らは *de novo* 変異は四：一の割合で父方由来であり、さらに父の加齢によって *de novo* の変異が増加することを報告している。アイスランドの Kong らの解析では[4]、平均二九・七歳の男性の遺伝子変異率は塩基対あたり1.20×10^{-8}と見積もられ、さらに、年齢が一歳増えるごとに二個の変異が生じ、年齢が一六・五歳増えると変異の数は倍増すると計算されている[4]。

このような *de novo* 変異の多くが父方由来であるのはなぜだろう？　それは、精子形成過程よりも遺伝子変異が生じるリスクが大きいからである。卵巣の中で形成される卵子の場合は、胎児期に形成された数百個の卵母細胞が最終的に卵子を形成する「減数分裂」の途中で休止期に入る。高校の生物学を復習するとすれば、減数分裂とは、生殖細胞産生のときのみにみられる特殊な細胞分裂様式で、２セットの染色体が半分の１セット分になるので減数分裂という名前が付いているのだ。

さて、第一減数分裂を終えた状態の卵子が、第二次性徴期以降に月経周期に従って排卵され、受精時に最後の減数分裂が完了する。したがって、卵子形成過程では *de novo* 変異は生じにくい。これに対し、幼少期から生涯にわたりつくられる精子は、精巣内の精子幹細胞である精原細胞を元にする。いわば「タネの細胞」である精原細胞は何度も有糸分裂して「自己複製」しつつ、中間段階の精母細胞を経て、減数分裂により精子を産生する。もともとの一個の精祖細胞（もしくは精原細胞）から、何千個もの精子がつくられるのだ（図８-２）。この間に繰り返される多数の細胞分裂の過程で、ＤＮＡ複製時にコピーミスが入る。あるいは、年齢を重ねる間に何らかのＤＮＡ損傷が精原細胞に生じる可能性や、コピーミスを直すＤＮＡ修復機構が加齢により低下する可能性もありえるだろう。

もう一つ考えられるのは父加齢による「エピゲノム」状態の変化である。エピゲノムの「エピ」は「上」あるいは「後」を意味し、アデニン（Ａ）、シトシン（Ｃ）、チミン（Ｔ）、グアニン（Ｇ）という文字としてＤＮＡに書き込まれた遺伝情報が上書きされることを意味する。上書きは種々の環境要因によって生じうる。たとえば、栄養、運動などの生活習慣や、ストレスなどによってエピゲノム変化が生じるのだ。簡単にいえば、遺伝情報のＡＣＴＧの文字列が変わらなくても、句読点が付いたり消えたりすることによって、読み出される遺伝情報の意味が変わってしまうと考えていただければよいだろう（例として「ここではきもの

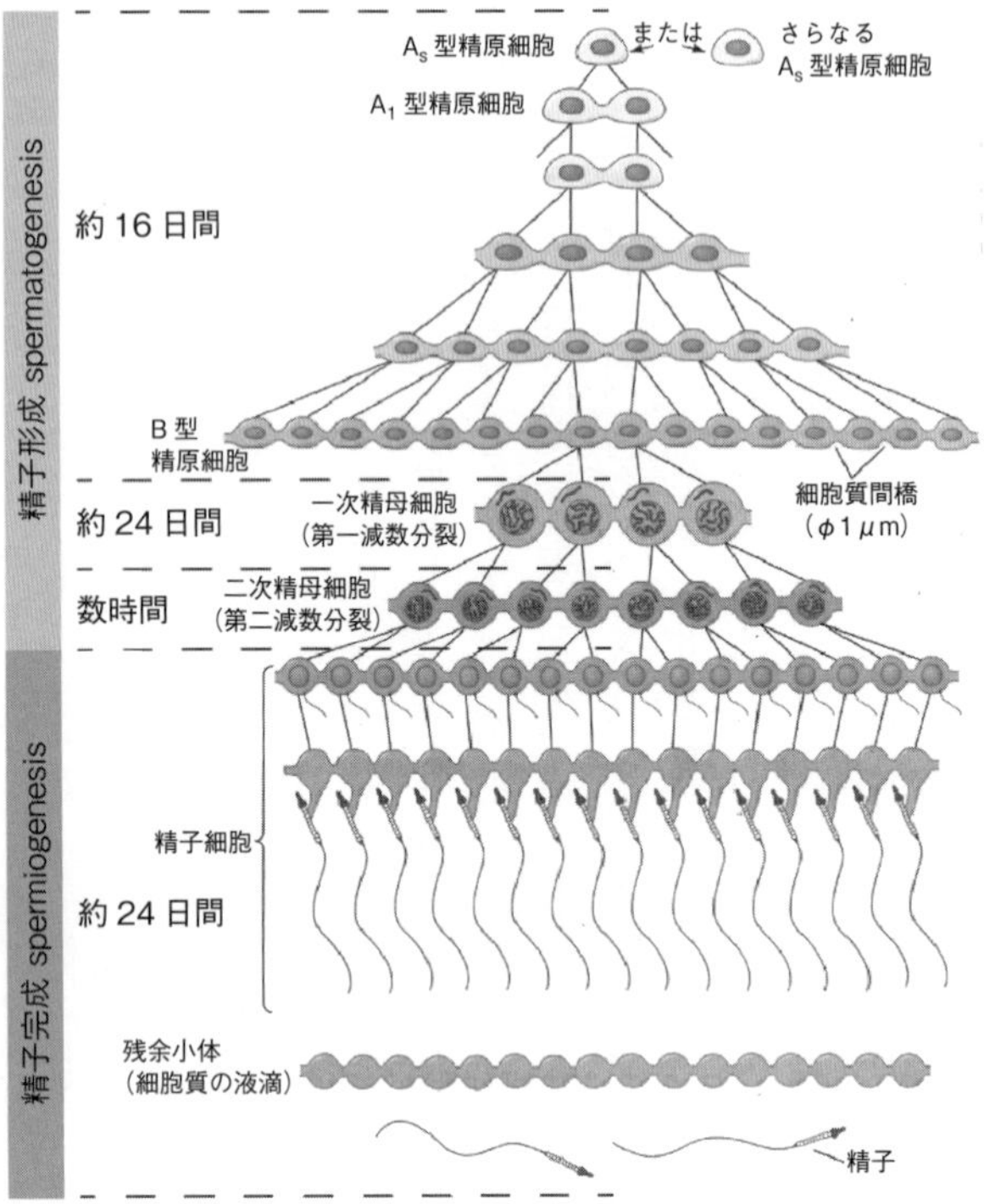

図 8-2　精子形成

出所：ギルバート，S.F.（2015）[5] より作成

をぬいでください」という文では、「はきもの」を脱ぐのか、「きもの」を脱ぐのか、読点の位置によって意味が変わってしまうなど）。

具体的にエピゲノム現象にかかわることとしては、①DNAのメチル化（シトシンへのメチル基の結合）、②DNAが巻き取られるヒストンというタンパク質の化学修飾（メチル化、アセチル化など）、③マイクロRNAによる制御がある。遺伝情報として、遺伝子の文字（塩基配列）が変化しなくても、エピゲノム修飾により遺伝子の働き方が変わるというエピゲノム現象は、二一世紀の生命科学の中心概念だ。詳しくは『エピジェネティクス――新しい生命像をえがく』（仲野徹著、岩波新書）

をぜひお読みいただきたい。

二〇一四年に父加齢による精子ＤＮＡのメチル化状態の変化についての解析が報告された[6]。子どもをもった経験のある一七名の男性から、九年から一九年のインターバルを置いて二回、採取された精子サンプルのメチローム解析が為され、その結果、加齢に伴う一三九か所の低メチル化領域と、八か所の高メチル化領域が同定された。これらのうち、一一七個の遺伝子については、遺伝子が「いつ・どこで」働くかを規定するプロモーター領域や、つくられるタンパク質を規定する「鋳型」の領域におけるメチル化の変化であることがわかり、そのような遺伝子の中には、確かに統合失調症や双極性障害に関係するものが認められた。

ヒト精子ＤＮＡメチル化についての研究は、まだ端緒についたばかりである。二〇一五年に出た論文では、一二名の精子サンプルを用いた解析から年齢との強い相関が認められた特定のメチル化部分について、二〇歳から七三歳の六八個の精子サンプルに関して解析し、三つのメチル化部分について加齢との相関があることを報告している[7]。また、米国で行われている自閉症の追跡調査[8]では、すでにＡＳＤと診断された子どもをもつ家族を対象にし、次に生まれてくる子どもを「ＡＳＤ発症高リスク集団」として縦断的に調査することにより、どのような因子が次に生まれてくる子どものＡＳＤのリスクとなるか予測するためのデータ集積を行っている。この調査の最近の成果により、父親の精子ＤＮＡメチル化の変化と子どもの自閉症症状が確かに相関することが明らかにされた[9]。したがって、加齢に伴って生じる精子のＤＮＡメチル化の変化は、子どものＡＳＤの発症リスクとなっている可能性が高い。今後のさらに詳細な解析が望まれるが、精子の加齢は単に妊孕性に関係するだけではないことは確かであろう。

3　動物モデルによる検証

冒頭で動物を用いた研究の意義について触れたが、父加齢が次世代に与える影響に関して、マウスを用いた検証も為されている。ところで、マウス等を用いて自閉症などの精神疾患についてどのように研究すればよいのだろう？　人間に用いられるような「問診」を使うことは不可能だ。

この問題にチャレンジするために、様々な「行動学的解析」が工夫されている。

たとえば、マウスの「社会性」を調べるために、米国のジャッキー・クローリー博士らが「三チャンバーテスト」という行動実験を開発した。これは、三つの部屋（チャンバー）から成るテストケージを用いる実験だ。実験者は、まずテストするマウスを真ん中の部屋に置く。両側の二つの部屋の仕切りの中の片方にはマウスを入れ、もう片方は空にしておく。さて、マウスがテストケージの中でどのような位置にいるかについて、カメラで撮影して、このテストマウスが「マウス」か「空」のどちらのエリアに長く滞在したのかを測定する。もし、テストマウスが別のマウスに向かうよりも多くの時間、空に向かったら、そのマウスは社会性が少ないとみなすことができる。さらに次に、空の場所に別の新しいマウスを入れて、同様のテストを行う（図8-3A）。この場合、新しいマウスの方により長く向かうことが自然な社会性として期待されるので、もし新しいマウスへ向かうことが少ないと、社会性が少ないとみなされる。

このような特殊なテストでは自然な社会性をみていないという批判もあり、二匹、あるいはさらに複数のマウスの行動様態をひたすら動画撮影して分析するというアプローチも工夫されつつある。

では、人間の「言語」に相当するものはマウスにあるのだろうか？　実は、長い間、マウスやラット等の

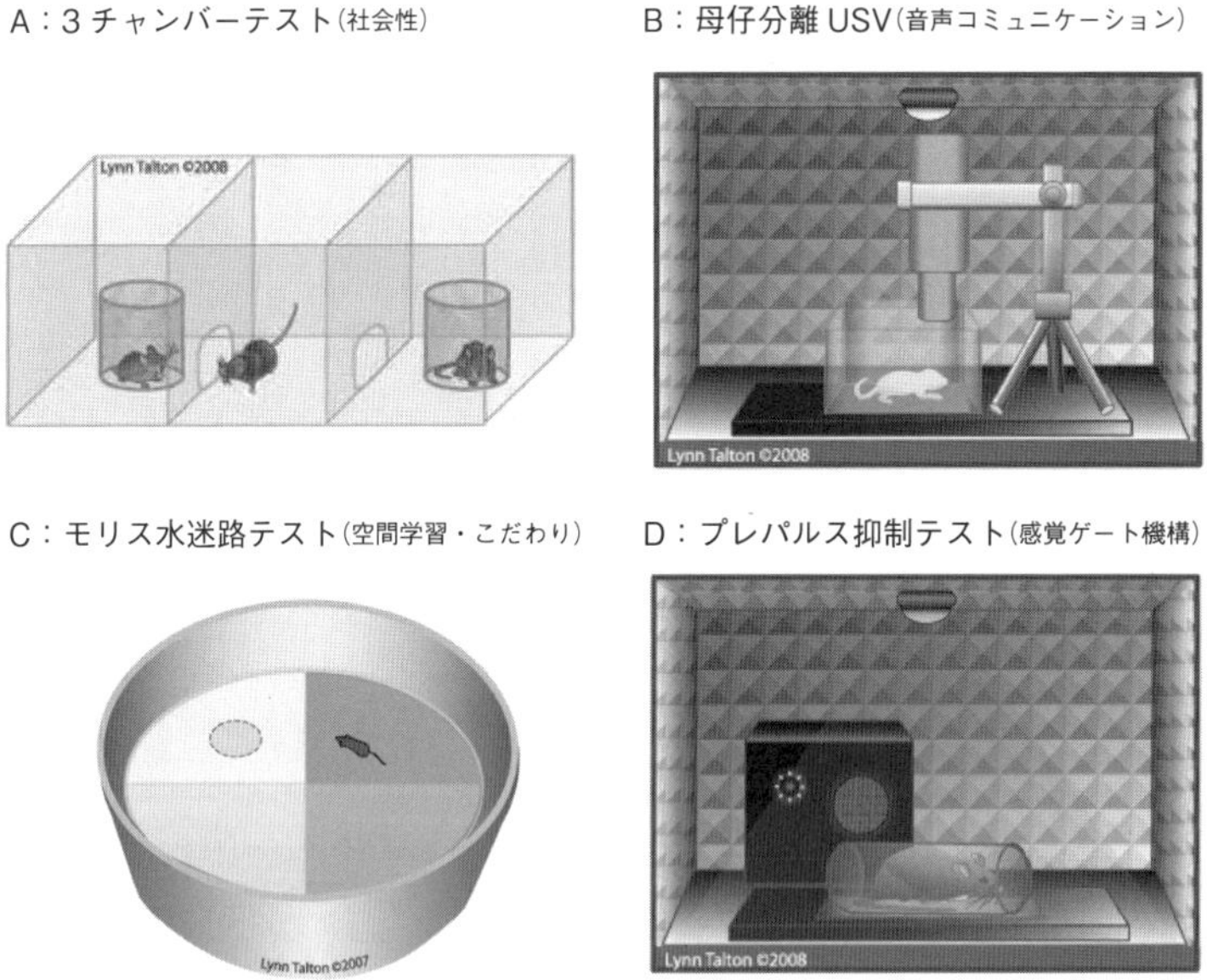

図8-3　種々の行動テスト

出所：UCLA 行動テストコアより改変

齧歯類には音声コミュニケーションはないと思われていた。しかし実際には、彼らは人間には聞こえない超音波帯でコミュニケーションしている。たとえば、まだマウスが母獣のおっぱいを飲んでいる時期に、仔マウスを1匹のみ離すと超音波で発声する。その意味が「ママ、ママ、どこにいるの？」なのか、「なんか寒いよ」なのか「え、ちょっと落ち着かないかも……」なのか本当の意味はわからないが、このような「母仔分離超音波発声(maternal separation — induced ultrasonic vocalization, USV)は人間の赤ちゃんの泣き声に近い母子間の音声コミュニケーションとみなされており(図8-3B)、実際、自閉症リスク遺伝子の欠損マウスで母仔分離USVが低下することが複数の論文で報告されている。また、人間の赤ちゃんの場合でも、非定型発達の子どもと定型発達の子どもでは、泣き方が異なるという報告がある。「うちの子はあまり泣かないので育てやすいと思っていたのに、言葉が遅いとあとになって気づきました」という保護者の言葉は、よく聞くエピソードである。

ＡＳＤの診断基準に使われる「こだわり」や「常同性」については、「モリス水迷路」という実験で調べられる（図8‐3C）。この実験は本来は「空間学習」に関してよく用いられるものである。水を張った円形のプールの四分割した一か所に隠されたプラットフォーム（ターゲット）がある。マウスをターゲットの反対側からプールに入れると、ひたすら泳いで休めるプラットフォームを探す。このトライアルを何回か繰り返すと、マウスはターゲットの位置を覚えて、すぐにターゲットに向かうことができるようになる。つまり、空間学習が成立する。何回かのトライアルでマウスがターゲットの位置を覚えたあと、突然、ターゲットの位置を変えた場合に、こだわりのあるマウスは、ひたすら覚えたターゲットの位置をいつまでも泳ぎ回る。通常のマウスは、ターゲットの位置が変わったことを理解し、再び探索を行って新しいターゲットの位置を覚える。

このほかに、「ガラス玉覆い隠しテスト」（英語では marble burying test なので、「マーブル埋めテスト」と呼んだ方が適切かもしれない）という行動テストもある。これは、テストケージの床敷の中に一五個のマーブルを置いて、一定時間内にマウスが何個のマーブルを埋めるかという個数をカウントするものである。マーブルを埋めるマウスの行動が、不合理と認識しつつ繰り返される強迫性障害患者の脅迫行為と見かけ上類似しているため、常同的な行動と関連する強迫性障害に類似した一種の不安様行動試験として用いられている。

さらに、ＡＳＤだけでなく、統合失調症、双極性障害、トゥレット症候群、注意欠陥多動性障害（ＡＤＨＤ）等の患者や、発症はしていないきょうだいで「感覚ゲート機構の異常」がみられることから、その測定のために「プレパルス抑制テスト（ＰＰＩテスト）」という測定が用いられることがある（図8-3D）。筆者はこれを「びっくり抑制」と紹介するのだが、たとえば大きな音がすると、人間も動物も無意識にびくっとする。このとき、驚愕音の少し前に驚愕音より小さな音がすると、驚愕音により生じる「びっくり度」が減少することが知られている。これは必要以上にびっくりすることがないようにするための生物学的に合理的な反射とみなされるが、前述の精神疾患の患者では、シグナル・ノイズ比が悪い傾向があることがわかっており、ＰＰＩスコアが低下する。自閉症との関連でいえば、ＰＰＩスコアの低下は、感覚過敏と関係する可能性が考えられ、さらに「汎化」が困難なことによる言語学習のむずかしさにつながることが推測される。

マウス等を用いた行動テストでは、これらの行動テストを複数組み合わせて行うことが一般的である。ただし、どのような行動試験であれ、そもそも人間とマウスでは身体性や認知性が異なり、行動様式も同じではないため、マウスの自閉症様行動を判定することは難しい。人間ではさらに前述のように、「自閉症」とひとくくりにはできないような、多様な症状の組み合わせが存在する。そのため、どのような症状の組み合わせが標準的な自閉症マウスかということが困難なのである。

話を父加齢の影響に戻そう。マウスを用いて、実際に父マウスが加齢すると、その影響が仔マウスに現れるかどうか調べた研究として、まず、C57BL/6Jという、最も頻用されている系統の黒マウスを用いた実験を取りあげよう。マウスの系統は、ヒトならモンゴロイド、コーカソイド、ネグロイド等に近いものと考えていただければよい（ただし、マウスの系統を樹立するためには近親交配を繰り返しているので、ある系統のマウスは遺伝的には人種よりはるかに均一である）。病気の罹りやすさや薬の効き方にいわゆる人種による差があることは、医療関係者であれば周知の事実である。このC57BL/6Jマウスの若齢もしくは高齢の父を若齢の雌マウスと交配して得られた仔マウスについて雌雄、各群二〇匹程度の行動解析を行った。その結果、父加齢による仔マウスの行動には若干の差異があり、とくに雌の仔マウスについて、不安関連行動の増加、探索行動の増加、学習の低下が認められた[9]。

一方、スイス・アルビノという別の系統の白マウスを用いた研究では、孫の世代までの影響が解析された[10]。若齢および高齢の雄マウスを若齢の雌マウスと交配し、仔マウス（F1）の行動を調べてみると、音声コミュニケーションの異常、社会性の異常、常同性の増加、不安の増加が認められた。F1マウスの若齢雄を若齢雌マウスと交配して得た孫（F2）マウスの行動を解析すると、若いF1マウスから生まれたF2マウスは、不安症状のみ改善がみられたが、その他の行動異常は認められた。したがって、祖父が加齢した影響には、少なくとも孫世代まで残るものも、孫世代でキャンセルされうるものもあり、また系統によっての違いもありえると示唆される。

筆者は、神経発生の鍵因子であるPax6（パックスシックス）の機能に関する研究を長年行ってきた。Paxは子分の遺伝子たちを働かせる親分のような存在、あるいは指揮者のような立場であり、様々な神経発生現象に深くかかわっている。上記のサイモンズ財団の自閉症責任遺伝子データベースにも*PAX6*遺伝子（注：ヒトの遺伝子は大文字イタリック体で書くルール）は登録されている。この*Pax6*遺伝子に変異が入った自然発症変異マウスが存在しており、父方・母方両方の遺伝子に変異がある「ホモ接合」の個体は重篤な脳の発生異常を呈する。片方の遺伝子のみに変異が入った「ヘテロ接合」の個体には著名な発生異常は認められないが、詳しい行動解析を行うと、野生型との間には違いがある。

私たちの研究室ではこのようなＡＳＤリスク遺伝子を父方から受け継ぐ場合の、父加齢の影響について解析した[11]。その結果、若齢もしくは高齢の*Pax6*変異へテロ接合雄マウスを野生型若齢雌マウスと交配して得られた*Pax6*変異へテロ仔マウス（リスクを受け継いだマウス）は、同腹の野生型仔マウス（リスクを受け継いでいないマウス）に比して、父が若齢の場合には母仔分離音声コミュニケーションの異常が認められたのに対し、父が高齢の場合には多動傾向を示した。このことは、遺伝的変異と父加齢という環境要因の組み合わせによって、次世代への影響の仕方が異なる可能性を意味する。この事実は、基礎研究においてマウスを用いている研究者に、交配に用いる雌マウスだけでなく、雄マウスの月齢も考慮する必要があるという重要な示唆を与えるとともに、疾患遺伝子の遺伝学的研究等において無視されていた重要な交絡因子について指摘するものといえる。

4　考えられる分子メカニズムは？

では、父加齢の影響がどのようにして次世代に影響するのだろうか？　マウス精子DNAのメチル化や染色体のクロマチン高次構造の加齢に伴う変化が次世代の表現型に影響を及ぼすメカニズムについて、探索されつつある。たとえば、高齢の129SvEv/Tacという系統のマウスの精子では、ゲノム全体でのDNAメチル化の変化は観察されないが、遺伝子の働き方を制御するプロモーター領域における低メチル化が生じており、その程度はメチル化が生じやすい状態となっているプロモーター領域で、より顕著であることを報告した[12]。一般的に、精子ゲノムのDNAメチル化情報は、受精後にいったん消去されることが知られているが、上記報告では、高齢雄マウスに由来する仔マウスの脳で、精子と同様の遺伝子プロモーター領域におけるDNAの低メチル化が観察されたことに加え、神経発生に関与する遺伝子の使われ方に異常が観察された[12]。また、父方由来、母方由来で異なるメチル化を受けて遺伝子発現が異なる「インプリンティング」状態となっている遺伝子が知られており、このような遺伝子は脳において働くものが多いことも報告されている。父方からのエピジェネティックな影響として、精子を介したマイクロＲＮＡの関与についていくつかの報告はあるものの、筆者は受精の際に精子から卵子にもち込まれるＲＮＡ量を考慮すると、その関与はあまり大きくないのではないかと予測する。以上より、加齢に伴い生じた精子のＤＮＡメチル化の変化は、まだ詳細は不明であるものの、何らかの機構により次世代における神経系の発生に重要な遺伝子の発現に影響を及ぼしていると考えられる。（なお、デザイナー・ベビーは現実のものとなった。二〇一八年一一月に中国の研究者がゲノム編集により、将来的なＨＩＶウイルス感染への抵抗力という形質を与えた子どもが二名、生まれる予定であるという報道が為され、その倫理的問題について議論が巻き起こっている）。

5　自閉症を生物学から考える

一九七〇年代後半より、胎児期の発生環境と成人病の発症リスクとの関連から DOHaD（Developmental Origin of Health and Disease）という概念が提唱されるようになった。大人になってからの健康状態や疾患の罹りやすさの起源が胎児期にまで遡れるというこの仮説は、その後、第二次世界大戦中のオランダ大飢饉や、一九五九年から一九六一年に起きた中国の大飢饉に見舞われた集団の追跡調査研究から、精神疾患にも当てはまることが示された。DOHaD 仮説では、ともすると胎児の発生する環境としての母体の影響にのみ注目が集まってきたが、精子を介した父方からの影響についても、今後、さらなる検討が必要である。加齢以外にも、精子形成過程にエピジェネティックな変化を与える要因には、低栄養や偏った栄養摂取、喫煙等の生活習慣、薬物摂取、放射線被曝など種々の生物学的要因が考えられる。

「自閉症」の捉え方としては、心理学や社会学的なアプローチだけでなく、本章で述べたような生物学的な攻め方もある。いまだ解き明かされていない発達障害増加の生物学的な背景について研究してみたいという若い方々が、神経発生学の門を叩いてくれることを願ってやまない。

ブックガイド

脳の発生のしくみ等についてさらに学びたい読者には、以下の書籍を推薦する。

大隅典子『脳からみた自閉症――「障害」と「個性」のあいだ』（講談社ブルーバックス、二〇一六年）

本章では十分に扱えなかったＡＳＤ発症の遺伝的側面や、脳の発生発達の仕組みなどについて参照すると良い。脳の発生プログラムは複雑精緻であるため、ほんのちょっとだけボタンの掛け違えがあることによって、非定型な脳が発達すると考えられる。

大隅典子『脳の誕生――発生・発達・進化の謎を解く』（ちくま新書、二〇一七年）

生物学的なバックグラウンドをもたない方には、まずはこちらの書籍で基本を押さえていただいた方が良いかもしれない。脳の発生は進化にも大きく関係する。ヒトが大きな脳をもってしまったがために、ＡＳＤ等が生じると捉えることもできる。

仲野徹『エピジェネティクス――新しい生命像をえがく』（岩波新書、二〇一四年）

本章の中に出てくるＤＮＡのメチル化等の「エピジェネティクス」は、二一世紀の生物学を理解するうえで重要な基本概念である。本書は一般の方向けに易しく解説された良書である。

コラム08

数学的物理学的知性と自閉症スペクトラムとの親和性

生田　孝

　そもそも人間はどうして世界を理解できるのだろうか。人類は、宇宙の一部であるから、宇宙の構成原理を反映してはいるであろう。たまたま、地球で生命が発生し、そこから進化して人類が誕生したので、精神機能をつかさどる脳もまた、宇宙の構成原理に従っているはずである。この場合の宇宙の構成原理とは、物理と数学を考えている。現在まで、この二つ以外の宇宙の構成原理は知られていない。宇宙のわずかな部分集合に過ぎないちっぽけな脳が、宇宙という全体集合を理解しきれるのかという原理的疑問はあるが、いまだ理解の限界には突き当たっていない[1]。

　では、数学と物理はどう違うのであろうか。数学とは、簡単にいえば「数および図形の学問」であるが、そこで使われる基本原理は、論理、確率、統計だけである。これらを用いて、お互いに無矛盾な任意の前提（前提の選択は、自由かつ恣意的である）から何が展開されてもよいが、その評価はそこから引き出された内容の豊かさに拠る。他方、物理は、今われわれが属しているこの宇宙の時間・空間・物質を研究する学問である。物理学は、「この」宇宙という制約がある。しかし、数学は、べつに「この」を前提とはしていない。両者の違いをゲームに見立てれば、数学者は「自分がつくったルールでゲームをする」のであり、物理学者は「自然がつくったルールでゲームをする」。この意味で、数学のルールの方が広い。

　われわれの宇宙は、偶然に今の姿をしているが、逆にいえば、宇宙を認識可能な知的生命が安定して進化できないような物理的特性を有する宇宙（たとえば、重力が距離の二乗に逆比例しないような宇宙）は、認識主体も存在しえない（人間原理）ので、その意味でわれわれの宇宙の存在は偶然的でもあるが、必然的でもある。われわれ人類は、生存競争を生き抜くためにより功利的な世界理解へと進化した脳により数学的物理的思考も獲得したが、それは世界理解の反映であると同時に、必然的に現世理解にとどまらない能力を獲得することになった。たとえば、二進法の記述で今の世界を仮に（101）であるとしよう。しかし、その一つの（101）を理解するためには、それ以外の（000、100、010、001、110、011、111）の七つの世界が可能性として開かれる。数学はこれら八つの世界を考え、物理学はたまたま実現されている（101）の世界を研究している。たった一つの現実世界を理解するために進化した脳の神経回路網は、だから必然的にそれ以外の可能世界をも包含することになり、より広い数学的世界への可能性も拓かれたのである。その意味で、空想や幻想、幻覚や妄想もまた一つの可能世界であるだろう。

イディオ・サバンを除けば、自閉症スペクトラム圏の人が数学や物理に興味をもつためには、ある程度それらを理解し興味を感じ取る知的能力が必要となる。そのためには、平均以上の知能が前提となる。ところで、物理や数学と自閉的心性は極めて相性が良いようである。私自身、かつて理学部物理学科に所属しており、お隣は数学科だったので、生身の数学屋や物理屋を身近に知っている。彼らは、奇妙ではあるが、「個性的な愛すべき人たち」であると畏敬の念で「見て」いた。ここでの「屋」とは、世間の人とはちょっと違う存在であることへのプライドと同時に、逆説的に多少の卑屈さをも自覚して、彼らが使う自称である。ところで、以前物理屋であった私が、いま精神科医として往事を回顧すると、それはまた別の「診立て」となる。

もちろん、彼らは（私も含めて）みなそれぞれ違っており、一緒くたに論じることはできないのではあるが、私の独断と偏見で回顧するなら、圧倒的に自閉症スペクトラム、統合失調質・気質（従来の、分裂病質・気質）の人たちが多く、以下にそれなりの健常者、そして統合失調症圏、躁うつ病圏の人たちの順であったように思う。もっとも自閉症スペクトラムといってでも、彼らの知能指数（ＩＱ）は極めて高いので、ここではいわゆるアスペルガー症候群が想定されている。

彼らの多くは、実社会にいればいささか協調性を欠き、自己主張が強く、相手の気持ちを忖度することなどまるでなく、論理優先、証拠優位の姿勢のために、調和を乱しかねない人たちであった。もとより彼ら自身も、一般社会に出る気などさらさらなく、経済活動や応用の学たる医学・工学などは俗世間における「卑俗な」学問と見なし、食事を摂るために研究時間が割かれることにさえも腹を立てていた。頭の中は世界の解明のことで一杯であり、世の中の流行や政治の動きなどにはほとんど無関心であったが、哲学や美学には敬意を払っていた。シンプルであることと（物理・数学的に）美しいことが、判断の基準にあった。宇宙の調和と整合性の見地から、人間社会の不整合に腹を立てて社会運動に参画する人もいたが、正義感の由来が健常者とはいささかずれていた。原理原則から演繹的に世界を眺める傾向が強く、これは特に数学屋と理論物理屋に多い傾向であった。物理には、理論と実験があるのだが、実験屋は相対的に理論屋よりは実践的実務的な人が多かった。

ノーベル賞級の物理学者やフィールズ賞レベルの数学者の多くに、自閉症スペクトラム、精神病質・気質、統合失調症の圏域の人間が多いことはよく知られている。この場合、精神科治療歴の有無ではなくて、人間存在の在り方がそうであるということである。たとえば、筆者が論じたことのある量子力学の建設でノーベル賞を受賞した理論物理学者ディラックは典型的なアスペルガー症候群の人であった（彼に受診歴はない）[2]。ノーベル経済学賞を受賞したナッシュは統合失調症に罹患していたし[3]、インド人数学者ラマチャンドランや物理学者のアインシュタイン、不完全性定理で有名な数学者ゲーデル[4]、集合論を創始した数学者カントール[5]などは、みな自閉症スペクトラム―統合失調質・気質―統合失調症圏のラインのどこかに位置づけられる人たちである。このラインの共通項は、自閉（Autism）であるが、これは、のちにアスペルガー症候群の発見者とされるハンス・アスペルガーが、彼の記念すべき論文「小児期における自閉的精神病質者」[6]の表題に形容詞「自閉的（autistisch）」を用いたことに由来している。ちなみに「自閉」は、周知のように統合失調症の名付け親オイゲン・ブロイラーが、それを特徴づけるために用いた言葉である[7]。おそらくアスペルガーも、両者に通底する何かを見ていたのであろう。もっとも現在では両者に共通性を認めることは、おおむね否定的とされている。しかしそれでも、その根底に人間学的現象学的な共通分母を見る立場（たとえば、

Blankenburg)[8]も存在することは留意しておくべきだろう。実際、両者の器質的基盤にはいまだに決定的な何かが明らかにはされていないのだから。

ところでアスペルガーは、先の論文の中で[6]自閉的精神病質者が有する、ある種の特殊な知性を「自閉的知性（die autistische Intelligenz）」と表現した。一般的に、何かを認識するときには、対象から距離を置くことが、抽象化、意識化、概念形成のための前提条件となる。しかし、彼らは相手の立場に考慮した共感的対人理解は苦手であるが、彼ら独自の対象把握は得意である。そしてこれが、概念的に世界を独自に把握するための前提となる。彼らは「とりわけ自発的に考えを生み出すことはできるが、オリジナルなものでしかありえない」からこそ、「周囲の事物や出来事を新たな視点から見る能力」をもっているのである。この独自に物事を的確に判断してその本質を洞察する能力を、アスペルガーは「精神病質的本質洞察力（eine psychopathische Klarsichtigkeit）」と呼んだ。それが「うまくいった場合に、当然のことながら生涯に渡って続くこの能力が、……他の人にはできない特別な成果を生み出すことがある」。「優れた抽象能力は、実際に学問的成果にとっての前提であり、実際に傑出した学者のなかには多くの自閉的人物が見いだされる」。このような知性は、伝統や文化の影響はほとんど受けておらず、型にはまらず、非正統的で、純粋で独自性があり真の独創性ある知性に限りなく近いか、あるいは知性そのものである。アスペルガーは、「どんな状況でも我が道を行くことにこだわって、自分で考案した方法のみを用いることで、学校で教えられた計算方法を習得できなくなる」子どもの計算名人の例をあげているが、新しい領野を切り拓きうる高い知能を有している場合には、既存の計算法が適用できない領域では自分の計算法が創られる。古くはニュートンやライプニッツが、質点の運動記述のために微積分学を創り、また先のディラックは、自分でδ関数を創り出して、それがやがて超関数理論の先駆けとなった。彼の場合、人間存在としての自閉的特徴は、数学と物理学の情報を新しい視点から系統づけ秩序づける力、視覚的想像力、集中力と断固たる確信などに顕著に見られ、その無類の特異的な能力が、理論物理学者としての成功にとって決定的な役割を果たした。

いずれにせよ、他人の知識を自分のものとするのみならず、自分自身が知識を創造することができる主体であることを自覚したとき、研究それ自体が彼らの人生そのものとなり、その瞬間に世界の意味が劇的に変わり、意味創造の主体となりえる。諸部分の構成からより高次の包括的パターンと構造を抽出する戦略により、彼らは実際にそのことに成功するのである。しかしこのような道はある意味で綱渡りであり、天才と狂気の間で眩暈を起こしかねかい道の途上で何とかバランスを取っているのが彼らなのではないだろうか。

彼らの多くがどうして社会的コミュニケーションを苦手としているのか、他者の立場に立ってものごとを考えることを不得手としているのか等々、今後解明されるべき課題は多い。いずれにせよ現在のわれわれの世界は、健常者がマジョリティを占めている（だから健常というのであろう）が、もし自閉症スペクトラムの人々が多数を占めるようになったとしたら、世界はどうなるであろうか、はたして健常者が生き延びる余地はあるであろうか。私は、世の中の人たちの大多数が自閉症スペクトラム者に占められるようになったとしても、健常者は十分にやっていけると想像する。良くも悪くも自閉症スペクトラム圏の人たちは、孤立的で他者との協同が不得手であるため、どうしても調整役としての理解者・支持者が必要となる。実際、先に述べた天才・異才たちも、例外なく彼らの日常生活を支援する人たち（妻や友人など）が控えていたし、それなくしては彼らの業績も日の目を見なかったであろう。一般論としても、多種多様な意見をまとめるための根回しや協調、会議や学会の運営などのマネジメント能力は、健常者の方に遙かに分がある。イメージ的には、その道一筋の一家言をもっている頑固な職人（匠）のような（自閉的）人たちをまとめ上げるには、それなりの事務処理・調整・協調・運営能力が必要となる。そのような彼らの不得意とする領域で、健常者は潤滑油的能力を十分に発揮して、彼らと相補的に共存できるのではないだろうか。人類の創造的革新のためにも未来のためにも、アスペルガー的知性は今までもそうであったように、今後とも人類にとって必須・不可欠の資産であり続けるであろう。

第9章

認知科学

脳の認知粒度からみえてくる自閉症とコミュニケーション

小嶋秀樹

▼この章を読む前に

認知科学とは、人間や動物の心のはたらきを「情報処理プロセス」として理解・モデル化しようとする科学である。二〇世紀中盤に心理学・言語学・人工知能研究などが融合した分野として始まり、現在までに脳科学・ロボット工学・文化人類学・霊長類学などと連携しつつ、大きな学際領域に発展している。

この「情報処理」の観点から、自閉症はどのように捉えられるだろうか。そのハードウェアの成り立ち（すなわち脳のメカニズムとその特徴）とソフトウェアの働き（知覚や行動が生じるプロセスとその特徴）、そしてそれらのつながりに対する理解を深めることで、自閉症の本質に迫れるのではないだろうか。これが本章での自閉症に対する基本的なスタンスである。

＊

自閉症は、社会的コミュニケーションの障害および限定された興味という二つの独立した診断基準をもつ。感覚異常や協調運動障害を伴う一方、物や機械の扱いが得意なことも多い。本章では、これら多様な病像をもつ自閉症を「認知粒度（cognitive granularity）」という観点から統一的にモデル化することを試み、それを通して、定型発達と連続する「認知スタイル」として自閉症を捉えなおす。認知粒度とは、行為主体が環

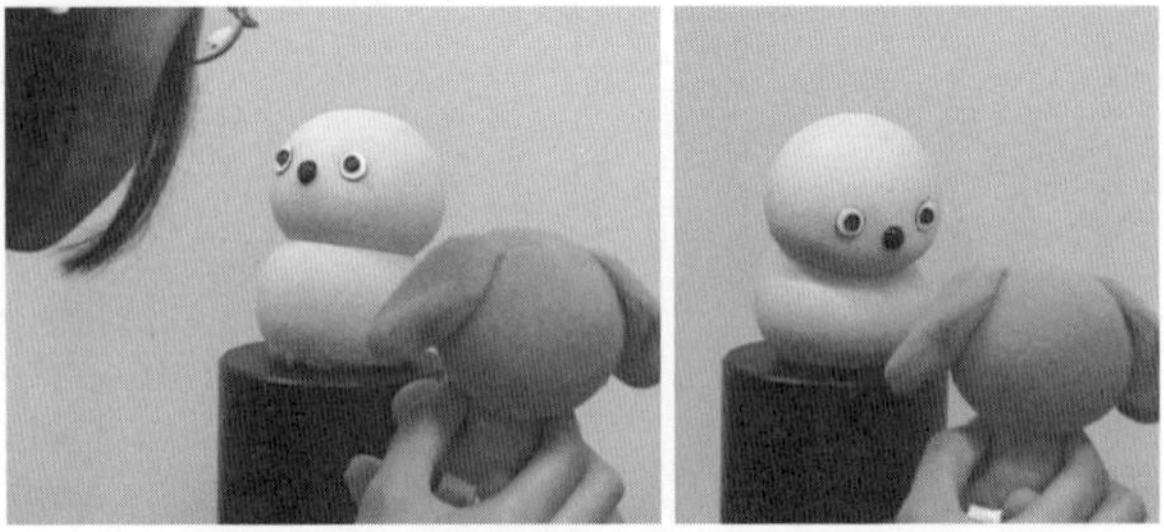

図 9-1　自閉症療育支援ロボット Keepon

境を予測・制御するための分節単位（概念・スキーマ）の大きさであり、自閉症者ではより細かい粒度をとることが示唆されている。ここから、細かい解像度で対象を捉え、その振る舞いを物理的・因果的に捉えることなど、自閉症者の認知スタイルに統一的な説明を与えることを試みる。定型発達者についても、粗い粒度で他者の振る舞いを心理的・志向的に捉えることで、社会的コミュニケーションが可能になることを導く。このような粒度相対的な視座から、〈自閉症学〉をコアとする学際的な研究パラダイムの構築可能性を示したい。

1　心理化という謎

認知科学を専門とする著者の研究目標は、人のコミュニケーション能力を機械（ロボットやコンピュータ）によって再現可能なように理解することである。その研究の中で自閉症に興味をもつようになり、心理実験や療育実践のためのロボットKeepon《キーポン》（図9-1）[1]を開発し、自閉症児（三〜四歳）とのインタラクションを多数観察するようになった。Keeponは黄色いシリコンゴム製の小さな身体（高さ一二センチメートル）をもつ。ビデオカメラの目を使って人とのアイコンタクトや対象物への共同注視ができ、身体動作（上下の弾み・左右へのかしげ）による感情表現も可能となっている一方、それ以外の形態と機能を削ぎ落としたミニマルなデザインを特徴とする。
ロボットは「モノらしさ」と「ヒトらしさ」をあわせもつ。一般に自閉症児はヒトとの社会的な行為のやりとりに障害をもっているが、Keeponと出会った自閉症児の多くは、最初はモノらしく振る舞うロボットとの予測可能なインタラクションから始まり、徐々に視線や感情といった社会的シグナルに気づいていき、Keeponとのやりとりを楽しむようになっていった[1][2]。

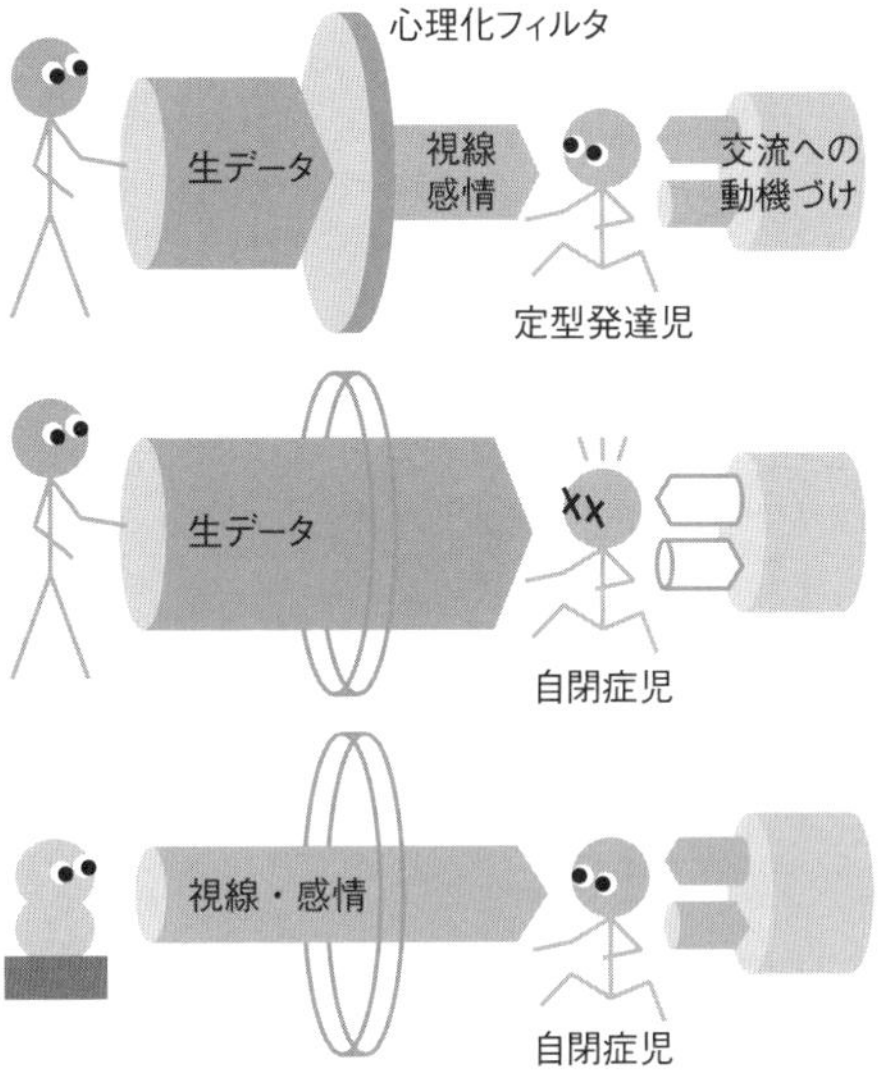

図9-2　心理化フィルタ仮説[2]

なぜヒトとのやりとりを苦手とする自閉症児が、Keeponとの視線や感情のやりとりを楽しめたのだろうか。それを説明するために、フリス[3]による「心理化(mentalizing)」の概念を参考に、図9-2に示す「心理化フィルタ仮説[2]」を考えた。子どもが他者と向き合ったとき、定型発達児であれば（図9-2上段）、他者の身体から発せられる多量の情報（身体各部の動き、表情筋の動き、声などの「生データ」）から、「心理化フィルタ」を通すことで、視線や感情、信念や欲求、意図といった心の状態を読み取り、他者との交流に向けた動機づけと接続することで、心の状態が相互にやりとりされるようになる。

自閉症児の場合（図9-2中段）、この「心理化フィルタ」が十分に機能しないため、多量の生データをそのまま受け止めざるをえず、たとえ動機づけをもっていても、心の交流につなげることがむずかしい。一方、Keepon が相手となる場合（図9-2下段）、視線や感情のみをわかりやすく表出するようにデザインされているため、「心理化フィルタ」が機能していなくても、自閉症児は Keepon の振る舞いに心の状態を感じとり、様々な行為のやりとりを楽しむことができたと考えられる。

なるほど、「心理化フィルタ」によって、他者から発せられる多量で多次元の生データから、比較的少量で低次元の心の状態へと変換してくれるのであれば、これがコミュニケーションを可能にしている認知メカニズムであり、またその機能不全によって自閉症が発症すると説明できる。また、Keepon のようなロボットであれば、自閉症児との心の交流が可能であることも説明しやすい。

しかし、その「心理化フィルタ」とは実際のところどのような情報処理プロセスであるのか、著者は明らかにできなかった。自閉症はコミュニケーション研究にかかわる認知科学者たち[3]を刺激しつづけてきたが、自閉症そのものの解明に向けた認知科学からの貢献は残念ながら少ない。フリスをはじめとする自閉症研究者たちも、自閉症の具体的な心理メカニズムを解明できていない。

そこで本章では、この「心理化フィルタ」という謎を、「認知粒度（cognitive granularity）」という新しい観点から考察していく。自閉症のもつ多様な病像を統一的に説明できる新しいモデルを、また定型発達者がなぜコミュニケーションできるのかという根源的な問いに対する答えを見通し、さらに言語や文化の成り立ちまでをも射程に入れた新しい研究パラダイムの可能性を示したい。

なお、ここまで「自閉症」と表記してきたが、専門家の多くは、最新の診断マニュアルであるＤＳＭ-５[4]に準じて「自閉スペクトラム症（ASD: autism spectrum disorder）」と呼ぶことが多い。本章でも、これ以降、「自閉スペクトラム症」または「ＡＳＤ」と表記する。

2　自閉症と認知粒度

多様な病像をもつ自閉スペクトラム症（ＡＳＤ）は、定型発達につながる連続体として捉えるべきものである。そのための参照軸として提案する「認知粒度」とは何であるかを多角的にみていこう。

ＡＳＤの多様な病像

米国における大規模な疫学調査[5]によれば、八歳児の一・六八パーセント（およそ五九人に一人）がＡＳＤと診断されている。対象となったＡＳＤ児の三一パーセントは精神発達遅滞を伴うが、その一方で四四パーセントは標準以上の知能を発揮する。男女比はほぼ四対一で男児が多い。はじめてＡＳＤの診断を受けた年齢の中央値は四歳四か月となっている。

ＡＳＤが遺伝的な背景をもつ神経発達障害であることは確かだが、その発症メカニズムはいまだ不明なため、次に挙げる二つの行動上の特徴をともに満たすことがＡＳＤの診断基準[4]となっている（第1章参照）。

- 社会的コミュニケーションの障害

　興味や感情の共有、言語的・非言語的コミュニケーション、人間関係の維持・調整などの障害。

- 限定された興味

　常同・反復的な行動、同一性へのこだわり、限局・固定的な興味、感覚異常など。

くわえて、運動障害（不器用さ、協調運動障害など）を伴うことなども経験的に知られている。これらの特徴が様々な形と程度で出現することで、知的発達・言語発達の障害を伴うサブタイプ（いわゆるカナー型自閉症、古典的自閉症）から、それらを伴わないサブタイプ（いわゆるアスペルガー障害）まで、連続体（スペクトラム）状の広がりをもった病像が現れる。

ＡＳＤはこのように多様な姿をみせるが、一般に、ヒトへの興味やヒトとのかかわりにむずかしさをもつことが、そこに共通した特徴であるといわれる。視線や表情といった非言語情報のやりとりが苦手で、言語（とくに語用論的な運用能力）の発達に様々な偏りがみられる。これらによってコミュニケーションを実践する機会が量的にも質的にも制限されてしまい、社会性の発達が非定型なものになってしまうのだろう。

その一方で、これも経験的によく知られていることだが、モノ（玩具や道具など）の扱いには問題がないことが多い。特定のモノへのこだわりをみせることもあるが、モノの構造や機能を理解し、システムとして合理的に操作することを得意としている。

おそらく、ヒトに関する情報処理とモノに関する情報処理はある程度独立していて、ＡＳＤ者は前者に問題をもつのではないだろうか。興味深いことに、脳機能イメージングを活用した研究からも、定型発達者ではヒトとモノをそれぞれ別々の脳部位で処理していること、そしてＡＳＤ者ではヒトもモノも同じ脳部位（定型発達者におけるモノに関する情報処理の部位）で処理していることが示唆されている。ＡＳＤ者と定型発達者は、異なる見方でヒトや世界を捉えているのだろう。[6]

ＡＳＤは多様な病像をみせる。それらを統一的に説明するＡＳＤモデルの構築可能性に対して否定的な見解もあるが、著者は、ヒトやモノへの向きあい方（認知スタイル）の違いとしてＡＳＤを捉えることで、多様な病像に統一的な説明を与えることができると考える。その見通しを得るための視座となるのが「認知粒度（cognitive granularity）」である。[7][8]

認知粒度という視座

認知粒度とは、行為主体から見た世界を特徴づける「分解能」あるいは「解像度」のようなものである。周囲の環境は、主体のもつ認知粒度のもとで時空間的・意味的な分節単位（認識の基盤となるカテゴリ）に切り分けられ、それら単位の存在や単位間の関係を捉えることで、環境に対する予測や制御のよりどころとなっていく。

これはユクスキュル[9]による「環世界（Umwelt）」の考えに通じる。自分の感覚器をとおして何が知覚可能なのか、運動器をとおしてどのような作用が可能なのかによって、生物は独自の環世界（行為主体からみた世界）をつくりだし、その中で生きていく。認知粒度が異なれば、世界を知覚する解像度が異なり、思考や運動における分解能も異なってくる。認知粒度は環世界のあり方を決定するパラメタの一つであり、これによってＡＳＤの認知スタイルを定型発達と連続するスペクトラムとして捉えられるのではないだろうか。

脳からみた認知粒度

ＡＳＤ者と定型発達者が異なる認知粒度をもつことを示すエビデンスはあるだろうか。カサノヴァ[10]は、ＡＳＤ者の大脳皮質におけるミニカラム（minicolumn）構造が、定型発達者と比べて、より稠密《ちゅうみつ》であることを報告している。これを吟味していこう。

ミニカラムとは一〇〇個程度のニューロンで構成される柱状構造（直径約〇・〇三〜〇・〇四ミリメートル・長さ約三ミリメートル）であり、多数のミニカラムを束ねるように並べ立てたものが厚さ約三ミリメートルの大脳皮質となる（図9-3）。ミニカラムの内部は表層から番号づけられた六つの層に区別され、それぞれが異なる機能を分掌しながら、ミニカラム全体としては小さな情報処理装置として機能すると考えられる。またミニカラムは、視床など皮質下組織との接続（垂直接続）や他のミニカラムとの接続（水平接続）をもち、脳という巨大な情報処理システムを構成する最小単位プロセッサであると考えられる[11]。

ＡＳＤ者の大脳皮質を定型発達者のそれと比較すると、ミニカラムの水平間隔が狭いことが観察されている[10]。ＡＳＤ者の大脳の大きさは定型発達者と同じか、あるいは幼児期にはより大きい傾向がみられる[12]ため、ＡＳＤ者は定型発達者よりも多くのミニカラムをもっていることが推察される。とくに前頭前野（高次の認知・実行機能を担う領野）については、ＡＳＤ者のニューロン密度が定型発達者と比べて六七パーセント高

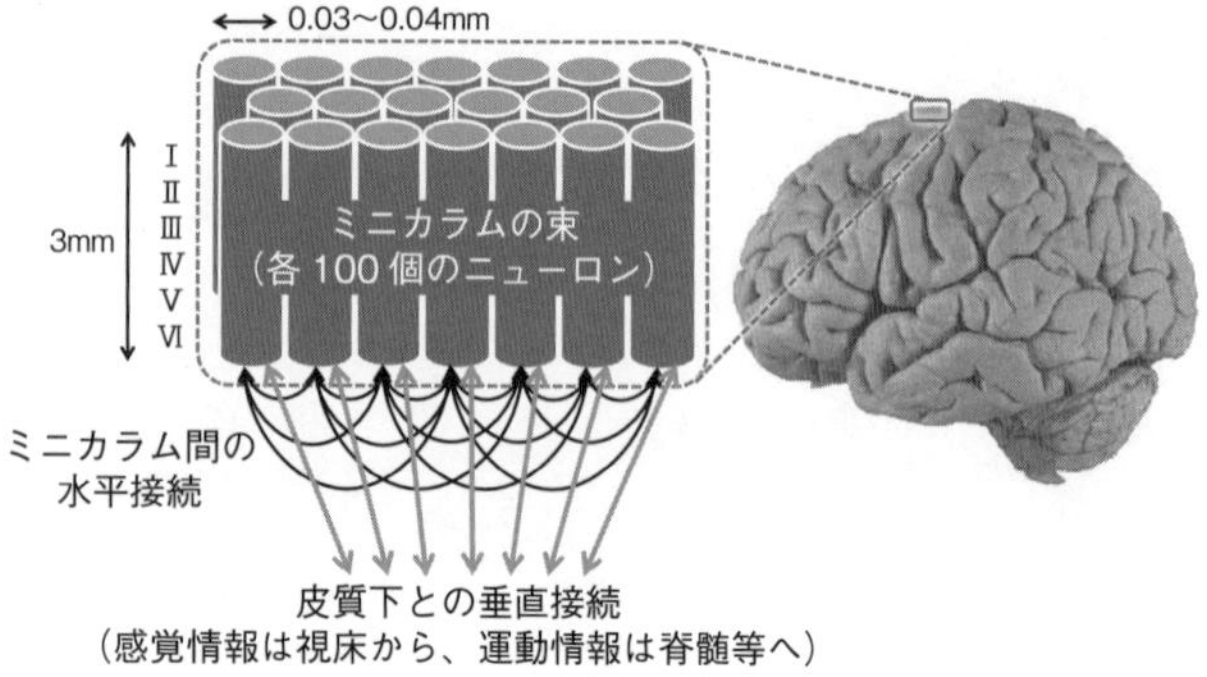

図 9-3　大脳皮質のミニカラム構造

いという報告[13]もある。

一方で、ＡＳＤ者のもつミニカラムは細くなる傾向も示唆される。ミニカラムが細くなるにつれて、その内部にある出力ニューロン（錐体細胞）も小さくなること[14]、出力ニューロンが小さくなればニューロン間の接続が短くなることが[15]知られている。ここからＡＳＤ者の大脳皮質ではミニカラム間の水平接続が短くなる傾向が予想される。

脳におけるカテゴリ認識

ここで脳がどのように世界を認識するのかを考えてみたい。私たちが事物（たとえばリンゴ）を認識するとき、感覚器で捉えた情報（形・色・大きさ・手触り・重さなど）を束ね、それを「カテゴリ」（たとえば〈リンゴ〉という「基本レベルカテゴリ[16]」）に対応づけている。事物をカテゴリの成員として認識することで、直接知覚できていない情報（たとえば味や食感）を補完したり、どのような行為（たとえば〈食べる〉）が可能なのかを連想するといった、知的な情報処理が可能となる。

では、ミニカラムの集合体である脳は、どのようにカテゴリ認識を実現しているのだろうか。そのモデルとして提案されている「スパース・コーディング・モデル[17]」によれば、約七〇本のミニカラムが束ねられた「マクロカラム（macrocolumn）」によってカテゴリが認識されるという（図９-４）。

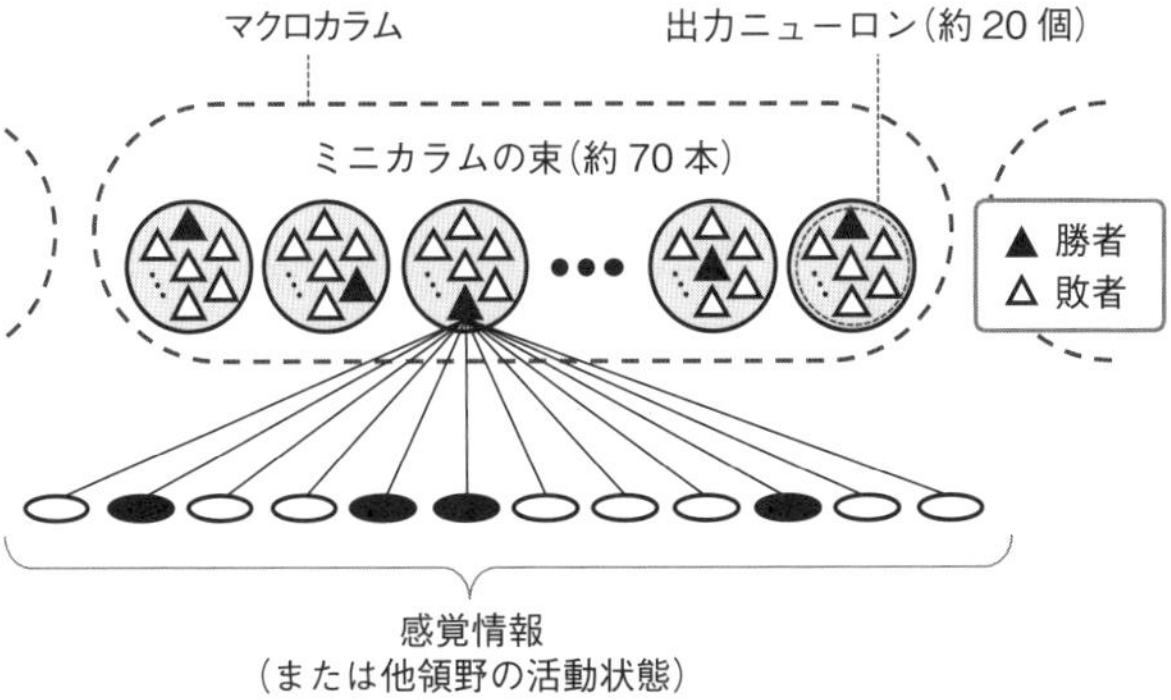

図 9-4　ミニカラムの集合体による情報表現

このモデルでは、それぞれのミニカラムが、カテゴリを特徴づける素性を検出する。たとえば、あるミニカラムは「形」という素性を扱い、別のミニカラムは「色」という素性を扱うと考えてよい。ミニカラムのⅡ・Ⅲ層には約二〇個の出力ニューロンがあり、そのミニカラムが監視する感覚情報（または他領野の活動状態）に応じて活性化する。それぞれの出力ニューロンが、ある特定の素性値（形に関するミニカラムであれば球状・棒状・板状など）に対応していると考えてよい。これら二〇個のニューロンは winner-take-all 回路を構成しているため、外部状態に最もマッチした一個だけが「勝者」として活性化し、ある素性の値（たとえば形＝球状）を表現する。

　このようなミニカラムが七〇本ほど集まったマクロカラムは、素性値の組合せパターン（つまりカテゴリ）を記録・再生する機能をもつと考えられる[17]。その具体的なしくみにはまだ不明な点が多いが、マクロカラム内で同時に活性化しやすい出力ニューロン（約七〇個＝各ミニカラムの「勝者」）の組合せを記憶し、後に部分的に類似した活性状態を捉えては元のパターンを再現する機能をもつのだろう。このようなマクロカラムは単体で多数のパターンを記録・再生できる。理論的には 20^{70}（$>10^{91}$）という天文学的な数のパターンを区別できるが、あえて少数のパターンに抑えることで、類似した事物をカテゴリとしてまとめることや、部分的な情報からカテゴリを想起することなどを可能にしているのだろう。

ＡＳＤとカテゴリ認識

ＡＳＤ者が獲得するカテゴリには、定型発達者と比べてどのような違いが現れるだろうか。ＡＳＤ者の脳はより多くのミニカラムをもち、そのミニカラムを束ねたマクロカラムによってカテゴリを認識・表現する。この時、

- 脳全体におけるマクロカラムの総数が定型発達者より多くなる。
- 各マクロカラムに内包されるミニカラムの数が定型発達者より多くなる。

という二つの傾向が主として考えられる。

前者では、ＡＳＤ者が世界をより多くのカテゴリに分節することが予想される。各マクロカラムに含まれるミニカラムの数が定型発達者と同じ（約七〇本）であると仮定すると、必然とマクロカラムの総数が増えることになる。一つのマクロカラムが何種類のカテゴリを表現するのかという自由度が残されるが、脳全体が認識・表現できるカテゴリの総数は増える傾向となるだろう。

後者では、ＡＳＤ者がより詳細化されたカテゴリを構成することが予想される。脳全体がもつマクロカラムの総数が定型発達者と同じであると仮定すると、各マクロカラムが内包するミニカラムの数が増えることになり、カテゴリを特徴づける素性の数も増えることになる。素性の数が増えるにつれて、カテゴリはより特殊化・限局化した意味範囲をもつようになるだろう。

おそらくＡＳＤ者の脳の中では、これら二つが同時に起こっているのではないだろうか。マクロカラムの総数が増えると同時に、各マクロカラムに内包されるミニカラムの数が増えることで、ＡＳＤ者は詳細化された小さなカテゴリによって世界を細かく分節して認識していることが想像できる。

実際、限局的・固定的な興味をもつことは診断基準[4]に含まれており、詳細化されたカテゴリ認識と整合す

る。ＡＳＤ者の言語面の特徴を例にとれば、個々の話者・発話ごとに異なる音響情報（音そのもの）に固執してしまい、その背後にある不変項としての音韻情報（たとえば日本語の子音や母音）を捉えることにむずかしさをもつという[18]。同様に、ＡＳＤ者の言葉（単語や言い回しなど）は、それを獲得したときに直接知覚した詳細情報に結びつけられ、独特の「かたい意味」をもつようになる[19]。これら以外にも、変化に対する抵抗やこだわりなど、ＡＳＤ者にみられる特徴の多くは、ミニカラム構造の異常に由来する詳細化されたカテゴリ認識とつながるだろう。

ＡＳＤと情報処理スタイル　ＡＳＤ者はより多くのミニカラムをもつが、個々のミニカラムはより細く、その内部にある出力ニューロンもより小さくなり、結果として、ミニカラム間の長距離接続が減少することが予想される。一方、高いミニカラム密度によって短距離接続が増加することも予想される。これらはどのような意味をもつのだろうか。

われわれの脳は、視覚・聴覚・体性感覚などからの入力処理や、そのカテゴリ（何であるか）・空間位置（どこにあるか）を特定し、それらに対する行為（どうするか）を準備する認識処理、そして具体的な運動系列を計画し、身体各部を駆動する出力処理などを、それぞれ異なる脳部位で実行している。ミニカラム間の長距離接続をつくりにくいＡＳＤ者の場合、異なる感覚モダリティの情報を統合したカテゴリの認識や、認識と行為の関連づけなど、異なる脳部位の活動を連携させた情報処理が困難になると考えられる。

実際、フリスが[3]「弱い全体的統合（中枢性統合）」と特徴づけるように、ＡＳＤ者は、文脈から独立し、全体よりも部分ごとに断片化された情報処理を行う。ゆえに、対象・事象の全体的なゲシュタルト構造を捉えることや、文脈との関連の中で対象・事象を意味づけることが苦手である。異なる感覚モダリティからの情報を適切に組み合わせることができず、特定の感覚モダリティに限局した情報処理になりやすいこと（刺

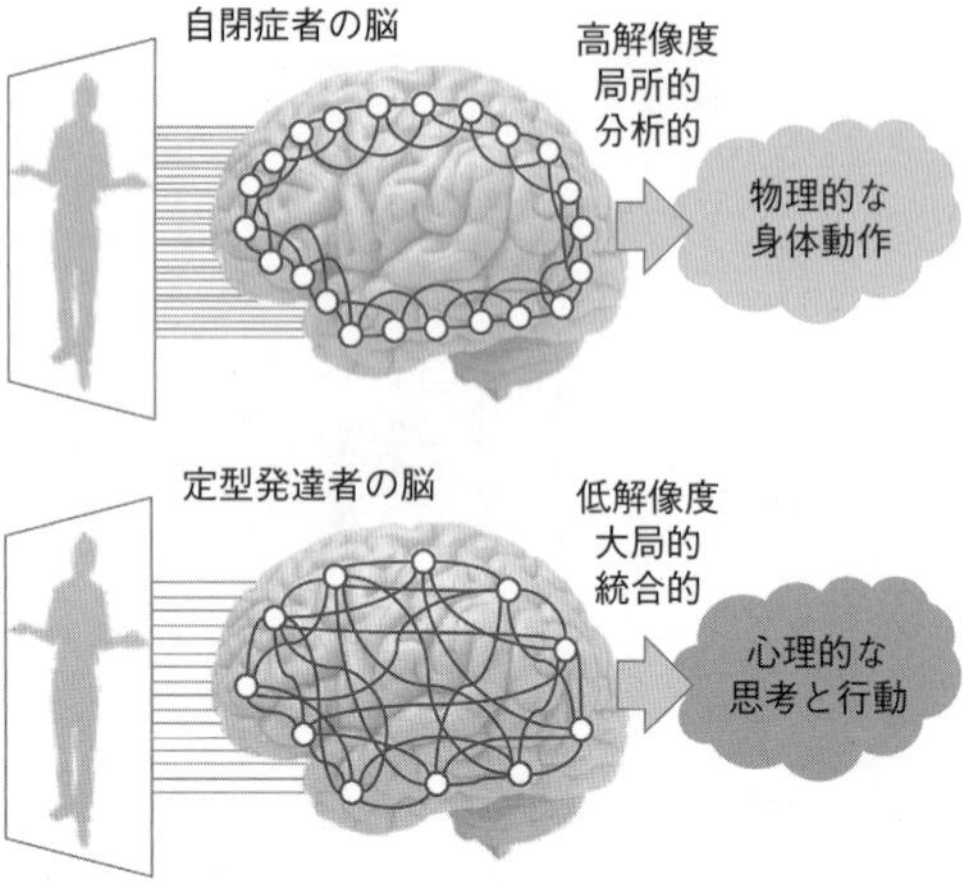

図9-5　自閉症者と定型発達者の情報処理スタイル

激の過剰選択[20]や、身体各部を協調させる運動の障害（いわゆる運動音痴や不器用さも含む）をもつこと[21]も知られている。これらの特徴は、異なる脳部位の活動を適切に連携できなかった結果であると考えてよいだろう。

その一方で、「埋め込み図形」のテスト（複雑なイラストの中から指定された幾何図形を見つける課題）や「積木模様」のテスト（断片的な模様を並べて指定された大きな模様をつくる課題）では、定型発達者よりも良い成績をあげることが知られている[3]。定型発達者の場合、全体的な文脈やゲシュタルト構造に注意を向けてしまうため、部分ごとの情報処理に集中できないのだろう。また、一部のＡＳＤ者は、機械的記憶（rote memory）やカレンダー計算など特定の領域においてサヴァン的な能力を発揮することがある[3]。

このように、定型発達者が全体的・統合的な情報処理を得意とする一方で、ＡＳＤ者は局所的・分析的な情報処理を得意とすることや、次節で扱う「心理化」についても同様に整理できるだろう（図9-5）。このような情報処理スタイルの違いは、ミニカラム構造の差異に由来する接続距離の分布差とうまく整合する。この軸上で、定型発達とＡＳＤを連続体として捉えることも可能だろう。

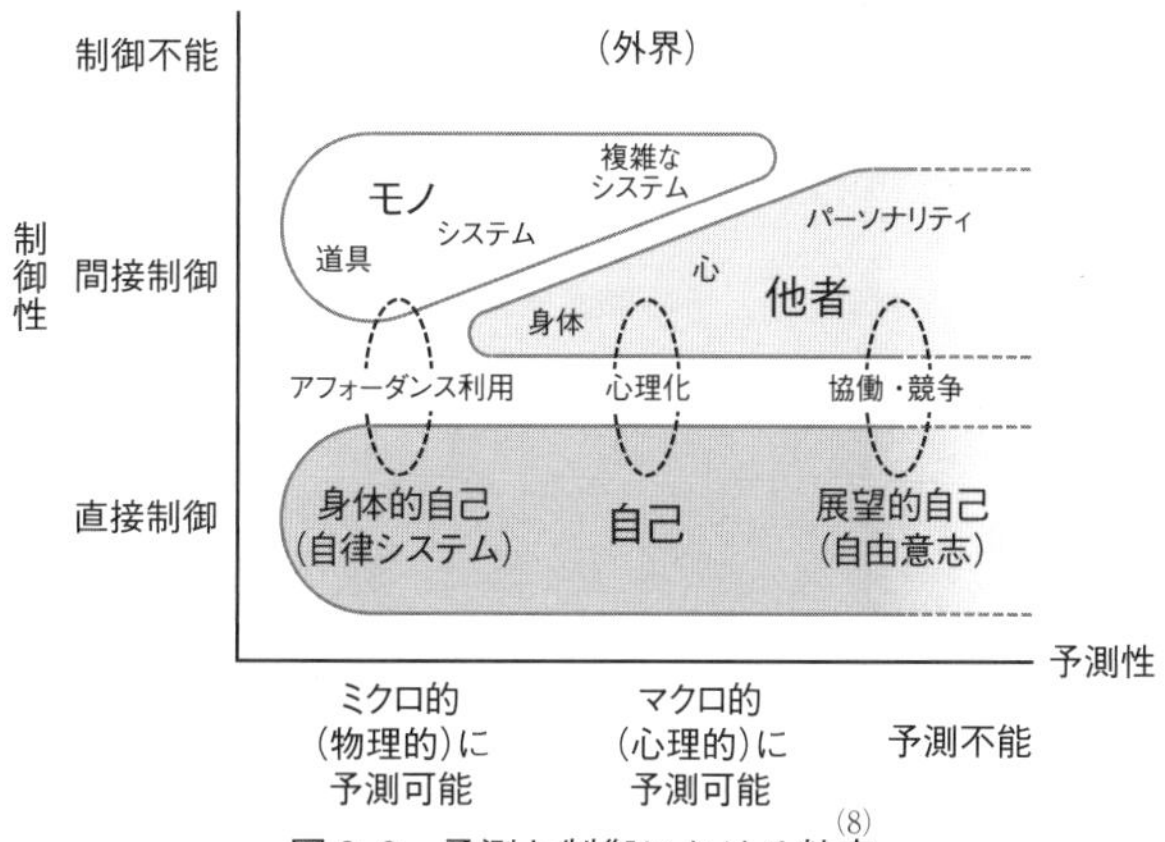

図 9-6　予測と制御における粒度[8]

3　認知粒度からみた心理化

ここまで、ＡＳＤを特徴づける粒度の細かいカテゴリ認識や、局所的・分析的な情報処理スタイルについてみてきた。このような細かい認知粒度から、ヒトやモノへの向きあい方の違いや、ヒトに対する心理化の障害についても導くことができるだろうか。これらの点について検討していきたい。

予測と制御における認知粒度

乳児はヒトやモノへの向き合いをどのように形づくっていくのだろうか。最初は混沌とした連続体としての世界を、予測性（対象の振る舞いをどれだけ予測できるか）と制御性（対象の振る舞いをどれだけ制御できるか）によって、「自己」・「他者」・「モノ（物理的対象）」に切り分けていくことを考えてみよう[8]（図9-6）。

まず、予測性・制御性がともに高い領域が「自己」となる。予測と結果が一致し、応答に遅延がないことによって、自己が外界から区別される。予測性・制御性が身体の境界を定め、また道具による拡張を可能にする。その一方で、自己の外側には十分な制御が及ばない世界が広がっている。その中から、振る舞いを物理

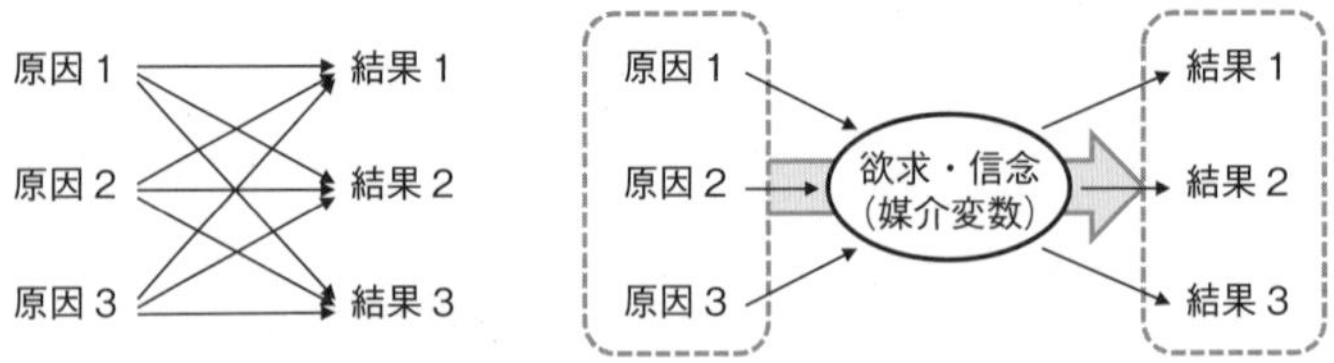

図 9-7　個別の因果関係から媒介変数による心理化へ

的に捉えることで予測可能になる領域が「モノ」として、また、振る舞いを心理的に捉えることで一定の予測が可能となる領域が「他者」として立ち現れてくる。

「モノ」の領域は、「原因→結果」という因果関係の連鎖（あるいはネットワーク）として細かく分析・トレースすることで、その挙動を比較的よく予測することができる。また、この因果的な予測を「手段←目的」という逆向きの関係として捉えなおすことで、モノを道具的・目的的に制御することもできるだろう。モノの領域には、坂を転がるボールのような単純な物体から、何らかの高次機能を組み込まれたシステムまで、様々な複雑さをもつ対象が存在するが、ミクロ的（微視的）な認知粒度によって物理的メカニズムとして捉えることで、予測・制御できるようになっていく。

一方、「他者」の領域については、表面的な因果関係によるモデル化だけでは十分な予測・制御ができないが、他者の内部に何らかの媒介変数を想定することで、一定の予測・制御が可能となる[22][23]。図9-7の左側に示すように、様々な因果関係を個別に学習しただけでは、未経験の因果関係を「生起確率0」と予測してしまう。これは機械学習における「経験した個別事例への過学習」の状態といえる。そこで、図9-7の右側に示すように、原因と結果の間に媒介変数（機械学習における「隠れ層」）を導入し、その媒介変数に影響を与える原因クラスと、その媒介変数から導かれる結果クラスをまとめ、それらの間の対応関係を効率よく記述することを考える。

このような抽象化によって、原因クラスのどの要素が成り立っても媒介変数が変化し、そこから結果クラスのいずれかの要素が導出されることが予測できる。原因クラ

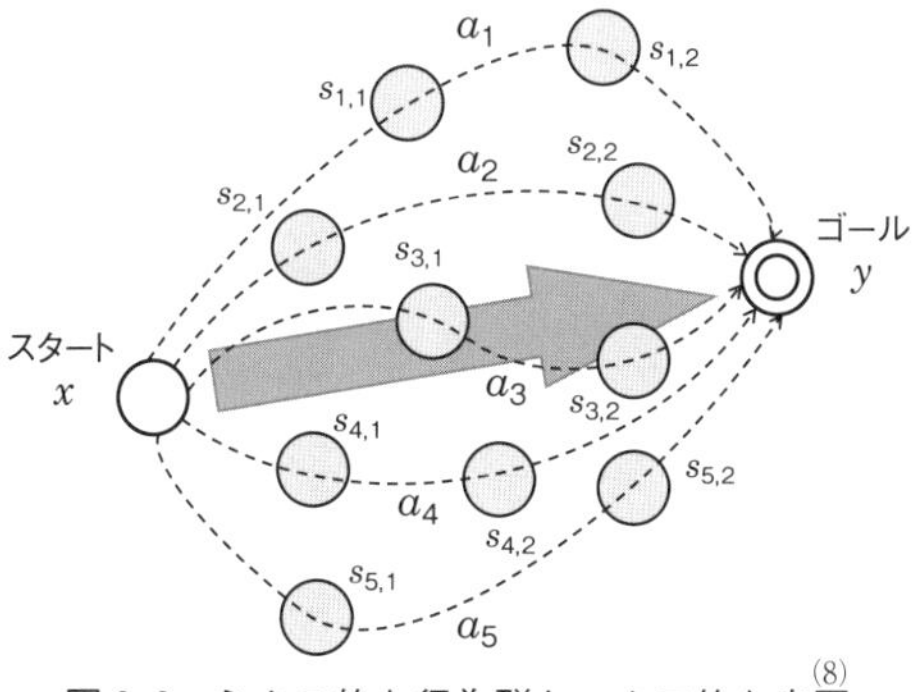

図9-8　ミクロ的な行為群とマクロ的な意図[8]

ス・結果クラスは、基本的には要素間の類似性によって形成されるが、粗い認知粒度で他者の振る舞いを観察することがこれを可能にするのだろう。他者の内部に想定される媒介変数は、欲求・信念といった状況に応じて変化する心的状態や、個性を特徴づける長期的・永続的な心理傾向を表すデータであると考えられる。

行為から意図への心理化

「モノ」の領域はミクロ的（微視的）な分析によって物理的に捉えられ、「他者」の領域はマクロ的（巨視的）な抽象化によって心理的に捉えられる。このことは、単発の行為だけでなく、ある目的を遂行するための行為の連鎖についても同様であろう。

たとえば図9-8に示すように、スタート状態xからゴール状態yまでの可能な経路として$a_1, \dots, a_n$のn本があるとする。経路a_iは「$x \to s_{i,1} \to s_{i,2} \to \cdots \to y$」という状態遷移をもつ。定型発達者であれば、これら経路を数多く観察し、細かな身体動作の差異を捨象したマクロ的な粒度において抽象化することで、共通する不変項として「意図」（灰色の矢印$x \Rightarrow y$）を捉えられるようになるだろう。そして、日常の中に埋め込まれた状態遷移の中から、このような「意図」をもった単位を切り出し、他者の振る舞いを「志向スタンス」[24]あるいは「目的論的スタンス」[25]によって理解・予測できるようになっていく。

一方、ミクロ的な認知粒度をもつＡＳＤ者から見れば、個々の状態遷移ステップは因果性にもとづいて理解・予測できるが、全体としては共通性のない経路群となってしまう。共通性のない個別事例に振り回されてしまい、またノイズや小さな変形を過学習してしまい、他者を志向的に捉える内部モデルをうまく構築することができなくなる。その結果、因果性にもとづいて他者にもモノにも対処せざるをえない。他者の振る舞いをミクロ的な粒度で捉えようとする限り、高次元の情報（身体各部の細かな動きなど）をそのまま扱わなければならない。そして、このような予測不能な領域から距離をおき、少しでも予測性の高い状況をつくりだすために、他者回避・こだわり・常同行動などが生じると考えられる。

これらの議論から、今まで謎であった「心理化フィルタ」（図9-2）とは、他者の振る舞い（身体動作など）をマクロ的な粒度で抽象化し、そのレベルで予測性・制御性を確保するための装置であるといえる。心理化とは他者の振る舞いを抽象レベルで捉えることであり、認知粒度はそのレベルを決めるパラメタなのである。

4　「認知粒度の共有」が意味するもの

ＡＳＤ者の脳を特徴づける稠密なミニカラム構造から、詳細化されたカテゴリ認識や局所的・分析的な情報処理スタイル、そして他者に対する心理化の障害などが、どのようなメカニズムによって出現するのかを検討してきた。これらを含むＡＳＤの多様な病像は、認知粒度という軸上で統一的に捉えなおすことができる。一方で、粗い認知粒度をもつ定型発達者であれば、互いの振る舞いをマクロ的なレベルで抽象化し、そのレベルで志向的に向き合うことで、社会的コミュニケーションやそれにもとづく協働を実践することができる。

　認知粒度はＡＳＤから定型発達までを連続的につなげる参照軸であり、定型発達者もＡＳＤ者も、それぞれの認知粒度に応じて世界を意味ある単位に分節し、世界に対する予測性・制御性を獲得していく。ゆえに、世界の捉えかた、世界へのかかわり方も異なってくる。この点は個性やサヴァン的能力への可能性としてポジティブに捉えることもできるが、多数派（定型発達者）との認知スタイルの違いはＡＳＤ者に様々なハンディキャップをもたらす。

　たとえば、認知粒度に応じて基本レベルカテゴリ[16]（「猫」「学校」「病気」など処理しやすい粒度のカテゴリ）の大きさやカテゴリ間の関係も変わってくる。ミクロ的な認知粒度をもつＡＳＤ者にとって、多数派（定型発達者）の使うカテゴリや語彙の獲得・使用は非効率なものとなるだろう。あるいは、ＡＳＤ者が獲得する言語は、多数派のそれとは異なる粒度をもった別種の体系となるのかもしれない。たとえばアスペルガー障害など言語能力の高いサブタイプでは、粒度の細かな独自の体系のうえで、多数派の言語体系をエミュレート（機能模倣）しているのではないだろうか。

　ここで定型発達者を「多数派」と表現したが、定型発達者が互いにコミュニケーション可能であるためには、粗い認知粒度を（一定の分布範囲として）共有していることが必要となる。言い換えれば、定型発達者は、限られた分解能の脳で互いの振る舞いを予測・制御し、志向的な向き合いのもとで協働するべく、粗い認知粒度を共有するように進化したのだろう。あるいは、自律的に進化していく社会（集団構成・制度・技術など）に個々人の脳が適応するための手段として、粗い認知粒度において意図や信念を共有するようになったともいえる。

　このような「認知粒度相対論」の考えは、人間の社会性について再考する手がかりを与えてくれる。言語や文化は、認知粒度を共有した多数派集団によって共同構成されてきたと考えられる。また、従来から曖昧な定義のまま使われていた「意図」という心理学的概念でさえ、認知粒度の共有を前提とした構成概念であるとも考えられる。このような認知粒度を軸とした相対化によって、人間について、コミュニケーションについて、そして文化について論じるための新しいパースペクティブが得られるだろう。

5 おわりに――〈自閉症学〉のもつ可能性

本章では、認知粒度という視座からASDを、そして人間の社会性の成り立ちを捉えなおすことを試みてきた。心理学・脳科学・情報科学といった切り口から、認知粒度のエビデンスやその共有・差異がもたらす意味について検討してきた。このほかにも議論すべき点が、つぎのように挙げられる。

- 脳の発生と遺伝学

  脳の初期発生におけるニューロン増殖や組織化の制御不全によってミニカラム構造の異常が生じるのではないか。これら脳発生を制御する遺伝子やエピジェネティックな発現機構は何か。

- 進化心理学・比較認知科学

  定型発達的な認知粒度の共有は、*Homo sapiens* の登場とともに人類に備わった形質か。ヒト以外の動物種（とくにチンパンジーなど大型類人猿）はいかなる認知粒度をもつか。

- ウィリアムズ症候群

  認知粒度がASDと定型発達を連続的につなげる参照軸であれば、定型発達よりも粗い粒度をもつ発達障害としてウィリアムズ症候群[26]を位置づけることができるか。

もちろん、これら以外にも検討すべき課題、連携すべき学問分野があるだろう。
このような〈自閉症学〉をコアとした学際的な研究によって、人間のもつ他者理解や擬人化の能力の成り立ち、自閉症におけるそれら能力の発達障害に、認知粒度を軸とした統一的な説明が与えられ、そこから新しい社会性発達モデル、新しい自閉症モデルに発展することが期待される。また、環境あるいは刺激の認知粒度を操作することで、自閉症をはじめとする発達障害への新しい療育手段を開発することにもつながるかもしれない。この分野の今後の発展に期待したい。

ブックガイド

認知科学の観点から、脳について、知性について、言語や文化について、人間性を俯瞰するために役立つ本を三点紹介しよう。

ミンスキー、M（安西祐一郎 訳）『心の社会』（産業図書、一九九〇年）

単独では無力な個人が「社会」を構成することで、政治・経済・文化といった集団活動を可能にしていくように、単純なニューロンが高度に組織化されることで、コミュニケーションを含めた高次認知機能が生じることを論じている。

ホフスタッター、D・R（野崎昭弘ほか 訳）『ゲーデル、エッシャー、バッハ――あるいは不思議の環』（白揚社、一九八五年）

ゲーデルの不完全性定理、エッシャーの不思議な版画、そしてバッハの精巧な作曲技法に通底する「部分と全体の『もつれた』関係」などを手がかりとして、人間の知性がどのように生じうるのかを多面的に論じている。

トマセロ、M（大堀壽夫ほか 訳）『心とことばの起源をさぐる――文化と認知』（勁草書房、二〇〇六年）

霊長類学・発達心理学の研究者トマセロが、他者理解や協力・協調、そして言語使用に関するヒトとチンパンジーの進化的な差異について論じ、そこから定型発達者と自閉症者の社会性の差異についても説明を試みている。

コラム 09

ＴＲＰＧを用いた自閉スペクトラム症児へのコミュニケーション支援

加藤浩平

「コミュ力」（コミュニケーション力）という言葉が学校でも社会でも頻繁に取りあげられるようになって久しい。「コミュ力」というものの定義はさておき、コミュニケーションが苦手な人への蔑称として「コミュ障」という言葉もある。学校生活の中で「コミュ力」は、スクールカーストで上位に位置するための最重要スキルで、カーストの下層に落ち込まないために「コミュ力」をもつことは学校生活を生きる子どもたちにとって切実な問題であるようだ。

最近は、コミュニケーションが職場などでも評価基準の大きな要素となっており、その扱われ方にはやや過剰さも感じる。この一〇年で発達障害が急にクローズアップされているのも、これらのコミュニケーション偏重の傾向によるところがあるかもしれない。

ＡＳＤ児のコミュニケーション支援

発達障害の中でも、自閉スペクトラム症（ＡＳＤ）は、「社会的コミュニケーションの障害」と「興味の限局および常同的・反復的行動」を主な特徴とする。社会的コミュニケーションの問題としては、「会話の流れや文脈を理解・維持できない」「話し手の表情や身ぶりから会話の意図を読み取れない」「自分の言いたいことを一方的に話してしまう」「冗談、皮肉などを字義通り受け取ってしまう」等が挙げられる。

教育現場において、ＡＳＤのある子ども（以下、ＡＳＤ児）への社会性やコミュニケーションに関する支援は、主としてソーシャルスキル・トレーニング（ＳＳＴ）などの訓練ベースの介入方法が取り組まれてきている。しかし、ＡＳＤ児へのＳＳＴには、訓練で学んだスキルの日常生活での応用が困難（般化の問題）、本人が自分の意思でスキルを使い続けることの困難（自発性・維持の問題）という課題が指摘されている。コミュニケーションスキルを知識として有していることと、そのスキルを使えるかどうかは別の問題といえる。[1]

SSTのような訓練型のコミュニケーション支援が取り組まれている一方、近年は、療育や地域活動などの場で、余暇活動をベースとしたASD児自身の自発性や内的動機を重視するコミュニケーション支援が注目されている。たとえば、ASDのある青年たちが定期的に集まりゲームや映画鑑賞などを主体的に楽しむクラブ活動の実践や、鉄道やアニメ・漫画・ゲームなどの趣味の話題（参加児の共通の社会的関心）を題材に、ルールを決めたフリートークを楽しむ余暇活動などが取り組まれている。

テーブルトーク・ロールプレイングゲームとは

筆者がASD児の小グループ支援として採用しているテーブルトーク・ロールプレイングゲーム（TRPG）も、そういった余暇活動の一種である。

TRPGとは、複数名でテーブルを囲み、参加者同士のやりとりで架空の物語をつくり上げていくことを楽しむ会話型のテーブルゲームである。事前にゲームの進行役である「ゲームマスター（GM）」がシナリオ、すなわち物語の設定やあらすじを作成し、他の参加者は「プレイヤー」として、「戦士」や「魔術師」といった物語の登場人物である「キャラクター」をルールに従って作成し、そのキャラクターを通してGMの用意した物語に参加する。コンピュータなどは使用せず、代わりに「キャラクターシート」と呼ばれる記録紙やサイコロ、筆記具などを使用する（図1、図2）。グループはGMが一名とプレイヤー三～五名、活動時間は九〇分～二時間ほどで実施することが多い。

以下は、子どもたちとのTRPGの様子である。

GM：……さて、君たちが薄暗い石造りのダンジョン（迷宮）を奥へと進んでいくと、やがて左右に道が分かれた場所にたどり着くよ。

戦　士：（他のキャラクターたちに）どっち行く？

魔術師：とりあえず周りを調べない？

狩　人：それじゃ、ぼくは地面を調べる。

GM：地面には何かの動物の足跡があって、右の通路に続いているよ。

戦　士：よっしゃ、足跡の方に突撃！

図1　TRPG活動の様子

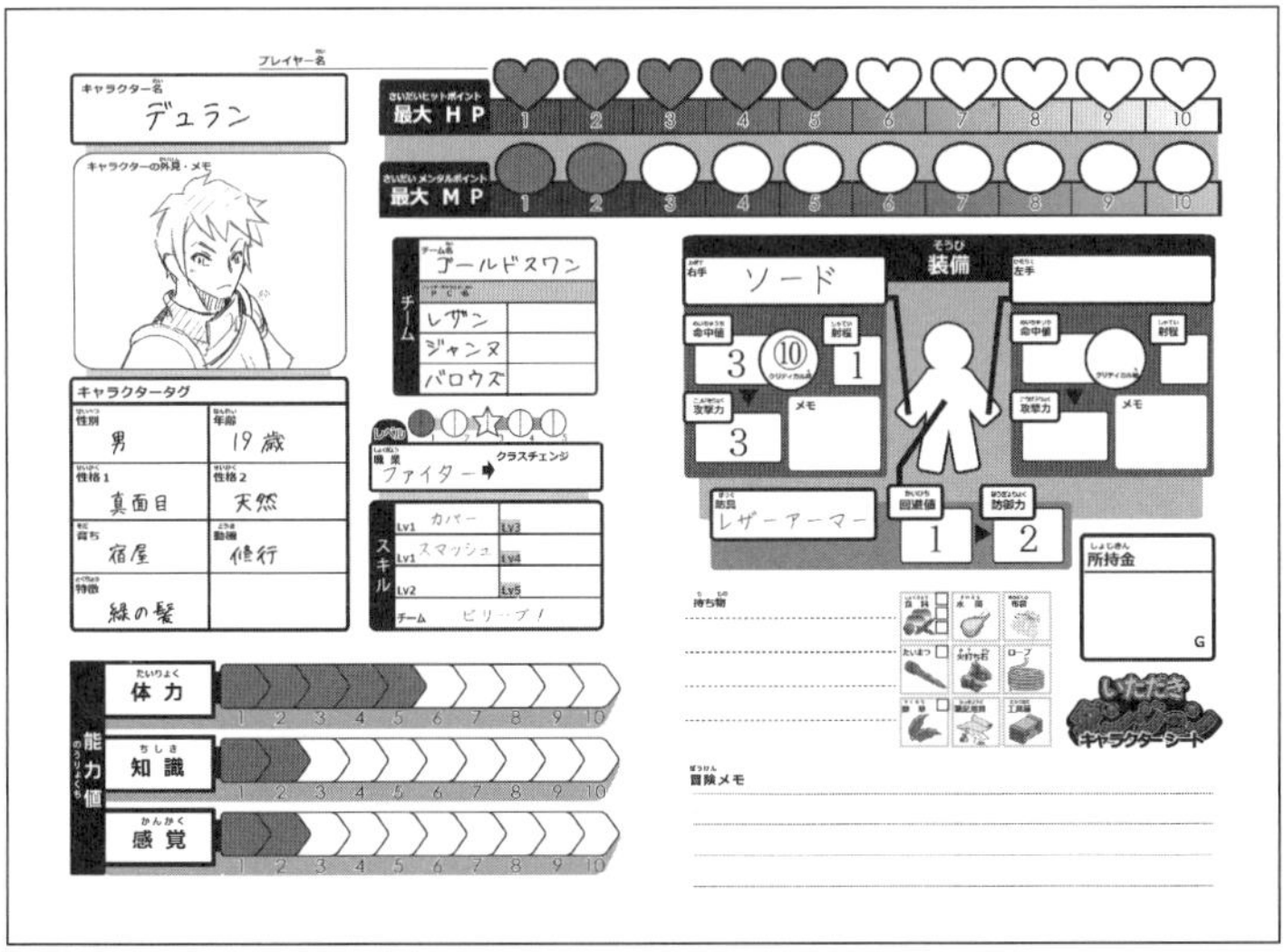

図2　TRPGのキャラクターシートの例

魔術師：ちょっと待って。ＧＭ、アタシその足跡を調べたい。
Ｇ　Ｍ：いいよ。〈調べる〉の判定をしてみて。
魔術師：（サイコロを振る）……11！　これは成功したでしょ？
Ｇ　Ｍ：そうだね。では、魔術師が地面の足跡を調べると、牛ではなく「ミノタウロス」という半人半獣の怪物のものとわかる。
魔術師：じゃあ、みんなに伝える。「この足跡、ミノタウロスだよ」。
狩　人：ミノタウロスって……食えるの？（一同笑）
魔術師：たぶんすげー強いよ。こっちが食われるんじゃね？（笑）
戦　士：マジでっ？　突撃やめます……。

以上のように、参加者同士の会話を通して、物語の場面を皆でイメージしながら物語を進めていく。

ＴＲＰＧは、通常のゲームのような参加者間で勝ち負けを競うことを基本的にはしない。代わりに物語には目標があり（たとえば「迷宮に隠された財宝を手に入れる」「魔王にさらわれたお姫様を救出する」など）その目標を達成するために、参加者同士がコミュニケーションをしながら協力して（時には反発して）ゲームを進めていく。会話を通して参加者間で物語を共有し協同作業で物語をつくり上げていくという点が、ほかの一般的なテーブルゲームやコンピュータゲームとは違ったＴＲＰＧの特徴である。

参加者同士がコミュニケーションと想像力を駆使して一緒に物語を楽しむゲーム……と書くと、コミュニケーションに障害があるといわれるＡＳＤ児には不向きな活動のように感じる支援者や教員も多い。しかし、筆者がかかわっているＡＳＤ児たちは、以下のエピソードが示すように、ＴＲＰＧに積極的に参加し、物語の中でのコミュニケーションを楽しんだり、ＴＲＰＧでの体験を日常に活かしたりしている。

＊

友だちグループの中で、自分の好きな話を一方的にする傾向のある中学生のマコ。彼女はＴＲＰＧ活動でもおしゃべりだが、段々と他の参加者の発言やアドバイスを聞いて発言したり、自分のキャラクターの役割を意識して行動したりできるようになってきた。同時に、学校行事や部活動でも、ＴＲＰＧ活動の時のように、話し合いなどの場で周囲の子の意見を求めるようになった。

＊

「ウゼエ！」「話しかけんな！」と乱暴な言葉をぶつける小学校高学年のレンジ。支援者が注意しても暴言が止まらなかったが、ＴＲＰＧ中にレンジのキャラクターがピンチのとき、いつも暴言を吐かれていた子のキャラクターが助けてくれた。レンジは「助けてとは言ってねぇ」とブツブツ言っていたが、最後に「……ありがとう」と一言。その後、暴言も減り、代わりにグループの子とも休み時間中に漫画やゲームの話で仲良くおしゃべりをすることが増えた。

＊

「つまらない」「面倒くさい」と言って学校や地域の集団活動に参加をしたがらない中学生のヨシオ。ＴＲＰＧ参加当初は親に誘われてしかたなく来たという感じだった。しかし、回数を重ねる中で参加にも積極的になり、また他の人とは違った彼独自の発言や提案が物語を盛り上げることも多く、いつの間にか参謀的な役割を担うようになった。最後は他の子たちからも一目置かれ、「前に比べて協力的になった」と評価されるようにもなった。

ＴＲＰＧを用いたコミュニケーション支援の研究

これまでの実践・研究から、ＴＲＰＧを通してＡＳＤ児たちの自発的なコミュニケーションが促進したこと、また、話し合い活動の場での合意形成について積極的な変化が報告されている。別の調査では、参加したＡＳＤ児たちのＱＯＬ（Quality of Life：生活の質）が増加したという結果も出ている[1]。

また、ＴＲＰＧ活動に参加したＡＳＤ児たちに活動についての感想をインタビュー形式で質問したところ、「ＴＲＰＧを体験して、前よりも会話することが楽しくなった」（中学生男子）「ゲームの楽しさとは別に、他の参加者とのやり取り自体が楽しかった」（高校生男子）「学校で「ふだん、自分は〝ぼっち〟（一人ぼっち）だなと思うことがあるけど、ＴＲＰＧではそういうことはなく、楽しく過ごせた」（高校生女子）といった回答があった。

なぜＴＲＰＧ活動の中でＡＳＤ児たちのコミュニケーションが促進され、また同時に彼らのコミュニケーションへのモチベーションが維持されるのか。その背景要因として、ＴＲＰＧという活動の中にある複数の要素が影響していると考えている。その要素とは、①ルールなどの枠組みの中で自由度の高い行動がとれること、②キャラクターの能力や職業等によって役割が明確化されていること、③他者との直接のかかわりでなく、キャラクターを介したワンクッションのあるコミュニケーションになっていること、などである。筆者は実践を通して、それらのＴＲＰＧの特徴が、ＡＳＤのある子どもたちの自発的でポジティブな発話を促進し、かつ集団の中での自身のコミュニケーションへの客観的な気づきや学び体験をもたらしているのではないかと考察している。

ＡＳＤの「コミュニケーションの障害」とは

ＡＳＤ児は社会性やコミュニケーションの面に障害をもつ、集団活動やコミュニケーションが嫌い（苦手）といわれることがあるが、それはあくまでも「外側」（多数派）からの見立てである。環境や支援が本人に合っていれば、コミュニケーションを積極的に楽しみ、その体験を皆と共有することもできる。それはＴＲＰＧ活動の中で実際に行われていることだ。

アスペルガー症候群の当事者でもある東京大学の綾屋紗月氏は、著書の中で、コミュニケーションとは二者の間のやり取りで成り立つもので、そのやりとりの中で起きる不具合の原因を一方の個人（ＡＳＤ者）に帰することはできない、といったことを述べている[2]。コミュニケーションはどちらかに正解や正しさがあるのではなく、差異や多様性があることを前提に、お互いを理解することの難しさを感じながら双方が歩み寄っていく行為ともいえる。ＡＳＤ児たちとの交流は、そういったコミュニケーションの本来のあり方を見直す機会をわれわれ研究者・支援者の側にも与えてくれる。

鼎談

今なぜ自閉症について考えるのか？
――〈自閉症学〉の新たな可能性へ向けて

國分氏と熊谷氏に、編者・松本氏の進行のもと、
本書の内容を振り返りつつそれぞれの研究内容をふまえて
「自閉症」をめぐる考えを語っていただきました。

國分功一郎（哲学者）×**熊谷晋一郎**（小児科医）×**松本卓也**（精神科医）

松本　本書『〈自閉症学〉のすすめ』は、理系文系問わず様々な学問ジャンルから自閉症について論じる、これまでになかった本です。今、「自閉症」という主題が精神医学や心理学だけでなく、様々な学問分野に影響を与えつつあるように思います。言い換えれば、新しい研究対象として「自閉症」が現れてきたというよりは、この主題を媒介とすることにより、それぞれの学問分野において根本的な変化が起こったり、新たなアプローチが可能になってきているのではないかと思われるのです。

私の専門でいうと、これまでの精神病理学は、統合失調症という病気を中心としてその知識を深めてきたといえます。そして、その統合失調症をいわば蝶番として、人文科学との交流が可能になっていたように思われます。しかし最近では、統合失調症が軽症化して、外来でも初発の統合失調症をほとんど見なくなり、人文科学との交流も下火になってしまったようにみえる。ところが、特に二〇〇〇年以降、成人のアスペルガー症候群、自閉症スペクトラムが非常に注目されるようになった。ここ二〇年弱の間に自閉症スペクトラムと

いう新たな領域を発見することによって、これまでの統合失調症を中心とする精神病理学が書き替えられつつあるという印象があります。この流れは、精神病理学の世界の中だけで起こったことではなくて、哲学の分野でも村上靖彦さんの『自閉症の現象学』が刊行されたように、相互的な化学反応が起こっている。このこと自体が、非常に面白いと思います。

熊谷晋一郎氏

國分功一郎氏

自閉症からみた学問の変化

熊谷　そうですね。学問の世界だけでなく、障害をもつ本人のコミュニティや、そこと密に協働している障害学のコミュニティでも、自閉症は一つのトピックになってきていると思いますね。これまで障害をもつ当事者のコミュニティも、一つの言説の体系を蓄積してきたわけだけれど、それだけではうまく取り扱えない新しい当事者が登場してきた、という受け止め方はされているように思います。戸惑いとともにその受け止めが始まっている。自閉症をめぐる言説は、主に親と専門家の共同作業によって産出されてきた部分があるのですが、これまでの古参の当事者コミュニティは、親や専門家によって産出される障害に関する言説を批判するところから始まっていますので、受け止め方に慎重さが伴います。

　そうした中、当事者の中で自分の経験を語る人たち、語るだけではなくて政治活動につなげていく当事者が、世界中で九〇年代、二〇〇〇年代に誕生してきました。

ニューロダイバーシティムーブメント（神経多様性運動）などがそれにあたり、そこから、ようやく三〇年遅れぐらいで新しい自閉症の当事者運動が勃興し、それによって徐々に当事者の経験を語る言葉が豊富になってきている、ということは起きているんでしょう。

松本　障害者運動の文脈でいえば、一九七〇年代に自立生活運動がありましたが、あれは基本的には重度の知的障害と身体障害を対象とするものでしたね。日本でいえば、「青い芝の会」[*1]とかですね。

熊谷　青い芝の会では、あまり自立という言葉は強調されてこなかったですけど、広く障害者運動に含まれるものですかね。

松本　その時にはあまり自閉症については注目されていなかったんですね。「親と専門家の言説」というのは、自閉症を語るときには重要ですね。ブルーノ・ベッテルハイム[*2]に由来する「冷たい母親の子育てが自閉症をつくる」という「冷蔵庫マザー」言説が、七〇年代にはまだ残っていたわけですが、徐々に「親が原因である」と主張する古い専門家に対するオルタナティヴな言説の領域が出てきたということなのでしょうか。

熊谷　このあたりは哲学者のイアン・ハッキング[*3]たちが自閉症の概念史を研究しています。広い意味での当事者——自閉症者だけでなく、その家族や支援者、周辺にいる人たちを含めた当事者ですね——の日常実践と、専門知との間に相互循環的な、互いに相手をアップデートしていくような関係がありますよね。彼はそれをループ効果と呼んで、その具体的な例題として自閉症の概念がどういうふうに変遷してきたのかを、彼とその共同研究者が検証しているのです。

自閉症をめぐっては、最初に冷蔵庫マザー説、その後、本人の生まれつきの脳の問題であるという考えがきて、さらにその次に狭義の「当事者」の運動になりますね。冷蔵庫マザー説から本人の脳の障害であるというパラダイムシフトが起きたと

松本卓也氏

きに、大きな影響を及ぼしたのが、自閉症児の家族であり、同時に専門家でもある何人かの研究者であったと。サイエンティフィックな動機に加えて、不当な母源病パラダイムに抵抗する親の運動もまた、背景にあったのですね。その後にやってきた狭義の「当事者」のムーブメントは、自分たちの生きづらさや困難というものを説明するにあたって、一〇〇パーセント自閉症者の脳のせいにし、親や社会が免責されていく医学モデル的な捉え方はおかしいと主張しました。彼らがやっているニューロダイバーシティムーブメントは、幼少期に受けた過度に同化的な行動療法をめぐって親を訴えたり、社会を訴えたりする活動を通して、自分たちがもつ個性的な脳に、困難のすべてを帰属させるような政治を跳ね返していこうとしている。

＊

國分　さっきの松本さんがおっしゃった「分裂症（統合失調症）というのがもはや学問を進歩させていく蝶番の役割を果たさなくなった」というのを僕も実感しています。僕が現代思想とかに関心をもった頃だと、分裂症というのは「そこにある種の人間の真理が現れている、人間存在の極北」みたいな感じで扱われていた。でも、これは実に二〇世紀的な現象でした。それ以前、フロイトにとって重要だった精神疾患は神経症だったわけですね。一九世紀は神経症の世紀、二〇世紀は分裂症の世紀だと仮にいうことができると思われますが、しかし、分裂症の時代はやはり二一世紀に入って終わりつつある。では今社会を見るときの蝶番の役目を果たす「障害」や「疾患」は何かといえば、多分それは「自閉症」だろうと思っているわけです。

これは偶然ではなくて社会の変化と対応しています。一九世紀にはミシェル・フーコー[*4]が言ったような、監視によって人を動かす規律訓練の社会ができあがり、それが広がっていく。これは心の中に非常に強い抑圧をつくり出して、自分で自分を統御させる主体のあり方をもたらします。これは過度の心的抑圧によって発生する神経症に対応している。それに対し、二〇世紀には簡単にいうと資本主義が爆発的に発展して、欲望の解除あるいは社会的抑圧の解体が起こる。二〇世紀というのは、それをうまく利用することで大量生産、大量消費、大量投棄のシステムをつくったわけですが、それと平行して伝統や権威の解体も進展しました。これはラカン的にいえば、原抑圧がうまくいっていない分裂症（統合失調症）という精神病と対応している。

　では二一世紀になってどうなるかというと、今度はフレキシビリティという概念が経済を支配するようになってくる。二〇世紀の経済体制はフォーディズムという言葉で説明されます。その語源となったアメリカのフォード社は、フォードT型という車を何十年もつくり続けて、品質を高めるとともに値段を下げることに成功した。同じ商品をつくっているから、企業は生産についても雇用についてもあらかじめ計画を立てることができる。労働者はその計画にしたがってまじめに仕事を続ければ給料も上がった。目標、そして目標を達成するための手段がはっきりしている社会ですね。

　それに対し、二一世紀型の資本主義では、どれだけ質がよくて安いものを提供してもモデルチェンジを繰り返さない限りモノが売れなくなってきている。携帯電話、スマートフォンが最もわかりやすい例です。しかも、モデルチェンジをしたからといって必ず売れるわけでもない。すると、労働者を一定程度囲い込んで訓練して、いい労働者に鍛え上げていくこともできなくなる。労働市場が猛烈に流動化するわけです。これをポストフォーディズムといいます。

　その中では、毎週のように職場が変わるような、派遣労働のようなものも常態化していく。また労働者は日々、新しい要求に晒されていて、常にそれにフレキシブルに対応しなければならない。様々な変化に機敏に対応しなければならないし、そのためには新しく出会った人と、すぐに迅速に効果的なコミュニケーションをとれなければならない。自分の感情をうまく効果的にコントロールする能力も求められるようになる。

　こういう経済体制が常態化してくると、そのネガとして、それができない人間が排除されていくことになる。さらには、これまでだったら「少し変わった人」ですんでいたような人が障害をもつ人として扱われるようになる。自閉症の診断数がこの二〇年で劇的に増えて、十倍近くになっているわけですが、これもそうした社会の変化と切り離せないように思われます。診断数が増えることは必ずしも自閉症的な特徴をもった人そのものの数が増えたことを意味しません。むしろ、社会の変化によって、これまで問題視されていなかった人々が問題視され、「障害者」として排除されつつあると考えるべきではないか。「空気を読むこと」のような強制などはそのわかりやすい例ですが、そこには大きな資本主義体制の変化が関係していると思われます。

松本　フォーディズム体制からポストフォーディズム体制に移行するのに伴って、流動的な変化に機敏に対応できるネオリベラルな主体[*5]が求められるようになる。すると、かつてであれば一つの労働に、ある種の常同行為（反復）のような仕方で適応できていた人々が、適応できなくなる。それが「異常」とみなされるようになった、ということですね。

國分　それが一つ大きな流れとしてはいえると思うんですね。現代の資本主義はもはや、かつて一九七〇年代にジル・ドゥルーズ[*6]が論じたような仕方で統合失調症と結びついているということはできない。現代の資本主義が人間の精神と取り結ぶ関係は変化してきている。その際に注目するべきは自閉症だけではないかもしれないけれども、自閉症が注目すべきものであることは間違いないと思います。

新時代の到来……

松本　フーコーは、一九六六年の『言葉と物』の中で、一八世紀フランス革命の頃を境に「近代」というシステムと「（近代的）人間」という概念が出てくるというんですが、一九六一年の『狂気の歴史』の中では、「近代」は精神医学（狂気の取扱い）にとっても大きな変化があったと言っています。『言葉と物』は、「人間の終焉」の到来を予言するところで終わっていますが、近代精神医学が統合失調症によって規定されたものであったとすれば、それから五〇数年経った自閉症の時代は、何か新しいエピステーメー（物の考え方の枠組み）が現れつつあるのではないか、その変化をわれわれは見ているのではないか、という感覚をもっています。

國分　それは本当にそう思いますね。たとえば僕が専門にしているドゥルーズの哲学はずっと統合失調症の観点から読まれていました。しかし、今明らかにパラダイムシフトが起こっていて、これを自閉症との関連において読む研究が少しずつ出てきています。ちなみにそうした研究は日本が先陣を切っていて、僕だけじゃなくて、松本さんもそういう論文を発表していますし、僕らの友人の千葉雅也さんも同様の問題意識をもっている。

現代の自閉症研究が明らかにしてきた自閉症者の知覚や感覚の特徴が、ドゥルーズ的な主体モデルに驚くほど当てはまるというのがその根拠になっていますが、この一致には研究者としても本当に驚きます。ドゥルーズは明示的に自閉症を論じていたわけではありませんから。

松本　ドゥルーズは、本当の精神障害の患者は苦手で、会いたくもなかったようですね。盟友のフェリックス・ガタリ[*7]から、「ラ・ボルド病院に行こう」と誘われても全然行かなかったという逸話が残っています。しかしそれでも彼は、現代の変化を予言していたのかもしれません。

その変化に伴って、精神病理学や心理学だけじゃなくて、様々な学問分野にも変化が生じているというのは、非常に興味深いと思います。

熊谷氏が語る自閉症と今までの研究の展開――当事者研究との出会いから

松本　熊谷さんが、自閉症という主題にどのように出会われたのか、教えてもらってよいでしょうか。

熊谷　まさにさっきのフォーディズムからポストフォーディズムへのターニングポイントとパラレルに、小児科の領域でも注目される障害の種類に変化が起きたのは興味深いことです。フォーディズムにおいては商品のみならず労働者も規格化が理想とされますが、私のような、半熟練労働に部品として従事できない、規格化されない身体をもつ脳性まひのような障害が、かつては注目されていました。脳性まひブームともいっていい時代がかつてあり、脳性まひっぽい歩き方をする子どもを早期に発見して矯正していく、そういった時代が私の幼少期でした。

松本　『リハビリの夜』（医学書院）で書かれている事柄ですね。

熊谷　まさにそうですね。そういった背景の中で障害者運動が生まれたわけですが、ポストフォーディズム的な空気は、当時の障害者にとっては追い風だったのです。固いものを流動化させていくことで、生存の条件を切り開くという意味で、希望だったのですね。これからは頭だけ使えばいいんだ。手足が動かなくたって、それは機械がやってくれる……、そういう時代が希望とともに障害者運動の中に現れたのが八〇～九〇年代でした。

一方でその周回遅れで、ポストフォーディズムの中で新たに障害化させられた自閉症というカテゴリーが九〇年代、二〇〇〇年代に障害者運動に合流してきました。当事者研究が誕生し、注目されはじめたのは、このポストフォーディズムの頃です。障害者運動の限界が、障害にかかわる人たちの中で自覚されるようになる中から、これまでの運動とは違う方法論を模索する人が出てきて、その中で当事者研究というものも成り立ってきたのだと思います。

流動化に耐えられない——自分のアイデンティティも流動化の中で融解してしまうような生きづらさを抱えた、自分の輪郭みたいなものを定められないつらさに、真っ先に気づいた一部の人たちが当事者研究を始めたのだと思います。これに対し、私自身の個人史でいうと、脳性まひのように見えやすい障害は、相対的にアイデンティティが明確なんですよね。手が動かないことは誰の目から見ても明らかですし、自分の可能性の限界がどの範囲なのかは、自明です。自明で、割と安定した、周囲に対しても可視化された少数派性を生きる見えやすい障害の持ち主にとっては、流動化はそんなに怖くない。むしろ追い風で流動化はチャンスともいえます。なぜなら、私の体は非常に大きな「変化しなさ」のメッセージを発しているので、相手を——その流動化した社会を——自分色に染めていけるチャンスが出てきた、という受け止め方ができるからです。

一方で自分の輪郭みたいなものを明確に把握できない、見えにくい障害をもっている人たちは、流動化の中で自らも流動化していくような恐怖に襲われているのです。当事者研究に私が出会ったのも、最初は当事者研究という言葉を知らずに、綾屋紗月さんと当事者研究らしきものをしていたというところから始まりました。

松本　それは、いつ頃のことですか？

熊谷　二〇〇七年ぐらいです。その頃の綾屋さんは、ずっとアイデンティティの問題でつらい経験をしてきて、自分が一体何者なのかよくわからないけれども、名状しがたく生きがたさを感じてきていた。周囲と同じように振る舞えないし、認識できない。しかしそれを説明できるような解釈の枠組みをもたない、という中で生きてきた。そんな綾屋さんがある日、自閉症の別の当事者の手記、泉流星さんの『僕の妻はエイリアン』を読んで「これだ」と感じた。自分のことを、自閉症かもしれないと思って。

──　実はあれは旦那さんが書いているという体で、ご本人が書いたんですよね。

熊谷　そうです。その本と出会ってピタッときて、でも自分が似てるという思いだけでは、いまひとつその流動化し続ける自己像みたいなものを固定化できない。だから診断名がほしいと綾屋さんは感じて、私のところに相談に来ました。私は知り合いの医者を紹介して、診断してもらったという経緯です。

その、診断をもらった日の帰り道に、綾屋さんの身に不思議な現象が起きたんです。それはかつての様々な経験、記憶の断片が、時間軸上に並ぶような経験──幼稚園のときああだった、中学でも高校でもこうだったという過去の記憶が、診断をもらう以前はバラバラで文脈のない、それぞれに断絶したスナップショット的な映像だったものが、現在の自分に一直線につながるように時間軸上に並んで、涙が出たという現象です。

それを聞いて私は面白いなと思ったんです。診断名自体は名前に過ぎないし、中身があるわけでもないものです。泉流星さんの作品のほうがコンテンツとしては中味があるのに、でも本を読んだときではなく、権威ある医者という存在から「あなたは自閉症です」と診断名を付与されたときに、時間軸上にワーッと過去の記憶が並んだ。そういう経験をされている。

しかしその後、綾屋さんは、周囲の人にはなかなか理解されないという経験をしたんですよね。人とのやり取りで何らかのすれ違いが生じたときに、すり合わせによって互いの齟齬を埋めていこうとなるのではなく、「ああそうか自閉症だったのか。じゃあしかたない」で終わってしまう。周囲との人間関係で意見が衝突した際に、綾屋さんの性質に帰属される経験を積み重ねる中で「あれ、この自閉症という概念はちょっとおかしいのではないか」ということに気づいていくのです。

従来の自閉症概念は、コミュニケーションの障害とか、他者関係における障害といわれているけれど、他者関係における障害という記述を、個人の性質を記述する診断名として許していいのだろうか、という問題意識が沸き起こってきた。

インペアメントとディスアビリティ

熊谷　よく綾屋さんが言うのは「診断名はチケットと同じで、目的地についたら捨てていい」というセリフです。過去の記憶が一直線上に並び、類似した困難をもつ仲間とつながるところまでは、その診断名という切符が必要だったけれど、診断をもらうやいなやそれはすぐに疑うべきものになっていって、そこから当事者研究というものが始まる。すなわち既存の概念にいったんは乗っかるけれど、それを自分の経験に照らし合わせながら吟味し、アップデートしていくプロセスが始まった。私もその一部始終をそばで見ていて、これは相当に大きいプロジェクトなのではないかと思ったのです。

小児科医だから自閉症のことは授業でさらっとは習うけれど、改めて文献を読んだり、最近の研究を読んだりすると、確かに、どうもおかしい気がする。その時に私がおかしいと思った根拠は、障害者運動から拝借した、障害というものを「インペアメント」と「ディスアビリティ」に分けましょうという考え方にありました。どちらの言葉も日本語では障害と翻訳されることが多いのですが、インペアメントというのは本人に帰属できる身体的精神的な性質で、本人には帰属できない、環境と本人のインタラクションにおける何らかの不具合をディスアビリティといいましょうと。

では自閉症という概念はインペアメントなのか、ディスアビリティなのか。これまでの障害に関する先輩方の整理を自閉症に当てはめると、素朴に考えてディスアビリティとしか考えられない。つまり、コミュニケーション障害とか、他者関係の障害とか、あるいは視線触発が強いとか弱いとか、そういうことをインペアメント――本人の特徴とするのはどう考えても無理があるだろうということを素朴に感じたのです。なぜなら、これらの現象は、常に他者という環境側の変数とのかかわりあいの中で生じると考えられるからです。
にもかかわらず、現在の自閉症研究や自閉症支援というのは、とりわけ八〇年代以降、霊長類研究――心の理論も霊長類研究において経験的研究に応用されはじめた概念です――が自閉症研究に合流したあたりから、急激にコミュニケーション障害というものが中核なのだといわれるようになった。そこに回収されていくプロセスというのを、ちょっと疑ったほうがいいのではないかと思うようになりました。
松本　なるほど。この本の第1章の心理学、第7章の文学の章で、「心の理論」の話が出てきます。もちろん、「心の理論」によって、いろいろなことが理解できるようになりましたが、それだけでは取り出せないようなものもある。そこを、当事者研究から出発して丁寧に取り出そうとされていたわけですね。
熊谷　当事者研究という名前を知らずに、偶然、さっきいったような作業を綾屋さんとやりはじめていたのです。その一方で、実はそれまでの社会モデル[*8]に恩義を感じながらも文句があったのです。それはなぜかというと、あまりにもインペアメントが自明な人たちが展開してきたモデルだったものですから、「問題はディスアビリティなのだから、もうインペアメントなんか見るな」という、どこかそういうところがありました。インペアメントというものを論じること自体が、すでに医学モデル[*8]的なものに巻き込まれているという警戒ですね。だからどこか、社会のほうばかりを見るというか、インペアメントに関する検討を少し蔑ろにするところがあったような気がするのです。
話を戻しますと、ある程度研究がまとまってきたところで、綾屋さんと私は発表媒体を探しはじめました。その中で、学生時代にお世話になった上野千鶴子さんとバッタリ会って話をしたら、「これはもしかしたら『べてるの家』というところがやっている、当事者研究と近いかもしれないね」というアドバイスをもらい、はじめて当事者研究の存在を知りました。それが二〇〇七年ぐらいですね。
松本　障害の社会モデルは、いわゆる「現実」は人間の社会的関係によってつくられると考える、社会構築主義的な考え方ですよね。これはポストモダン的な相対主義と相性がよくて、極端にいえば、どんなものでも「社会的に構築されたもの」であるといえてしまう。しかし、そのような理解ではみえなくなってしまうインペアメントのリアリティがある、ということですね。

だとすれば、インペアメントのところで何が起こっているかということをじっくりと考えてみなければならない。「べてるの家」の有名な言い方でいえば、「苦労を取り戻す」ということでしょうかね。

熊谷　ハッキングも、『何が社会的に構成されるのか』という本の中で、社会的に構築されるのではないインペアメントを「p」という記号で救い出そうとしていますね。見えにくいインペアメントをもつ当事者にとって、「p」の実在を承認してくれる診断書がどれほど大きな意味をもつのかは、すでに述べたとおりですが、社会構築主義や、見えやすいインペアメントを中心に組み立てられた障害者コミュニティの言説資源は、こうした問題を十分に扱ってこられなかった。

また、これは見えにくいか否かにかかわらずいえることですが、当事者研究の「苦労を取り戻す」というキーワードは、これからとても重要になると思うのです。支援者はしばしば、本人の苦労を減らすことが良いことだと思ってパターナリズムに走ることがあります。たとえば「危ないからまだ就職しないほうがいい」などの形で、先回りして本人が苦労しないように、苦労しないようにと、よかれと思って囲い込んでいくというようなことがあります。精神障害をもっている人がこれまで精神科医療に囲い込まれていった背景にも、一つには、そういった要因があったと思うのです。

そして現在、障害者運動の成果によって、徐々にですが脱病院化・脱施設化が進み、地域の中に支援制度が充実してくると、今度は、地域の中に苦労を奪うパターナリズムが発生するという新しい段階が訪れます。これがいわゆる、障害者運動におけるポスト制度化問題と呼ばれるものです。当事者研究が非常に面白いのは、今まで奪われていた苦労、解決させられてしまっていた苦労を、当事者の手に取り戻す、という点を強調したところですが、地域の制度化が進む今、このスタンスはきわめて重要な意味を帯びてきます。

松本　フロイトも、精神分析家ができるのは神経症の苦悩をなくすことではなくて、神経症の苦悩をありふれた不幸に変えることだけだ、と言っていますが、それに近いですね。

熊谷　「だんだんよくなってきたね」というのではなく、「順調な苦労をしているね」「苦労が深まってきたね」みたいな言い方をするんですね。

実証研究でわかったこと
――予測誤差・パーソナルスペース

松本　当事者研究で見出された個人のインペアメントやリアリティを、実証的なサイエンスのほうにつなげていくことについてはどのようにお考えですか。

熊谷　いわゆる実験的な手法による実証以前の段階として、当事者研究そのものの中で、「ああ、なるほど」と思うような感覚が沸き起こりますし、それが一つの羅針盤になっていると感じます。その感覚は、実験を通して得られる狭義の実証ではないけれど、その質的な豊かさを前にしたときに、実験によって検証できるものはほんの触りという思いもします。「この人数でこの結論を導くのはどうなの」という思いもあります。

しかし同時に、診断書同様、可視性の低い「p」の承認が生にとって重要な意味をもつ当事者にとって、いわゆる実験的に実証されることの重要性を過小評価するわけにもいかない。それこそループ効果ではないですが、当事者の方に、論文が出るたびにフィードバックの会を催し、「こういう結果が出ました」と紹介します。当然、自分の「p」の存在が実証されたという結果であればホッとしますし、そうでない結果であれば不安を引き起こすことだってあるわけです。

以前、この本でも書かれている大隅典子先生とディスカッションをしたのですが、サイエンスに誠実になろうとすると、「証明されました」と言えること

って、それほど多くはないわけですよね。しかし、科学的とされるプロセスを経ることで、それをフィードバックされた当事者コミュニティは、「p」の承認を実感することができます。とりわけ、ディスアビリティであるコミュニケーション上の困難には触れずに、個体に帰属できるインペアメントを明らかにするということに、私たちはこだわっています。たとえば、触覚とか聴覚とか視覚、あと最近は内臓に注目しています。

松本　当事者研究から得られたアイデアから出発して、実証につながった研究はどんなものがあるんでしょうか。

熊谷　その前に確認しておかなくてはならないのは、ディスアビリティは、インペアメントと社会環境を独立変数とする二変数関数ですから、インペアメントとディスアビリティは一対一対応しないということです。すでに述べたように、もしも現行のASD概念が、インペアメントを記述したものではなくディスアビリティを記述したものであるなら、ASDとされる人に共通するインペアメントを特定しようという試みは失敗が運命づけられています。

したがって当事者研究では、ASDに共通するインペアメントを問いとするのではなく、一人一研究の前提で、各々の「p」を探求するという戦略を取ります。そこで得られた「p」に関する仮説を、実験を通じて検証する際にも、自分たちが今、「今日の日本の社会文化的な環境の中で、ASDというディスアビリティを経験する人々にある程度の頻度で認められるインペアメントを特定しようとする作業」をしていることに自覚的である必要があると考えています。

以上のような長い前置きをしたうえで説明をしますと、当事者研究を通じて抽出されたキーワードとして「予測誤差」に注目しています。自分が予想しているいことから現実が外れたときに、それに気づきやすいとか、あるいはそれにびっくりしやすいということが、「p」の根本にあるのではないかという仮説です。たとえば声の調整。被験者にヘッドホンを付けてもらい、そこで発したご自身の声を少し遅らせて聞いてもらう、という簡単な実験です。その時に、自分の声がいつ聞こえるかに関する予想が外れるわけです。この実験をすると、誰でも言いよどみが起きるのですね。ところがこの言いよどみを数値化すると、今日の日本で自閉症とされている人たちの平均値は、言いよどみの程度がより強い傾向があるかもしれないことがわかったのです。予測からのズレに対して、言いよどみという形で応答する度合いが強かったといえます。

松本　まさに哲学でいう「統覚」の問題ですね。カントは、自分の頭の中に様々な表象が浮かぶけれども、われわれはその表象は「自分のもの」であって他者のものではない、と考えているといいます。この「自分のもの」という自己帰属を行うのが、統覚です。現代の心理学の研究では「センス・オブ・エージェンシー」と呼ばれていますが、この機能は定型発達の人でははっきりしている。第3章では複数の哲学者の議論が扱われていますが、カントの超越論的統覚は定型発達の人々の機能であって、ＡＳＤの人々にとっては同じような形では機能していないのかもしれませんね。

熊谷　統覚つながりでいうと、内臓の感覚と、皮膚の外から入ってくる感覚を統合する統覚、ここが重要と考えています。私たちが実験したのはパーソナルスペースです。パーソナルスペースとは、内臓感覚が染みだしている空間であり、いわゆる人が近づいてきたときにハラハラドキドキする領域ですね。心拍数が上がったり、汗をかいたり、自律神経が反応する空間の範囲というのでしょうか。それは内臓の感覚と運動の統合によって生じる「自律神経反応」と、五感と骨格筋の運動の統合によって生じる「空間認識」とが、何らかの形で統合されないと生じないはずですが、この統合は、「扁桃体」と呼ばれる脳部位で生じるといわれています。先行研究では、扁桃体の機能低下のある方のパーソナルスペースが極端に縮小していることが報告されています。

　人が近づいてくる場面で「不快だと思った距離で反応してください」という、パーソナルスペースを測定するスタンダードなやり方——妥当性はどうかわかりませんが——を、ストップディスタンス課題といいますが、これを子どもに施行したところ、ＡＳＤの子の多くは、パーソナルスペースが有意に狭かったのですね。

松本　パーソナルスペースが狭いとは、どういうことですか？

熊谷　相手が至近距離まで来ても、不快さを感じにくいということです。空間の中に、「ここまで近づいたら自律神経をオンにしなさい」というエリアがあまり染みだしていない、と解釈できるのかもしれません。

松本　なるほど。自分自身の身体のバリアが弱くて、かなり極端に近寄られないと危険を感じないということですね。

熊谷　そうです。このことは、日常生活に大きな影響を及ぼしうるものです。視線触発の減弱という解釈枠組みで記述された現象も、少なくともその一部は、パーソナルスペースの狭さで説明しなおすことができるかもしれません。パーソナルスペースが狭い子どもは、幼稚園などでお友だちから「遊びましょ」と声をかけられても、無視してしまう可能性があります。なぜなら自分のパーソナルスペースにまだ相手が入っていないから、相手は自分に呼びかけているのではないと解釈しうるからです。ところが逆に、今度は自分から「遊びましょ」と相手に声をかけるときは、相手からすると距離が近すぎるという状況が起きえます。その二つの組み合わせは、相手に、失礼な印象を与えうるものです。相手からの誘いは無視するが、自分から遊びたいときは過度に接近する、という組み合わせは、身勝手に映るからですね。しかし、別に失礼でもなんでもなく、単にパーソナルスペースの個人差が、そこにあるだけかもしれないのです。

國分　そのパーソナルスペースの違いって、すごく面白い。触発が強い弱いでなくて、範囲と形が異なる、たとえばもしかしたら形が三角形ということもありうるわけでしょう。

松本　前しか見てないとか……。

國分　小学校で机が並んでいるときに、「お前、入るなよ」って自分の領域を強く確保しようとする子っていましたよね。ちょっとでもその子の領域に入ると「なんだよ、入るなよ」って言ってくる。ああした感覚もパーソナルスペースの形と関係しているのかもしれないですね。そういう子は自分の側面に非常に強い感覚をもっていたのかもしれない。

國分氏が語る自閉症と今までの研究の展開
——中動態に向き合うまで

松本　國分さんは最初スピノザ[*9]の研究から出発されて、『暇と退屈の倫理学』（朝日出版社、のちに太田出版）というヒット作を出され、最近では二〇一七年に刊行された『中動態の世界』（医学書院）という本が大きな話題を集めています。この『中動態の世界』は、冒頭から依存症の当事者でもある「ダルク女性ハウス」[*10]代表の上岡陽江さんとの会話から着想されたであろう話から始まっています。この主題に注目するにいたった経緯についてうかがえますか。

國分　『暇と退屈の倫理学』で扱った問題は大学生の頃から気になっていたものでした。マルクス主義に非常に強い関心があったけれど、マルクス主義が扱う大きな社会矛盾みたいなものを少なくとも目の前には突きつけられていない自分が、どういうふうにこの先進国で生きていくかという問題意識が自分の中にあったんですね。

エンゲルスは、イギリスの労働者がどんどん豊かになって労働運動をやらなくなっていると嘆きました。でも、豊かになったら労働運動をしないのは当たり前だし、それで何がおかしいのだろうかという素朴な疑問を無視してはいけないと思った。もちろん、それに対して「この世の中には今もなお苦しんでいる人たちがたくさんいるのだ」と言うことはできる。しかしそれだけでよいのだろうかということです。

今、松本さんに僕がスピノザ研究から出発していることをご紹介いただきました。『暇と退屈の倫理学』ではさほどスピノザの話はしていませんが、根本的なところでスピノザに依拠していると思います。エピグラフも『エチカ』から取ったものですし。そして、熊谷さんのお話をうかがっていると、すごくスピノザ的だなと感じることが多いんですね。熊谷さんにはそういう意識はないでしょうが、実際、僕がスピノザに依拠して話をすると納得してもらえることが多いし、『エチカ』についてこんなことが最近わかったと報告すると、それをうまく医学の話につなげてくれることも多い。

松本　おふたりはどこで出会われたんですか？

國分　出会いはツイッターですね。あの頃はツイッターも平和で、熊谷さんとのような貴重な出会いもいくつかありました。知り合ってから一度熊谷さんの研究室におうかがいして、じっくり議論しました。その後、一橋大学の佐野書院というところで行われていた熊谷さんの連続講演会に呼んでいただいて、『暇と退屈の倫理学』について話をするという機会をいただけたんですね。二〇一二年のことです。

熊谷さんはその場で、『暇と退屈の倫理学』で提示した消費と浪費の区別を使って多飲症の問題を論じてくれました。どんどん水を飲んでしまう症状のことですね。放っておくと命の危険がでるぐらい水を飲んでしまうから、病院ではその患者を閉じ込めるということまでしていた。しかし、閉じ込めても、その中にあるトイレの水まで飲んでしまう。ところが、ある病院で「一緒にお水を美味しく飲もう」ということをやったら、症状がなくなったというんです。

熊谷さんはこれはまさしく浪費の例ではないかとおっしゃった。浪費はモノを受け取り、それを味わうことです。浪費はどこかで止まる。なぜなら満足が訪れるからです。ところが、消費というのは情報や記号を消費するだけだからいつまでも終わらない。たとえば美味しい食事をお腹いっぱい食べるのは浪費ですが、これはどこかで止まる。どこかで満足がくるから。ところが、グルメブームに突き動かされて、A店の次はB店だ、B店の次はC店だといろいろな店に行きまくる行為には終わりがない。記号の消費だから満足が訪れない。多飲症も、うまく水を味わえるようになって満足にたどり着くことでこれを止めることができたのではないかというのが熊谷さんの仮説でした。

少し話が長くなってしまいましたが、あの佐野書院での会は僕にとって決定的でした。実は『暇と退屈の倫理学』を書いているとき、自分に一つ課していた制限があって、それは精神疾患や障害については語らないということでした。僕はそれらを語ってはいけないと思っていた。たとえば、退屈を論じた哲学者のハイデッガー[*11]は「何となく退屈だ」という声が自分の内側から聞こえてくる状態を詳しく論じました。僕はこの本の中でそれを詳しく分析しましたけれども、その際、「これはほとんど精神疾患だ」という気持ちがあった。

ですが、そのことを論じるのは自分に禁止したのです。自分は医者でも何でもないし、自分が精神疾患や障害について論じるのは越権行為だと思ったんです。

でも、佐野書院での会に参加されていた方々から、『暇と退屈の倫理学』が様々な精神疾患、障害、依存症を考えるヒントになるという話をうかがいました。それは自分にとってとても緊張する出来事でした。自分の書いたことが実に多くの分野の人に読まれて、参考にされている。今自分の責任が広がっていると思った。でも同時に、そうした応答から逃げてはいけないとも思ったんです。

特に依存症の自助グループの方々との出会いは決定的で、その後、依存症についてずっと考えるきっかけになりました。会の後で、話をうかがいながら、確か、「古代の言語には中動態[*12]というのがあって、いつか論じてみたいと思っているんです」という話をしたんですね。医学書院の編集者の白石正明さんがその場にいらしたんですが、ちょうど一〇日後にツイッターのDMで――なんかずいぶんツイッターに依存していますが（笑）――「中動態について本を書きませんか？」ってメッセージが来て、それが二〇一七年の出版につながったんです。

依存症の話を聞いて何より衝撃だったのは、意志で止めようと思ったらダメだ、むしろ止まらないという話ですね。違法薬物に対する有名な「ダメ絶対」という警察の標語がありますけれど、「ダメ絶対が絶対ダメ」っていう話をダルクの上岡陽江さんから聞いてすごくびっくりしましたし、あと、この言い方が面白いのですごく笑いました。

その時すでに能動・受動の対立が意志と結びついているという直感はありました。このカテゴリーで考えている限り、主体に意志を強制することにしかならないと思っていた。だから、能動・受動という思考の枠組みそのものを組み換えるようなことを哲学はしなければならない、それには中動態を論じるしかないって思った。こうしてあの場でいただいた課題を突き詰める形で、その後五年間仕事をしてきたという感じです。

松本　『中動態の世界』を書かれた後のさらなる展開もあるようですね。

國分　非常に多くの領域の方から反応をいただけてう

れしいです。医療関係者の反応は非常に大きいですね。「治療する／治療される」ではない関係をやはり多くの方が模索されていたのではないでしょうか。あとケアの領域ですね。ケアの領域は能動・受動ではどうにもならない。ダンスとか演劇とか、身体にかかわる領域でものを考えている方からも多く反応をいただきます。

あと、なんといっても『中動態の世界』での意志概念に対する批判にはとても多くの方が共感してくださいました。意志というのは、簡単にいうと「無からの創造」です。意志は心の中に純粋に自発的に沸き上がったものと見なされている。だからそれを根拠にして、「君が自分の意志でやったことだから」と言って、行為の責任を問うこともできる。でも、人間の心に「無からの創造」があるはずがない。いろんな影響下で行われているに決まっているわけです。その影響の因果関係を切断する装置として意志概念は機能しています。

今の文明はこの装置に全面的に依拠しています。だから意志は普遍的なものと思ってしまいがちですが、古代ギリシアには意志の概念も意志に相当する言葉もありませんでした。アレントはキリスト教哲学がこの概念をつくったといっています。僕もそうではないかと思っています。だとすると、今の文明はキリスト教の強い影響下にあるといえるかもしれません。

切断の装置としての意志概念を僕は批判的に論じているわけですが、すこし気をつけなければならないことがあります。これは本を書いた後で、熊谷さんと話をしていて気づいたことなんですが、ありえない「無からの創造」である意志の概念を批判することは一方ではとても大切です。しかし他方、そのような切断が救いになる場合がある。あまりにも重く苦しい過去を背負っているとき、それを何らかの仕方で切断し、視界から遠ざけることで生き延びている人たちがいる。もちろん、それがひどくなるとお酒を使って忘れるとか、薬を使って忘れるということになる。だから、切断に頼ることがよいわけではありません。ただ、切断を頭ごなしに否定することも早計です。もちろんそれに頼らずに生きていけるようになるにはどうすればいいのかという方向で考えなければいけないわけですが。

松本　心理療法では「内省」が重視されることが多い

ですが、「自分がどれだけ悪かったか」とか、「また薬を使ってしまった」といったふうに内省すると、余計に薬を使いたくなってしまう。自分の心の深いところに触れようとすると、切断しないと生き延びられなくなってしまう。それが、依存症の主体にとっての生きづらさになっているのですね。

熊谷　その切断ということに関連して、12ステップ*13と呼ばれるプログラムを採用している依存症の自助グループでは、切断してきた人たちが、棚卸しという形で、切断してきたものをもう一度見つめるという作業をします。國分さんの中動態の概念を知って、12ステップの謎の一部がわかったように感じました。過去を遮断し、能動-受動の枠組みにがんじがらめになっていることが依存症の苦悩だとするなら、そこから中動態の枠組みへと誘う洗練された装置が、12ステップなのではないかと感じました。

その一方で、過剰なほどに切断ができない人たちもいます。昼間見た見慣れないポストとか、夜な夜な過去がワーッと襲ってきたり、あるいは周りのモノや人から影響を受けて自分の行動というものが立ち上がるプロセスに、切断なしに一部始終気がついてしまう人たちがいて、その中には自閉症とされる人たちも含まれるのではないかと思います。社会学者のセネットが指摘したように、現代社会は常に過去の切断を強いているとするなら、すべての人が疲弊するかもしれませんが、とりわけ切断困難な人は真っ先に困難を経験することになるでしょう。

松本　私は本書の第2章で、自閉症の「タイムスリップ現象」のことを論じました。この現象でも、特に何でもないような過去がスッとフラッシュバックのように回帰してくるのですが、中動態的に生きている側面が強いからそういうことが起こるのでしょうね。

熊谷　過去の切断が人並み以上に困難な生を生きているという解釈も可能かもしれませんね。

ドゥルーズ、スピノザと自閉症

松本　自閉症の当事者から、彼らの時間体験はバラバラになっているという話がしばしば聞かれます。私は、それはドゥルーズの「純粋な出来事」という概念に近いと感じました。つまり、彼らの時間体験は、過去→

現在→未来というような一定のパースペクティブによって整序されていない、順番が整えられていないようなものとしてあって、それが仮にまとまっているとしても、仮構されたまとまりである。そういうモチーフがドゥルーズの哲学にも頻発しますよね。國分さんは、先ほどドゥルーズの哲学は自閉症的なものとしても読める、とおっしゃいましたが……。

國分　自閉症者は他者の心が想像できないコミュニケーションの障害を抱えているといわれることがあります。また今松本さんがおっしゃったのは、自閉症者においては、時間は直線に整序されていないということです。ドゥルーズは無人島という形象を用い、無人島という誰もいない世界に生きることを想定することで、他者と知覚について論じているのですが、今の二つの論点はいずれもドゥルーズがそこで述べていることに直結してきます。

　ドゥルーズはたとえば無人島に生きている場合のように他者がまったくいなくなると、世界が自分に見えているものだけになってしまうというんですね。自分に見えているものしか存在せず、自分に見えていないものは存在しなくなってしまう。なぜかというと、普段、われわれが自分には見えていないものをそれでも存在すると信じて想定できるのは、自分に見えていないものを自分以外の他者には見えているものとして想定しているからだというのです。たとえば僕は来週から学会でブラジルへ行くけれども、ブラジルに行ったこともなければ、今ブラジルにいるわけでもないのに、ブラジルがやはり地球の裏側に存在していると思えるのは、僕と同じような誰かがブラジルにいて、それを経験しているだろうと僕が信じているから、あるいは信じることができるからです。

　けれども、まったく他者がいなくなってしまったら、はたしてそのように想定できるだろうか。自分と似た誰かに会い続けているから、自分と似た誰かが自分がいないところでも世界を経験しているはずだと信じられるのではないか。ドゥルーズの問いかけはそのようなものです。すると、人は他者との遭遇を繰り返しながら、他者感覚を自己のうちにつくりあげ、目に見えていないものまで想像できるようになったのだと考えられます。「世界」はあらかじめ存在しているわけではない。そして無人島のロビンソン・クルーソーのように他者がいなくなったら、その感覚は崩壊してしまうだろうとも考えられるわけです。

しかも他者を通じて成立するのは「世界」だけじゃないんですね。自己が自己として感じられるのは、過去の自分、たとえば一分前の自分、一時間前の自分、一週間前の自分、一年前の自分が、今ここにはいないにもかかわらず、存在していたし、今の自分につながっていると想定できるからです。しかしやはりそれは、今ここには存在していない。目の前にないものを信じられなくなると、過去の自分の存在も信じられなくなってしまう。つまり自己というものが存在できなくなる。また、過去を現在と結びつける糸も失われてしまう。したがって、過去のエピソードを一直線に整序することができなくなる。いわゆる直線の流れる時間が存在しなくなる。無人島に生きる人物の姿は、その意味で非常に自閉症的です。

松本　その他者の話は、ジャック・ラカンの「鏡像段階」にも似た議論ですね。ラカンは、その自分とよく似た他者のことを「同類（semblable）」や「小文字の他者[*14]（l'autre）」と呼んでいます。彼によれば、ある種のバッタは一匹で生活しているときと、群れで生活しているときとで色が変わるのですが、その変化は自分とよく似た「同類」である他者と出会うことによって生じると言います。それと同じように、子どもは鏡で自分の自己像という他者をみる。しかも、「自己像をみる自分」という構造を、親が後ろからみてくれることによって、その自己像が自分であることを承認してもらう。このようなプロセスによって、はじめて「自分」という枠組みができてくるというのが、ラカンの鏡像段階の考えです。

國分　確かに鏡像段階の理論にも近い。またグニラ・ガーランドが自伝の中で、強い自閉症傾向をもっていた幼い頃の自分には、街が舞台のセットにつかう書割のように見えていて、奥行きの存在を理解できなかったといっていることもここから説明できます。

ただ、重要なのはここからなんです。以上の説明から、「自閉症者には他者がいない」と結論するならそれは早計です。それは結論ではない。どういうことかというと、僕は先ほど、「僕と同じような誰か」と言いました。「他者」というとすぐにレヴィナス流の「絶対的に異なる他者」を人は思い浮かべてしまう。しかし、もし絶対的に異なる他者というなら、たとえば、空を飛んでいる鳥は僕にとって絶対的な他者です。でも、そのように絶対的に異なる他者は僕にとって他者にならない。なぜならあまりにも僕と違うからです。より正確にいえば、僕にはどうしても「鳥はあまりにも僕と違う」と思えるからです。でもここで問題になっているのは、僕の代わりに世界を知覚してくれている他者、僕が自らの知覚を託すことのできる他者であるわけです。それは僕に似ていてくれないといけないのです。僕はそれを「類似的他者」と呼んでいます。

するとと自閉症者について次のように考えることができます。彼らは何らかの理由で、自分に類似する他者に出会えていないのではないか。たとえば、熊谷さんは綾屋紗月さんとの当事者研究を通じて、綾屋さんが体験していた知覚飽和、あまりにも解像度が高い知覚について論じてきていますが、もしあまりにも解像度が高い知覚の持ち主であれば、自分と同じように周囲の人物が世界を知覚していると信じることはできない。すると、周りに人はいても、その人たちが知覚の構造を生成するための他者として機能しないことになる。すると、実際には見たことも触れたこともない「他人の心」を想定することもむずかしくなります。

この点はまだ仮説の段階なんですが、マイノリティがマイノリティであるがゆえに、他者との出会いの機会を制限されている可能性があるわけです。出会いの機会が制限されていれば、豊富な出会いの機会をもっている人たちと違いが出てくるのは当然です。

松本　最近、児童精神科医の本田秀夫先生のお話を聞いたのですが、自閉症の子どもの趣味の会みたいなものをつくって、「鉄道が好きな人はこの曜日に集まって」とまさに同類を集めるんですね。そうすると、ASDの子ばかりだから、一般にいわれる挨拶みたいなコミュニケーションは全然せずに、黙々と電車に向き合っているんだけど、当人たちどうしはコミュニケーションがちゃんとできている。同類の他者たちどうしのあいだの出会いを確保し、そこでまず安心感を確保できるようになると、他の場所でも適応がよくなる。同類が集団をつくるということのもつ力が、自閉症においても機能するという一例でしょう。

國分　自分にとっての他者とうまく出会うための条件とは何なのだろうかというのが僕の最近の関心なんです。それはドゥルーズの他者論を一歩進めるものになると思います。

熊谷　類似的他者という概念は、間違いなく次の自閉症理論の最重要概念になると思います。絶対的な他者を前提にする理論が、他者を変数ではなく定数のように捉えてしまうならば、それは社会環境を定数のように捉える医学モデルときわめて親和性が高い。そして、他者という環境要素を定数と捉えた瞬間に、ディスアビリティはインペアメントと同一視させられてしまうのです。類似的他者という概念は、類似性という軸で、他者が変数であるという重要なポイントを自閉症研究の中に導入してくれるはずです。

國分　そうですね。たとえばスピノザは、自分と同等だと思う相手でなければねたみの対象にはならないと言っています。先ほど鳥の話をしましたけれども、鳥を見ても、「なんであいつだけ飛べるんだ！　ずるい！」とはならない。人間は自分が鳥と同等だとは思っていないからです。では自分と同等だと思える、自分と似ていると思えるとはどういうことなのか。それを考えたい。

意志と責任ということ

松本　『中動態の世界』のサブタイトルは「意志と責任の考古学」でしたが、近代法における「意志をもって行ったことには責任をとらないといけない」というロジックがどのようにして生まれたのか、ということを考えるという意味ですね。自分が能動的に「やった」のなら責任をとらなければならないが、受動的に「やらされた」のなら責任をとらなくてよいという「責任なければ刑罰なし」という原則が、近代法にはある。たとえば、精神障害などの影響で心神喪失の状態にあった場合は責任能力がないとみなされて免責されることがあります。しかし、そのように能動と受動の対だけでしか物事を考えないような「意志と責任」のロジックは、もはや限界を迎えつつあるのではないか、と國分さんはお考えになっている。

さきほどの「多飲症」のエピソードでは、一緒に飲むと収まる、「浪費」ができるようになるということでした。この「一緒に」ということがどういう価値をもっているのかについて、もう少し聞いてみたいように思います。当事者研究でもそうですが、グループ（集団）の中で自分の経験を話すことから、何らかの変容が生じているように思えます。能動と受動の考えで意志と責任を考えることは、主体性を個人に帰属させることになるのですが、そうではなく主体性をグループに開くことが、変容を引き起こす際の秘訣ということになるのでしょうか。

國分　『中動態の世界』を書いているときはあまり集団性のことは考えないようにしていました。話を広げ過ぎないように注意していましたので。ただ、意志の装置によって個人がいわゆる能動性を押しつけられることの問題点はわかっていましたから、集団性がそこからの解放のための何らかのヒントになるとは思っていました。当事者研究もどこか中動態と関係しているという直感はありましたし。

「法」に関していうと、近代法が能動と受動の区別なしでは成立しないというのは間違いないと思います。そして、意志の装置に基づく能動と受動の区別で責任を問うというやり方には大いに問題はありますが、その先に進むのは非常にむずかしいとも思います。

ただ一つ付け加えたいのは、責任は意志概念によって汲み尽くされるものではないということです。意志とペアになった責任とは、意志の概念を使って押しつけられるものです。「お前の意志でやったんだからお前の責任だ」という論法ですね。だが、責任は必ずしもそのようなものではない。

責任は英語では「レスポンシビリティ」であり、「レスポンス」つまり応答と結びついています。これはよく考えてみると不思議です。意志の概念と結びついた責任の概念には、どこにも応答の要素がないからです。するとこんなふうに考えられる。責任とはもともとは応答である。たとえば、何事かを前にして、「これに私は応答しなければならない」と感じることが責任だったのではないか。ところが、世の中にはどう考えても応答すべきなのに応答しない人がいる。その時に、意志の概念を使って無理矢理に応答させる、それが現在われわれの知っている責任の概念なのではないか。つまり、われわれが普段使っている責任の概念は、堕落した責任なのではないか。

たとえば、聖書の善きサマリア人のたとえで、サマリア人は、道端に倒れる身ぐるみをはがれた旅人を見て、「ああ、この人を助けなければ」と思うわけです。彼は義の心とでも呼ぶべきものを感じている。これこそ責任ではないか。応答しなければという気持ちから感じるものが責任であり、意志概念によって押しつけられる責任はその堕落形態ではないか。

松本　なるほど。その観点からみると、ある時期までのラカンの理論は強い責任モデルですよね。ラカンは、物事の原因は、その原因の原因をさかのぼっていくとどこまでも因果関係の連鎖をたどっていくことができるけれども、どこかで絶対に裂け目があり、その裂け目を大文字の原因として主体が引き受けなければならない、という非常に強い責任の主体論を考えていました。

ある時期のフランス現代思想には、そのような強い責任の主体を考える議論があった。しかし、その後フランス現代思想はそのような主体論を乗り越えるような形で、いわば「主体の後に誰が来るのか」を考えるようになる。そこで、集団性が重要なキーワードになるわけです。ドゥルーズとガタリが行った有名なラカン批判でも、ラカンが言表行為の主体を個人に帰属させているからダメであり、それを集団に開くことが重要なんだとされていました。このような集団的主体性に関する議論が、当事者研究や依存症のグループにも同じようにあてはまるのではないか。私の勘では、ガタリらが言っていたことは、二一世紀の日本で今われわれが問題にしているような臨床そのものなのではないかという気がしています。

熊谷　責任に関しても、先ほど話題にあがった12ステップが一つのヒントをくれるかもしれません。過去の遮断や能動・受動と結びついた責任ではなく、過去の棚卸しと応答せねばという感慨の中動態的な発現と結びついた責任の取り方が、ステップ8と9の内容ですね。ステップ1で、自らの意志の力の限界を認めるわけですが、同時に責任もなくなるのかというとそんなことはない。意志とは無関係に責任が残るようなしくみになっている。ステップ8は、自分が迷惑をかけた人のリストを書きあげなさい、というものですね。それは命令ではなくて、遮断していた過去を棚卸ししている作業があるところまで進んでくると、自ずと次のステップの扉が開いて、「レスポンスしなければいけない」という気持ちが自分の中に沸き起こるということなのだと思います。

松本 意志と関係のない償い、というと……。

熊谷 素朴に考えて、過去の出来事や行為を棚上げし、切断しながら、「責任をとる」「反省しています」といわれても、責任を果たしているとは感じられないと思います。つまり、過去を切断しながら責任をとるということは、端的にいって不可能だということになる。加えて、もしも意志が過去の切断だとするならば、従来考えられているような意志は責任の条件という考えは誤りで、場合によっては意志は責任と矛盾するとさえいえるかもしれません。

國分 別の言葉で説明すると、「謝る」は能動でも受動でもないわけです。「ごめんなさい」「すみませんでした」とか、いくらでも口では言えるけど、やはり大事なのは心の中に「本当に俺が悪かった」という気持ちが出てくることですね。それは受動的に強制されてもできないし、ただ能動的にやろうと思ってもできるものではない。心の中に謝る気持ちが出て、それを振る舞いや言葉にしたときに人は謝っているのであり、またその謝罪の相手が謝罪を受け入れるための道も開ける。責任感を感じるというのも同じです。中動態的に心の中に「引き受けよう」という気持ちが出てこなければ責任はとれない。

だからよく、能動と受動の枠組みを疑うと「それは無責任になるってことですか」と言われるんだけど、まったく逆なんです。中動態がなければ責任は考えられない。償いや謝罪も考えられない。

引き受けるということ

松本 「引き受け」という言葉も面白いですよね。たとえば昔は遺伝性の疾患の場合、染色体遺伝のような明瞭かつほとんど決定論的な因果性が注目されていたのですが、今はどの疾患でも「リスク」が問題になりますね。ある特定の遺伝子をもっていたら、あるいは父親が高齢である等の要因があれば、自閉症のリスクが二倍になるとか。これは特に親が戸惑うところだと思うのです。つまり、決定論的な因果性であれば、「引き受けるしかない」ということになり、その引き受けをどうやるかということが問題になる。たとえば、障害をもつ子どもが生まれたときに、親がすごく悩むけれども、最終的には「運命」だとして受容する、という物語があります。しかし、リスクが二倍になるというとき、それは要するにもともとの確率が一パーセントのものが二パーセントになるということです。このような確率論的な因果性に対して適切な引き受け方を、人間はうまくできないのではないでしょうか。言い換えれば、人は確率論的な因果性に属するものを、決定論的な因果性として引き受けてしまいがちなバイアスをもっているように思います。現代はリスク社会といわれますが、それぞれのリスクに見合った引き受け方、いわば「弱い」引き受け方をどう思い描いたらいいのか、そんなことを考えています。

おそらくは、グループの中で話すことや、様々な同類の他者に話すことなど、人々が日常的にやっていることの価値はそこにあるのではないでしょうか。実際に、そういうある意味では素朴な「他者に話すこと」は、ネガティブなことがあったときに非常に効果的ですよね。意志と責任の世界だと、決定論的な「引き受け」しかできないけれど、そうではない弱い「引き受け」の形が、集団や中動態の中に見出せるのかな、と思っているのですが、どうでしょうか。

國分　しばしば誤解されるんですが、意志や決断と、引き受けや覚悟はまったく方向性を異にする概念です。意志と決断は切断ですね。意志は因果関係を切断するものであり、決断も、たとえば「明日からもうこれしかやらない」という仕方で切断を導入しようとする。それに対し、覚悟というのは、今目の前にある事態、自分もその中に巻き込まれている事態を自分のものとして受け入れること、引き受けることです。それは切断とはまったく逆の方向を向いている。

僕は『中動態の世界』では意志を批判し、『暇と退屈の倫理学』では決断を批判しました。後から気づいたことだけれども、意外と一貫していますね。引き受けること、覚悟することについては今後考えないといけないと思っているんだけれども、ニーチェの言う

「運命愛」というのは、それなんじゃないかと思うんです。意志や決断によって過去がなかったことにするのではなくて、今ある事態を引き受けて思考する。まだ考えはまとまっていないのですが。

松本　なるほど。「運命」や「引き受ける」という言葉は決断主義的な感じもしますが、プロセスの中で自然と沸き起こってくるようなものとしてそれを考えることもできる。ハイデッガーの哲学自身はどちらなんですか。彼は決断主義とも評されますし、死を前もって覚悟することが重要であるとも言っていますし……。

國分　ハイデッガーには「決断」も「覚悟性」もどちらもありますが、大変大雑把にいうと、前期から後期への移行を決断から覚悟への移行と捉えられるのではないかとも思います。後期になると、期待せずに真理が自ずと現れるのを待つという発想が強くなっていく。あれは決断とは似ても似つかないけれども、覚悟には少し似ている。だから『暇と退屈の倫理学』ではハイデッガーを「決断の思想家」として片付けてしまったところがあるんだけど、読み直さなければならないと思っています。

松本　確かに、ハイデッガーの『存在と時間』は、まずダス・マン（世人）[*15]批判があって、「隣りの人がこう言っているから俺もこうするんだ」というのは本来的ではないからよくないとされて、むしろ死に向かう存在であることを自覚して、さらには共同体の運命に目覚めていこう、ついでにナチスに入党することを「決断」しましょう、という話だとよく解釈されています。しかし、逆にいえば、ダス・マンと呼ばれるような他者とのつながりがなければ、本来性に気づくことも「覚悟」することもできない、というふうに読むこともできるわけですよね。

國分　最近、『存在と時間』[*16]の中のそれに関連する箇所の翻訳が変更されたことに松本さんも注意を促していましたね。

松本　高田珠樹訳だけですが、終盤の共同体の運命に目覚めるところで、個人の運命が「あらかじめ導かれている」とこれまで訳されてきた箇所が、「あらかじめ同行されている／共に歩む仲間がいる」と解釈されています。要するに、「geleitet」を「leiten（導く）」の過去分詞とみなすのではなく、「geleiten（同行する）」の過去分詞とみなすわけですね。そうすれば、人があらかじめ共同体の運命に指導されていることではなく、「共に歩む仲間がいる」ことの重要性を説くハイデッガーが現れるわけです。

　ハイデッガーの議論を、ゲルマン民族の血統みたいなものにあらかじめ導かれていることを重視するような議論ではなく、同類の他者たちと共に歩んでいくことを重視するものとして読み替え、さらには「決断」ではなく「覚悟」の思想として読み替えるなら、これはまさに当事者研究やグループの力のことをいっているようにも読めるかもしれませんね。

仲間と他者と……

國分　「仲間」のことを哲学的に考えたいと思っているんです。仲間とは何か。哲学というのはいつも極端なので、絶対的他者とか、あるいは愛とか、そういうものについてはよく考えてますよね。つまり截然《せつぜん》と区別されているものとか、ぴったりとくっついて離れないもの、そういう極端なものについてはよく考えている。でも、仲間というのはそういう存在ではない。適度に距離があるが、截然と区別されてはいない。仲は良いけれども、愛の対象である恋人のように、ずっと一緒にいるわけではないし、ずっと一緒にいたら少し疲れてしまう。仲間はそういう半端な存在であり、半端な存在を考えることを哲学はすべきだと思うんですね。

松本　当事者研究をやると、自分が変わるというよりは周りが変わるという話もありましたね。人が自分の当事者研究をして、それを周りの人が聞く中でどういうことが起こるのかということを考えることは、集団性とは一体何なのかを考えることに等しい。

熊谷　平井秀幸*17さんは、認知行動療法が刑務所の矯正の場面でどのよ

うに活用されているのかを紹介しながら、この療法が、本来は個人ではどうしようもないような社会問題を、いかに個人のコントロール下に置き直すか、すなわち個人の認知行動に帰属させるテクノロジーになっているという批判をしています。言い換えると、ディスアビリティをインペアメントにすり替える自閉症研究と同様に、認知行動療法が社会的なものの自己コントロールのテクノロジーになっているのだけれども、逆に自己コントロールの社会化みたいなものが必要なんだと。そして平井さんは、自己コントロールの社会化を狙う実践の一つの例として、当事者研究の中で活用されている認知行動療法を参照しています。なぜなら、当事者研究は、研究している当事者の認知行動の変化というより、研究を聞いている仲間――それは本人から見れば社会の一要素です――の認知行動、ひいては共同体が共有する信念や価値、技術の変化を期待しているからです。

当事者研究の中でよくいうのは、やはりこれは「研究」なので、他の研究者と同じで、生きやすくなるためにやっているわけではなくて、知るためにやっているわけです。これはセラピーと決定的に違うところで、集団が共有する知識や認識みたいなものをアップデートさせる作業をみんなでやっている。

國分　「当事者研究」というといつも「当事者」のほうに力点が置かれてしまうけれども、実は「研究」のほうが大事である、人間とは「研究する存在」ではないかというのが、熊谷さんがよく言っていることですね。

松本　「べてるの家」などは自分たちの実践を認知行動療法に近づけて解釈しているところもありますね。

熊谷　べてるの家では認知行動療法を、治療のテクノロジーというより、カリフォルニアで誕生した自立生活運動が採用した文脈、すなわち社会進出と社会変革のためのテクノロジーとして取り入れたと語りつがれています。一方で刑務所では、個人の変化を期待するテクノロジーとしても利用されている。認知行動療法は、このように脱文脈的なツールとして様々な文脈の中で活用されていますが、当事者研究はこのような脱文脈的な実践ではなく、過去から続く歴史と理念を背負った実践の総体を指し示すものだと理解しています。「当事者研究と認知行動療法の違いは何ですか？」と聞かれることが稀にあるのですが、それは、「精神医学と統計学の違いは何ですか？」という質問と似ているように思います。精神医学は自身の固有な問いに向き合うために、方法として統計学を使うことはありますが、だからといって統計学そのものではなく、別の方法ももちろん使いますね。それと同様、当事者研究も認知行動療法を活用することがある。注目すべきはそれが活用される文脈であり、平井さんが、同じ認知行動療法を、刑務所と当事者研究の間で対比させたのも、文脈の違いに注意を向けようとしたからだと思います。

「べてるの家」もそうですし、「ダルク女性ハウス」もそうなのですが、待ったなしの現場なので、分け隔てなく何でも使いますね。だから認知行動療法という名で使われている実践があったとして、別のクリニックや刑務所で行われている認知行動療法と同じかどうかは、よくよくその文脈ごとに見ていく必要があるかとは思います。自分たちの文脈に置き直してアレンジして活用していると思います。

松本　なるほど、認知行動療法をアレンジすることによって、単なるネオリベ的な個人化ではなくて、自己コントロールの社会化、つまり集団にどう開かれるかということが問題になるということですね。

同類の他者が大事だという話がありましたが、ＡＡのような依存症のグループは、まさに同類が集まっている場ですね。さきほど自閉症の子どものグループについての本田秀夫先生のお話を話題にしましたが、同類が集まってできる集団のもつ力が、自閉症の領域でもみられるということなのだろうと思います。その意味では、自閉症という対象は、集団や仲間、さらには他者といった哲学的なテーマを再考させてくれる一つの契機になるように思います。

自閉症をめぐって

松本　自閉症について考えることがこれだけのインパクトをもっているのは、近代的な主体の概念を考え直すことや、これまであまり真剣に検討されてこなかった「仲間」という集団性の力を考えることに関係しているからなのでしょうね。これは、ポスト六八年のフランス現代思想が課題としていたこととも非常に近いですが、われわれは一九六八年から五〇年後の今日、それを非常に具体的な現場の中で考えることができるようになっている。これは現代思想にとって非常に重要なことですし、さらにはもっと広い射程をもっているでしょう。たとえば國分さんがおっしゃった責任や意志という概念、あるいは熊谷さんが話題にされたパーソナルスペースのような、人間の生きている世界の構造そのものの構成にかかわるような、すごく射程の広い議論につながってくる。今日お話ししていても、非常に驚きを感じました。こういったことを考えることができるようになったのも、やはり自閉症のおかげだという感じがします。

また、今日は、現在自閉症に関していわれている「心の理論」に対する批判が何度か出てきましたが、その点で認知科学や心理学の研究者ともっと議論を深めて、文理の垣根を越えて「心の理論」の起源を探ることもできるようになるかもしれません。そういう共同の場所が、本書がいうところのオーティズム・スタディーズ〈自閉症学〉なのでしょう。

熊谷　自閉症研究は、いくつかの概念的な混乱を抱えており、その上に経験的に積み重ねられつつある知識や支援技法もまた、現代的な、社会や他者を変数とみなす障害理解から乖離しています。そのことが、学問的に不正確であると同時に、自閉症とされる人々にとってフェアとはいえない自閉症理解をもたらしてしまっているように感じます。

そのような背景の中で、当事者研究と哲学という異なるアプローチではあるけれども、國分さんと共に重ねてきた自閉症研究に強い手ごたえを感じています。それは単に、よくある異分野の融合といった表層的なものではなく、互いの知見をもち寄りながら、双方の領域が思考停止してしまっている部分を特定し、次に考えるべきことを考えていくという誠実な営みがそこにあるからです。

当事者研究では、当事者も支援者も専門家も、「前向きな無力さ」をもち寄ることが重視されます。知を探求する手を休めない前向きさと、今の自分は十分な知をもたないという無力さの自覚が、互いに研究のテーブルを囲むための前提条件になるということを意味していると、私は理解しています。そのような場が、ここからさらに広がっていくことを願ってやみません。

國分　自分が哲学をやっているからこういうわけではないのですが、今哲学的であることが求められているという感触があるんですね。ドゥルーズが超越論的であるとはどういうことかを説明して、それは「これぐらいでやめたいと思うところで探求をやめられないことだ」と言っているんですが、これは哲学的であることについて述べた言葉としても読めると思います。

自閉症研究はそういう態度が強く求められる研究領域です。たとえば、「自閉症者は人の心が読めない」と言う人は、そこで探求をやめてしまっているわけですが、それは決定的に不十分であり不誠実であるわけです。まさしくそこで超越論的、哲学的でなければならない。

自閉症研究は現在、日進月歩で進んでいて、興味深いデータがたくさん出てきています。しかし、理系の研究によって明らかにされたデータを理系の研究の現場で十分に読み解けるとは限らない。その際には哲学の研究者が培ってきた解釈の技術や能力が役に立つと思うんです。自閉症研究は文理の壁を越えてやる必要がある分野だと思います。

注

＊1　青い芝の会：一九五七年に日本で最初の公立肢体不自由児学校である光明養護学校の卒業生からスタートした脳性まひ者の運動団体。当初は同窓会的な親睦団体であったが、しだいに脳性まひ者の全国的な集まりとなっていった。障害児殺しの母の減刑嘆願を批判する運動、待遇改善を求めた府中療育センター闘争など、同化的な健常者社会に対して異議を唱え続けると同時に、自分たちの中にある刷り込みや常識とも闘い、自分たちのありのままを取り戻すための運動を展開した。

＊2　ブルーノ・ベッテルハイム：一九〇三〜一九九〇。ウィーン出身の心理学者。当初はカントをはじめとする哲学を学び、心理学にも興味をもつ。ユダヤ系の出自をもつため一九三八〜一九三九年に強制収容所に収容されたことがあり、その後渡米し、心理学の教授となる。一九六七年の『自閉症・うつろな砦』が大きな注目を集めたが、後に児童への虐待などの問題が明らかとなった。

＊3　イアン・ハッキング：一九三六〜。科学哲学を専門とする哲学者。ブリティッシュコロンビア大学で数学と物理学を学び、ケンブリッジ大学で博士号取得（哲学）。現在はトロント大学名誉教授。ハッキングは、人間に関する科学的概念は自然言語を介して、その対象である人々と相互作用しており、互いに相手を更新する関係にあると述べ、その相互構成的な関係を「ループ効果」と呼んだ。彼は社会的構成（構築）主義を、社会が

障害を構成するという方向だけを見ていると批判し、社会における記述と障害とが両方通行であることを重視した。一九九〇年代後半以降、イアン・ハッキングとその影響を受けた研究者たちは、自閉症についてループ効果の観点から研究を蓄積している。

＊4　ミシェル・フーコー：一九二六〜一九八四。二〇世紀フランスの哲学者。権力の働き方が歴史の中でどのように変化してきているのかを、詳細な資料に基づいて探究した。狂気、刑罰、心理学、学問、性など多様なテーマを論じ、哲学にとどまらない多くの分野に影響を及ぼした。

＊5　ネオリベラル：新自由主義（ネオリベラリズム）のこと。二一世紀の経済体制に批判的に言及する際に用いられる呼称。経済上の規制の撤廃、小さな政府への志向、個人の自由と責任の強調を特徴とする。個人の自由の尊重を唱える現代の経済体制は、しばしば、弱者を守るためのセイフティネットの弱体化をもたらし、個人に過剰に責任を負わせることにつながっているとの指摘がある。

＊6　ジル・ドゥルーズ：一九二五〜一九九五。二〇世紀フランスの哲学者。オーソドックスな哲学研究者として出発したが、フェリックス・ガタリとの共著『アンチ・オイディプス』で欲望の哲学を唱え、大きな反響を巻き起こす。映画や絵画など芸術についての著作もある。

＊7　フェリックス・ガタリ：一九三〇〜一九九二。フランスの哲学者、精神分析家。ジャック・ラカンのもとで精神分析を学び、その後ジル・ドゥルーズと出会った後は彼と共同作業を行い、臨床のみならず思想や政治の分野でも活躍した。ジャン・ウリが解説したラ・ボルド病院で勤務した。

＊8　社会モデル・医学モデル：「医学モデル」とは、障害者が困難に直面するのは「その人に機能障害（impairment）があるから」であり、克服するのはその人と家族の責任だとする考え方である。それに対して「社会モデル」は、社会環境（人々の差別的な態度や振る舞いを含む）と機能障害のある人との相互作用によって障害（disability）が発生するという考え方であり、国連の障害者権利条約や国内の障害者差別解消法などによって採用されている現代的な障害理解の枠組みである。人間社会には機能障害をもつ多様な人々がいるにもかかわらず、社会はその存在やニーズを無視して成立している。社会モデルでは、なるべく多様な人々に均等な機会を与える環境の整備は社会の責務であると考える。

＊9　スピノザ：一六三二〜一六七七。一七世紀オランダのユダヤ系哲学者。汎神論の学説で知られる。欲望や自由についての考え方の斬新さは二〇世紀になってから特に高く評価されるようになった。主著に『エチカ』。

＊10　ダルク：ドラッグ（Drug＝薬物）、アディクション（Addiction＝嗜癖、病的依存）、リハビリテーション（Rihabilitation＝回復）、センター（Center＝施設、建物）の頭

文字を組み合わせた造語（ＤＡＲＣ）で、覚醒剤、市販薬、その他の薬物から解放されるためのプログラムを行う民間の薬物依存症リハビリ施設。

＊11　マルティン・ハイデッガー：一八八九〜一九七六。二〇世紀ドイツの哲学者。哲学は存在しているものについては問うてきたが、いったい存在していることとはどういうことなのかを問うてこなかったと指摘し、自身が独自の用語で「現存在」と呼ぶ人間の存在の仕方を探究することで、この問いに答えようとした。主著に『存在と時間』。

＊12　中動態：古代の言語が有していた能動態とも受動態とも異なる態。行為者が動作の場所になっていることを示す。中動態に注目することで、現代の言語が何を排除しているのかが見えてくる。詳しくは國分功一郎『中動態の世界』（医学書院）を参照されたい。

＊13　12ステップ：アルコール依存症者の自助グループであるAlcoholics Anonymous（ＡＡ）によって開発された治療プログラム。当初、本人の意志の弱さが原因とみられていたアルコール依存症は、一九三〇〜四〇年にかけて専門家によって病気としてくくられ、医療化されていったが、当時の専門家による治療効果には限界があった。一方、一九三五年にアメリカ東部において、一九二〇〜三〇年代に欧米で広まっていたキリスト教的宗教運動オックスフォード・グループの原則を参考にしながら、中流階級の白人男性のアルコール依存症者たちが自らの回復をめざして、宗教的、秘密結社的な集まりとしてＡＡを設立し、格段の効果を挙げた。やがて彼らは自らのプログラムを12段階からなるステップ（12ステップ）として文書化し、それ以降、様々な自助グループに広がっていった。

＊14　小文字・大文字の他者：ジャック・ラカンの用語。小文字の他者（l'autre）とは、自分とよく似た同類の他者のことを指し、自分とのあいだにしばしば攻撃的な関係が展開される。対して、大文字の他者（l'Autre）とは、そのような他者とのあいだの関係の前提となるような象徴的他者のことを指す。

＊15　ダス・マン（世人）：マルティン・ハイデッガーが『存在と時間』で用いた概念。ひとが本来のあり方を顧みず、他者を道具とし、他者からも道具とされるような公共的な生き方に埋没している状態を指す。

＊16　『存在と時間』：一九二七年に刊行されたマルティン・ハイデッガーの著作。「存在とは何か」という問いを特権的に立てることができる存在者である人間（＝現存在）のあり方を分析し、存在と時間との関係から解明しようとし、未完に終わった著作であるが、現代思想や精神病理学に大きな影響を与えた。

＊17　心理療法の一種。人間の心の中で働く認知や行動に焦点をあて、それを取り扱い、修正することを目的とする。気づかないうちに心の中で生じてしまう自動思考を検証することによる認知の修正や、自分の生活リズムをセルフコントロールできるようになることなどが目指される。

自閉症当事者本リスト

近年の自閉症をめぐる動向として特筆すべきは、当事者による発信が量的にも質的にも重みを増してきているということである。ここにその一覧を作成したので、参考にしていただきたい。

注・本人の家族が執筆しているものや、マンガ・小説の形態をとるものも、広い意味での「当事者本」として掲載
・海外文献は邦訳されているもののみ掲載
・タイトルは、日本語単行本のもの
・出版年は、原著ではなく日本語単行本のものを基準としている

山岸裕／石井哲夫（編）	自閉症克服の記録――書くことによって得たもの	三一書房	一九八八
中川真理子／日本言語障害児教育研究会（編集）	開かれてゆく心――自閉症児を育てた母親の記録	学苑社	一九九一
ドナ・ウィリアムズ（河野万里子 訳）	自閉症だったわたしへ	新潮社→新潮文庫	一九九二＝一九九三→二〇〇〇
テンプル・グランディン他（カニングハム久子 訳）	我、自閉症に生まれて	学研	一九八六＝一九九四
森口奈緒美	変光星――ある自閉症者の少女期の回想	飛鳥新社（花風社）→遠見書房	一九九六（二〇〇四復刊）→二〇一四
ドナ・ウィリアムズ（河野万里子 訳）	こころという名の贈り物――続・自閉症だったわたしへ	新潮社→新潮文庫	一九九四＝一九九六→二〇〇一

阿部よしこ	合言葉はノー・プロブレム――自閉症の子ら、カナディアン・ロッキーへ	岩波書店→岩波現代文庫	一九九七→二〇〇九
テンプル・グランディン（カニングハム久子 訳）	自閉症の才能開発――自閉症と天才をつなぐ環	学習研究社	一九九五＝一九九七
クララ・パーク（松岡淑子 訳）	自閉症児エリーの記録	河出書房新社	一九六九＝二〇〇〇
グニラ・ガーランド（ニキリンコ 訳）	ずっと「普通」になりたかった。	花風社	一九九七＝二〇〇〇
ウェンディ・ローソン（ニキリンコ 訳）	私の障害、私の個性。	花風社	一九九八＝二〇〇一
戸部けいこ	光とともに…1――自閉症児を抱えて	秋田書店	二〇〇一
島田律子	私はもう逃げない――自閉症の弟から教えられたこと	講談社→講談社文庫	二〇〇一→二〇〇八
田中香穂子／田中美津穂	手のひらのメッセージ――自閉症児・美津穂の願い	たけしま出版	二〇〇一
ケネス・ホール（野坂悦子 訳）	ぼくのアスペルガー症候群――もっと知ってよ ぼくらのことを	東京書籍	二〇〇〇＝二〇〇一
内田麻菜美	おもちゃのくにのおうじさま――私が今日までキラキラに生きてこられたのはADHD、LD、自閉症といわれる、この子がいたから！	ヴォイス	二〇〇二
森口奈緒美	平行線――ある自閉症者の青年期の回想	ブレーン出版→遠見書房	二〇〇二→二〇一四

戸部けいこ	光とともに…2——自閉症児を抱えて	秋田書店	二〇〇二
ドナ・ウィリアムズ（河野万里子 訳）	ドナの結婚——自閉症だったわたしへ	新潮社→新潮文庫	一九九八＝二〇〇二→二〇〇四
クララ・パーク（松岡淑子 訳）	自閉症の娘との四十年の記録	河出書房新社	一九九一＝二〇〇二
リアン・ホリデー・ウィリー（ニキリンコ 訳）	アスペルガー的人生	東京書籍	一九九九＝二〇〇二
明石洋子	ありのままの子育て——自閉症の息子と共に1	ぶどう社	二〇〇二
山下久仁明	ぼくはうみがみたくなりました	ぶどう社	二〇〇二
戸部けいこ	光とともに…3——自閉症児を抱えて	秋田書店	二〇〇二
岡野高明／ニキリンコ	教えて私の「脳みそ」のかたち——大人になって自分のＡＤＨＤ、アスペルガー障害に気づく	花風社	二〇〇二
明石洋子	自立への子育て——自閉症の息子と共に2	ぶどう社	二〇〇三
戸部けいこ	光とともに…4——自閉症児を抱えて	秋田書店	二〇〇三
あべひろみ	うちの子 かわいいっ 親ばか日記——自閉症児あやの育児まんが	ぶどう社	二〇〇三
グニラ・ガーランド（中川弥生 訳）	あなた自身のいのちを生きて——アスペルガー症候群、高機能自閉症、広汎性発達障害への理解	クリエイツかもがわ	一九九七＝二〇〇三
高橋美穂	Smile つうしん——自閉症の息子二人とと	クリエイツかもがわ	二〇〇三

	もに		
トーマス・A・マッキーン（ニキリンコ 訳）	ぼくとクマと自閉症の仲間たち	花風社	一九九四＝二〇〇三
泉流星	地球生まれの異星人——自閉者として、日本に生きる	花風社	二〇〇三
戸部けいこ	光とともに…5——自閉症児を抱えて	秋田書店	二〇〇三
小田弘史	たちあがれみつる	文芸社	二〇〇四
山岸裕	社会参加序章——続・自閉症克服の記録	インデックス出版	二〇〇四
藤家寛子	他の誰かになりたかった——多重人格から目覚めた自閉の少女の手記	花風社	二〇〇四〔二〇一六改訂〕
成沢達哉	Myフェアリー・ハート——わたし、アスペルガー症候群。	文芸社	二〇〇四
戸部けいこ	光とともに…6——自閉症児を抱えて	秋田書店	二〇〇四
丸浦喜久子／丸浦功	この子とともに生きて——出直しさせてみたい息子の半生	文芸社	二〇〇四
東田直樹／井村禮子（なおき／れいこ）	自閉というぼくの世界	エスコアール	二〇〇四
梅永雄二（編）	こんなサポートがあれば！——LD、ADHD、アスペルガー症候群、高機能自閉症の人たち自身の声	エンパワメント研究所	二〇〇四
スティーブン・ショア（森由美子 訳）	壁のむこうへ——自閉症の私の人生	学習研究社	二〇〇三＝二〇〇四

中村由美子	中村さんちの志穂ちゃんは——自閉症のある娘との喜怒〝愛〟楽な日々	全国コミュニティライフサポートセンター	二〇〇四
ニキリンコ／藤家寛子	自閉っ子、こういう風にできてます！	花風社	二〇〇四
戸部けいこ	光とともに…7——自閉症児を抱えて	秋田書店	二〇〇四
アクセル・ブラウンズ（浅井晶子 訳）	鮮やかな影とコウモリ——ある自閉症青年の世界	インデックス出版	二〇〇二＝二〇〇五
ルーク・ジャクソン（ニキリンコ 訳）	青年期のアスペルガー症候群——仲間たちへ、まわりの人へ	スペクトラム出版社	二〇〇二＝二〇〇五
藤家寛子	あの扉のむこうへ——自閉の少女と家族、成長の物語	花風社	二〇〇五
明石洋子	お仕事がんばります——自閉症の息子と共に3	ぶどう社	二〇〇五
武部隆	自閉症の子を持って	新潮新書	二〇〇五
門野晴子	星の国から孫ふたり——バークレーで育つ「自閉症」児	岩波書店	二〇〇五
戸部けいこ	光とともに…8——自閉症児を抱えて	秋田書店	二〇〇五
ニキリンコ	俺ルール！——自閉は急に止まれない	花風社	二〇〇五
朴美景（蓮池薫 訳）	走れ、ヒョンジン！	ランダムハウス講談社	二〇〇四＝二〇〇五
東田直樹／東田美紀	この地球（ほし）にすんでいる僕の仲間たちへ——12歳の僕が知っている自閉の世界	エスコアール	二〇〇五
泉流星	僕の妻はエイリアン——「高機能自閉症」との不思議な結婚生活	新潮社→新潮文庫	二〇〇五→二〇〇八

石渡ひとみ	歌おうか、モト君。――自閉症児とともに歩む子育てエッセイ	文芸社	二〇〇五
戸部けいこ	光とともに…9――自閉症児を抱えて	秋田書店	二〇〇五
月文瞭	自閉症者からの紹介状――色と形と言葉に映した私の世界	明石書店	二〇〇六
ニキリンコ／仲本博子	自閉っ子、深読みしなけりゃうまくいく	花風社	二〇〇六
あべひろみ	うちの子 かわいいっ 親ばか日記2 入学編――自閉症児あやの育児まんが	ぶどう社	二〇〇六
奥平綾子	自閉症の息子 ダダくん11の不思議	小学館	二〇〇六
テンプル・グランディン他（中尾ゆかり 訳）	動物感覚――アニマル・マインドを読み解く	ＮＨＫ出版	二〇〇五＝二〇〇六
ジュード・ウェルトン（長倉いのり／門眞一郎 訳）	ねえ、ぼくのアスペルガー症候群の話、聞いてくれる?――友だちや家族のためのガイドブック	明石書店	二〇〇三＝二〇〇六
戸部けいこ	光とともに…10――自閉症児を抱えて	秋田書店	二〇〇六
服巻智子（編）	自閉症スペクトラム――青年期・成人期のサクセスガイド	クリエイツかもがわ	二〇〇六
堀田あけみ	発達障害だって大丈夫――自閉症の子を育てる幸せ	河出書房新社	二〇〇七
藤家寛子	自閉っ子は、早期診断がお好き	花風社	二〇〇七
ポール・コリンズ（中尾真里訳）	自閉症の君は世界一の息子だ	青灯社	二〇〇四＝二〇〇七

東田直樹	自閉症の僕が跳びはねる理由——会話のできない中学生がつづる内なる心	エスコアール→角川文庫	二〇〇七→二〇一六
リアン・ホリデー・ウィリー（ニキリンコ　訳）	私と娘、家族の中のアスペルガー——ほがらかにくらすための私たちのやりかた	東京書籍	二〇〇一＝二〇〇七
戸部けいこ	光とともに…11——自閉症児を抱えて	秋田書店	二〇〇七
梅永雄二（編）	こんなサポートがあれば！2——LD、ADHD、アスペルガー症候群、高機能自閉症の人たち自身の声	エンパワメント研究所	二〇〇七
ニキリンコ	自閉っ子におけるモンダイな想像力	花風社	二〇〇七
ダニエル・タメット（古屋美登里　訳）	ぼくには数字が風景に見える	講談社→講談社文庫	二〇〇七＝二〇〇七→二〇一四
星空千手	わが家は自閉率40％——アスペルガー症候群親子は転んでもただでは起きぬ	中央法規出版	二〇〇七
石塚和美	奇跡の70キロダイエット——自閉症の息子と家族の真実の物語	文芸社	二〇〇七
高森明	アスペルガー当事者が語る特別支援教育——スロー・ランナーのすすめ	金子書房	二〇〇七
グニラ・ガーランド（熊谷高幸　監訳／石井バークマン麻子訳）	自閉症者が語る人間関係と性	東京書籍	二〇〇四＝二〇〇七
太田仁美	十人十色——義母はアスペルガー症候群だった	文芸社	二〇〇七

戸部けいこ	光とともに…12——自閉症児を抱えて	秋田書店	二〇〇七
ニキリンコ	自閉っ子、えっちらおっちら世を渡る	花風社	二〇〇七
シャーロット・ムーア（相原真理子 訳）	自閉症ボーイズ ジョージ&サム	アスペクト	二〇〇四＝二〇〇八
泉流星	エイリアンの地球ライフ——おとなの高機能自閉症／アスペルガー症候群	新潮社	二〇〇八
上野景子／上野健一	わらって話せる、いまだから——高機能自閉症児の青春ドラマ	東京シューレ出版	二〇〇八
服部陵子／宮崎清美	家族が作る自閉症サポートブック——わが子の個性を学校や保育園に伝えるために	明石書店	二〇〇八
山下久仁明	おさんぽいってもいいよぉ〜——自閉症児ヒロキと歩んだ十五年	ぶどう社	二〇〇八
東田直樹	自閉症の僕が残してきた言葉たち——小学生までの作品を振り返って	エスコアール	二〇〇八
カトリン・ベントリー（室崎育美 訳）	一緒にいてもひとり——アスペルガーの結婚がうまくいくために	東京書籍	二〇〇七＝二〇〇八
戸部けいこ	光とともに…13——自閉症児を抱えて	秋田書店	二〇〇八
ポール・カラシック／ジュディ・カラシック（新宅美樹 訳）	自閉症の兄とともに——きょうだいと家族の50年の物語	かもがわ出版	二〇〇三＝二〇〇八
テンプル・グランディン他（柳沢圭子／梅永雄二 訳）	アスペルガー症候群・高機能自閉症の人のハローワーク——能力を伸ばし最適の仕事	明石書店	二〇〇四＝二〇〇八

	を見つけるための職業ガイダンス		
服巻智子（編）	当事者が語る異文化としてのアスペルガー――自閉症スペクトラム青年期・成人期のサクセスガイド2	クリエイツかもがわ	二〇〇八
高橋紗都／高橋尚美	うわわ手帳と私のアスペルガー症候群――10歳の少女が綴る感性豊かな世界	クリエイツかもがわ	二〇〇八
ニキリンコ	スルーできない脳――自閉は情報の便秘です	生活書院	二〇〇八
綾屋紗月／熊谷晋一郎	発達障害当事者研究――ゆっくりていねいにつながりたい	医学書院	二〇〇八
高森明／木下千紗子／南雲明彦／高橋今日子／橙山緑／片岡麻実／鈴木大知／アハメッド敦子	私たち、発達障害と生きてます――出会い、そして再生へ	ぶどう社	二〇〇八
ドナ・ウィリアムズ（門脇陽子／森田由美 訳）	ドナ・ウィリアムズの自閉症の豊かな世界	明石書店	二〇〇六＝二〇〇八
岩永竜一郎／ニキリンコ／藤家寛子	続 自閉っ子、こういう風にできてます！――自立のための身体づくり	花風社	二〇〇八
戸部けいこ	光とともに…14――自閉症児を抱えて	秋田書店	二〇〇九
笹森理絵	ADHD・アスペ系ママへんちゃんのポジティブライフ――発達障害を個性に変えて	明石書店	二〇〇九
綾屋紗月	前略、離婚を決めました	理論社〔イースト・プレス〕	二〇〇九〔二〇一二増補〕

ドナ・ウィリアムズ（川手鷹彦 訳）	自閉症という体験——失われた感覚を持つ人びと	誠信書房	一九九八＝二〇〇九
服巻智子（編）	当事者が語る結婚・子育て・家庭生活——自閉症スペクトラム 青年期・成人期のサクセスガイド3	クリエイツかもがわ	二〇〇九
岩永竜一郎／藤家寛子／ニキリンコ	続々 自閉っ子、こういう風にできてます！——自立のための環境づくり	花風社	二〇〇九
テンプル・グランディン他（門脇陽子 訳）	自閉症スペクトラム障害のある人が才能をいかすための人間関係10のルール	明石書店	二〇〇五＝二〇〇九
アン・パーマー／モリーン・F・モーレル（梅永雄二 訳）	自閉症の親として——アスペルガー症候群と重度自閉症の子育てのレッスン	岩崎学術出版社	二〇〇六＝二〇〇九
牧純麗／森由美子（監修・訳）	お兄ちゃんは自閉症——双子の妹から見たお兄ちゃんの世界	クリエイツかもがわ	二〇〇九
藤家寛子／浅見淳子	自閉っ子的心身安定生活！	花風社	二〇〇九
小道モコ	あたし研究——自閉症スペクトラム〜小道モコの場合	クリエイツかもがわ	二〇〇九
ダグラス・ビクレン（鈴木真帆 監訳／日向佑子／金澤葉子 訳）	「自」らに「閉」じこもらない自閉症者たち——「話せない」7人の自閉症者が指で綴った物語	エスコアール出版部	二〇〇五＝二〇〇九
中田大地	ぼく、アスペルガーかもしれない。	花風社	二〇〇九
沖田×華	ニトロちゃん	光文社→光文社知恵の森文庫	二〇一〇→二〇一三

華凛	一緒にゆっくり歩んでゆこう――自閉症育児と私の想い	東京図書出版会	二〇一〇
草野諠	おなかまるだしこちゃん1――うちの子自閉症スペクトラム？	秋田書店	二〇一〇
あべひろみ	うちの子 かわいいっ 親ばか日記3 小学校編――自閉症児あやの育児まんが	ぶどう社	二〇一〇
テンプル・グランディン（中尾ゆかり 訳）	自閉症感覚――かくれた能力を引きだす方法	NHK出版	二〇〇八＝二〇一〇
高橋和子	高機能自閉症児を育てる	小学館101新書	二〇一〇
草野諠	おなかまるだしこちゃん2――うちの子自閉症スペクトラム？	秋田書店	二〇一〇
ニューポート・ジェリー／ニューポート・メアリー（ニキリンコ 訳）	アスペルガー症候群――思春期からの性と恋愛	クリエイツかもがわ	二〇〇二＝二〇一〇
高森明	漂流する発達障害の若者たち――開かれたセーフティネット社会を	ぶどう社	二〇一〇
青空こころ	障害を持つ子を育てて	文芸社	二〇一〇
野沢和弘	あの夜、君が泣いたわけ――自閉症の子とともに生きて	中央法規出版	二〇一〇
しーた／田中康雄（監修）	アスペルガー症候群だっていいじゃない――私の凸凹生活研究レポート	学研プラス	二〇一〇
神田橋條治／岩永竜一郎／愛甲	発達障害は治りますか？	花風社	二〇一〇

修子／藤家寛子			
戸部けいこ	光とともに…15——自閉症児を抱えて	秋田書店	二〇一〇
東田直樹	続・自閉症の僕が跳びはねる理由——会話のできない高校生がたどる心の軌跡	エスコアール出版部→角川文庫	二〇一〇→二〇一六
中田大地	僕たちは発達しているよ	花風社	二〇一〇
内海邦一／ケイプランニング（編集）	子育て手記 障がいだってスペシャル	雲母書房	二〇一〇
うすいまさと	自閉症のきみの心をさがして——シンガーソングライターパパの子育て	ぶどう社	二〇一〇
ルディ・シモン（牧野恵 訳）	アスペルガーのパートナーのいる女性が知っておくべき22の心得	スペクトラム出版社	二〇〇九＝二〇一〇
野波ツナ	旦那（アキラ）さんはアスペルガー	コスミック出版	二〇一一
堀田あけみ	発達障害の君を信じてる——自閉症児、小学生になる	河出書房新社	二〇一一
ダニエル・タメット（古屋美登里 訳）	天才が語る サヴァン、アスペルガー、共感覚の世界	講談社	二〇〇九＝二〇一一
さとうひろえ	週末親子の旅日記～自閉症児たいたいといっしょ～	ワニブックス	二〇一一
Lobin H.	無限振子——精神科医となった自閉症者の声無き叫び	協同医書出版社	二〇一一
矢幡洋	数字と踊るエリ——娘の自閉症をこえて	講談社	二〇一一
山下成司	発達障害 母たちの奮闘記	平凡社新書	二〇一一

宮松佐帆	自閉症の子どもの「子育て」の記録	文芸社	二〇一一
兼田絢未	親子アスペルガー――ちょっと脳のタイプが違います	合同出版	二〇一一
アズ直子	アスペルガーですが、妻で母で社長です。	大和出版	二〇一一
権田真吾	ぼくはアスペルガー症候群	彩図社→彩図社文庫	二〇一一→二〇一四
ルディ・シモン（牧野恵　訳）	アスパーガール――アスペルガーの女性に力を	スペクトラム出版社	二〇一〇＝二〇一一
ジュネヴィエーヴ・エドモンズ／ルーク・ベアドン（編著）（鈴木正子／室崎育美　訳）	アスペルガー流人間関係――14人それぞれの経験と工夫	東京書籍	二〇〇八＝二〇一一
沖田×華	ガキのためいき1	講談社	二〇一一
野波ツナ／宮尾益知（監修）	旦那（アキラ）さんはアスペルガー――ウチのパパってなんかヘン!?	コスミック出版	二〇一一
そろ／長谷川知子（監修）	僕はアスペルガー症候群	講談社	二〇一一
太田實	自閉の子・太田宏介30歳――これからもよろしく	花乱社	二〇一一
カムラン・ナジール（神崎朗子　訳）	ぼくたちが見た世界――自閉症者によって綴られた物語	柏書房	二〇〇六＝二〇一一
しーた／梅永雄二（監修）	発達障害　工夫しだい支援しだい――私の凸凹生活研究レポート2	学研プラス	二〇一一
赤崎久美	ちづる――娘と私の「幸せ」な人生	新評論	二〇一一
中田大地	僕は、社会（みんな）の中で生きる。――	花風社	二〇一一

	お家で、学校で、アスペルガーの僕が毎日お勉強していること		
ジェネビー・エドモンド／ディーン・ウォートン（小谷裕実訳）	大人のアスペルガーのためのソーシャルスキル・ガイド	人文書院	二〇〇六＝二〇一一
フワリ	わたしもパズルのひとかけら（アスペルガーの心）	偕成社	二〇一二
フワリ	パニックダイジテン（アスペルガーの心）	偕成社	二〇一二
兼田絢未／松鳥むう（画）	マンガ版 親子アスペルガー——明るく、楽しく、前向きに。	合同出版	二〇一二
村上由美	アスペルガーの館	講談社	二〇一二
沖田×華	ガキのためいき2	講談社	二〇一二
アズ直子	アスペルガーですが、ご理解とご協力をお願いいたします。	大和出版	二〇一二
沖田×華	毎日やらかしてます。アスペルガーで、漫画家で	ぶんか社	二〇一二
ニキリンコ／浅見淳子	自閉っ子のための努力と手抜き入門	花風社	二〇一二
阿部晴果	自閉症って知ってる?——知れば知るほどおもしろい！ 私の弟こうちゃん	ぶどう社	二〇一二
かなしろにゃんこ。	発達障害 うちの子、将来どーなるのっ!?	講談社	二〇一二〔二〇一四電子書籍化〕
羽鳥ことえ	夫はアスペルガー症候群	幻冬舎ルネッサンス	二〇一二

東山伸夫／東山カレン／斎藤パンダ（聞き手）	アスペルガーと定型を共に生きる——危機から生還した夫婦の対話	北大路書房	二〇一二
藤家寛子	30歳からの社会人デビュー——アスペルガーの私、青春のトンネルを抜けてつかんだ未来	花風社	二〇一二
野波ツナ／宮尾益知（監修）	旦那（アキラ）さんはアスペルガー——しあわせのさがし方	コスミック出版	二〇一二
高橋今日子	発達障害 ヘンな子と言われつづけて——いじめられてきた私のサバイバルな日々	明石書店	二〇一二
東田直樹	風になる——自閉症の僕が生きていく風景	ビッグイシュー日本	二〇一二〔二〇一五増補〕
梅永雄二（編）	こんなサポートがあれば！3 就労支援編——LD、ADHD、アスペルガー症候群、高機能自閉症の人たち自身の声	エンパワメント研究所	二〇一二
沖田×華	ガキのためいき3	講談社	二〇一三
東条健一	リカと3つのルール——自閉症の少女がことばを話すまで	新潮社	二〇一三
ルディ・シモン（牧野恵 訳）	アスペルガーの女性がパートナーに知ってほしい22の心得	スペクトラム出版社	二〇一二＝二〇一三
沖田×華	×華のやらかし日記	ぶんか社	二〇一三
新保浩	そよ風の手紙——自閉症児りょうまとシングルファーザーの18年 父が息子から教わったこと	マキノ出版	二〇一三

小道モコ	あたし研究2――自閉症スペクトラム～小道モコの場合	クリエイツかもがわ	二〇一三
福井公子	障害のある子の親である私たち	生活書院	二〇一三
くらげ／梅永雄二（監修）	ボクの彼女は発達障害――障害者カップルのドタバタ日記	学研プラス	二〇一三
福井豪	「生きづらさ」を超えて――発達障害と生きる	吉備人出版	二〇一三
竹内章郎／藤谷秀	哲学する〈父〉たちの語らい――ダウン症・自閉症の〈娘〉との暮らし	生活思想社	二〇一三
ジェネビー・エドモンド／ディーン・ウォートン（小谷裕実訳）	アスペルガー恋愛読本	人文書院	二〇〇五＝二〇一三
東田直樹	あるがままに自閉症です――東田直樹の見つめる世界	エスコアール→角川文庫	二〇一三→二〇一七
神社啓子	あなたの言葉に逢いたくて――自閉症 信じて待ち続けた奇跡の10年	U-chu 企画	二〇一四
クリスティン・バーネット（永峯涼 訳）	ぼくは数式で宇宙の美しさを伝えたい	KADOKAWA	二〇一三＝二〇一四
佐々木志穂美	障害児3兄弟と 父さんと母さんの 幸せな20年	角川文庫	二〇一四
テンプル・グランディン他（中尾ゆかり 訳）	自閉症の脳を読み解く――どのように考え、感じているのか	NHK出版	二〇一三＝二〇一四

アズ直子	ずっと生きづらかった私だからこそわかるアスペルガーの子の「本当の気持ち」	大和出版	二〇一四
野波ツナ／宮尾益知（監修）	旦那（アキラ）さんはアスペルガー――4年目の自立⁉	コスミック出版	二〇一四
ニキリンコ／藤家寛子	10年目の自閉っ子、こういう風にできてます！――「幸せになる力」発見の日々	花風社	二〇一四
沖田×華	ますます毎日やらかしてます。アスペルガーで、漫画家で	ぶんか社	二〇一四
ダニエル・タメット（古屋美登里 訳）	ぼくと数字のふしぎな世界	講談社	二〇一三＝二〇一四
東田直樹	跳びはねる思考――会話のできない自閉症の僕が考えていること	イースト・プレス	二〇一四
moro	ぎゅっと抱きしめたい――自閉症児こもたろのドタバタ成長記	主婦と生活社	二〇一四
小道モコ／高岡健	自閉症スペクトラム〝ありのまま〟の生活――自分らしく楽しく生きるために	明石書店	二〇一四
宮松佐帆	自閉症の子どもの「子育て」の記録2	文芸社	二〇一四
東田直樹	ありがとうは僕の耳にこだまする	角川学芸出版	二〇一四
ドナ・ウィリアムズ（河野万里子 訳）	毎日が天国――自閉症だったわたしへ	明石書店	二〇〇四＝二〇一五
サイ・モンゴメリー（杉本詠美 訳）	テンプル・グランディン――自閉症と生きる	汐文社	二〇一二＝二〇一五

吉濱ツトム	アスペルガーとして楽しく生きる――発達障害はよくなります！	風雲舎	二〇一五
南裕子	幸せはわたしの中に そしてあなたの中に――「乳癌」のわたしが「自閉症」の息子をのこしていく道	ぶどう社	二〇一五
野波ツナ／宮尾益知（監修）	アスペルガーとカサンドラ（旦那（アキラ）さんはアスペルガー）	コスミック出版	二〇一五
廣木佳蓮／廣木旺我	おーい！おーちゃん！――自閉症の弟と私のハッピーデイズ	黎明書房	二〇一五
くらげ／梅永雄二（監修）	ボクの彼女は発達障害2――一緒に暮らして毎日ドタバタしてます！	学研教育出版	二〇一五
東田直樹	自閉症の僕の七転び八起き	角川学芸出版	二〇一五
原田青	Kくん――ある自閉症者の生涯	紅書房	二〇一五
東田直樹／山登敬之	社会の中で居場所をつくる――自閉症の僕が生きていく風景（対話編）	ビッグイシュー日本→角川文庫	二〇一六→二〇一九
吉濱ツトム	隠れアスペルガーという才能	ベスト新書	二〇一六
ＭＡＫＩＫＯ	自閉症スペクトラム――異なるレンズで世界を見る	日本文芸社	二〇一六
沖田×華	こりずに毎日やらかしてます。発達障害漫画家の日常	ぶんか社	二〇一六
野波ツナ／宮尾益知（監修）	旦那（アキラ）さんはアスペルガー――みつけよう笑顔のヒント	コスミック出版→コスミック知恵の実文庫	二〇一六→二〇一八

moro	自閉症くんは1年生	竹書房	二〇一六
戸部けいこ／河崎芽衣	光とともに……——自閉症児を抱えて（別巻）	秋田書店	二〇一六
吉濱ツトム	片付けられないのはアスペルガー症候群のせいでした。	宝島社	二〇一六
イド・ケダー（入江真佐子訳）	自閉症のぼくが「ありがとう」を言えるまで	飛鳥新社	二〇一一＝二〇一六
立石美津子／市川宏伸（監修）	立石流 子どもも親も幸せになる 発達障害の子の育て方	すばる舎	二〇一六
神戸金史	障害を持つ息子へ——息子よ。そのままで、いい。	ブックマン社	二〇一六
吉濱ツトム	発達障害とどう向き合うか	実務教育出版	二〇一六
moro	ぎゅっと抱きしめたい2——自閉症児こたろ 小学生になる	主婦と生活社	二〇一六
天咲心良	COCORA 自閉症を生きた少女1 小学校篇	講談社	二〇一七
天咲心良	COCORA 自閉症を生きた少女2 思春期篇	講談社	二〇一七
デビ・ブラウン（村山光子／吉野智子 訳）	アスピーガールの心と体を守る性のルール	東洋館出版社	二〇一三＝二〇一七
こだまちの	どうして普通にできないの！——「かくれ」発達障害女子の見えない不安と孤独	協同医書出版社	二〇一七

吉濱ツトム	人付き合いが苦手なのは アスペルガー症候群のせいでした。	宝島社	二〇一七
東田直樹	自閉症のうた	KADOKAWA	二〇一七
服部陵子	自閉症スペクトラム 家族が語るわが子の成長と生きづらさ――診断と支援にどう向き合うか	明石書店	二〇一七
吉濱ツトム	隠れアスペルガーでもできる幸せな恋愛	ベストセラーズ	二〇一七
沖田×華	とことん毎日やらかしてます。トリプル発達障害漫画家の日常	ぶんか社	二〇一七
野波ツナ／宮尾益知（監修）	アスペルガーと知らないで結婚したらとんでもないことになりました（旦那（アキラ）さんはアスペルガー）	コスミック出版→コスミック知恵の実文庫	二〇一七→二〇一九
森口奈緒美	金平糖――自閉症納言のデコボコ人生論	遠見書房	二〇一七
国実マヤコ／西脇俊二（監修）	明日も、アスペルガーで生きていく。	ワニブックス	二〇一七
あじろふみこ	母、ぐれちゃった。発達障害の息子と娘を育てた16年	中央公論新社	二〇一七
岩野響	15歳のコーヒー屋さん――発達障害のぼくができることから ぼくにしかできないことへ	KADOKAWA	二〇一七
岩野響／岩野開人／岩野久美子	コーヒーはぼくの杖――発達障害の少年が家族と見つけた大切なもの	三才ブックス	二〇一七
アズ直子／関根沙耶花（監修）	空気が読めない・融通がきかない・感情の	大和出版	二〇一八

／しおざき忍（漫画）	凹凸が激しい マンガでわかる 私って、アスペルガー!?		
moro	自閉症くんの母、やってます	竹書房	二〇一八
吉濱ツトム	発達障害と結婚	イースト新書	二〇一八
松永正訓	発達障害に生まれて――自閉症児と母の17年	中央公論新社	二〇一八
ジュリー・ダシェ／マドモワゼル・カロリーヌ（作画）（原正人 訳）	見えない違い――私はアスペルガー	花伝社	二〇一六＝二〇一八

引用文献一覧

第1章

（1）ファンデンボス・G・R（著）繁桝算男・四本裕子（訳）（二〇一三）『ＡＰＡ心理学大辞典』培風館
（2）日本精神神経学会（監修）高橋三郎・大野裕・染矢俊幸・神庭重信・尾崎紀夫・三村將・村井俊哉（訳）（二〇一四）『ＤＳＭ-５精神疾患の診断・統計マニュアル』医学書院
（3）Premack, D., & Woodruff, G.（1978）“Does the chimpanzee have a theory of mind?” *The Behavioral and Brain Sciences,* 1(4), 515-526.
（4）Baron-Cohen, S., Leslie, A. M., & Frith, U.（1985）Does the autistic child have a “theory of mind”? *Cognition,* 21(1), 37-46.
（5）Holmes, T. H., & Rahe, R. H.（1967）The Social Readjustment Rating Scale *Journal of Psychosommatic Research,* 11(2), 213-218.
（6）井ノ上逸朗（二〇一一）「遺伝子変異により生じる行動異常疾患」小出剛・山本大輔（編）『行動遺伝学入門』裳華房　一七二―一八二頁
（7）治徳大介・吉川武男（二〇一一）「精神疾患の行動遺伝学」小出剛・山本大輔（編）『行動遺伝学入門』裳華房　一八三―一九五頁
（8）Tavassoli, T., Hoekstra, R. A., & Baron-Cohen, S.（2014）The Sensory Perception Quotient（SPQ）: development and validation of a new sensory questionnaire for adults with and without autism. *Molecular Autism,* 5(29).
（9）英国国立自閉症協会 https://www.youtube.com/watch?v=Lr4_dOorquQ（アクセス日：二〇一九年二月一〇日）

コラム01
（1）厚生労働省ウェブサイト http://www.mhlw.go.jp/stf/seisakunitsuite/bunya/koyou_roudou/koyou/shougaishakoyou/index.html（アクセス日：二〇一九年二月一〇日）

第2章
（1）カナー・L（著）牧田清志（訳）（二〇一〇）「情緒的接触の自閉的障害」『現代精神医学の礎（四）』時空出版
（2）杉山登志郎（二〇一一）『杉山登志郎著作集（1）自閉症の精神病理と治療』日本評論社
（3）東田直樹（二〇一六）『自閉症の僕が跳びはねる理由』角川書店
（4）岡南（二〇一〇）『天才と発達障害――映像思考のガウディと相貌失認のルイス・キャロル』講談社
（5）ドゥルーズ・G（著）小泉義之（訳）（二〇〇七）『意味の論理学（上）』河出文庫
（6）ガーランド・G（著）ニキ・リンコ（訳）（二〇〇〇）『ずっと「普通」になりたかった。』花風社
（7）村上靖彦（二〇〇八）『自閉症の現象学』勁草書房
（8）内海健（二〇一五）『自閉症スペクトラムの精神病理』医学書院
（9）タスティン・F（著）平井正三（監訳）（二〇〇五）『自閉症と小児精神病』創元社

コラム02
（1）フロイト・S（著）中山元（編訳）（一九九七）「性理論三篇」『エロス論集』筑摩書房
（2）ブロイラー・E（著）人見一彦（監訳）向井泰二郎・笹野京子（訳）（一九九八）「自閉的思考」『精神分裂病の概念――精神医学論文集』学樹書院

第3章
（1）業田良家（二〇〇七）『自虐の詩（上・下）』竹書房

コラム03

（1）松本敏治（二〇一七）『自閉症は津軽弁を話さない――自閉スペクトラム症のことばの謎を読み解く』福村出版
（2）松本敏治・崎原秀樹（二〇一一）「自閉症・アスペルガー症候群の方言使用についての特別支援学校教員による評定――「自閉症はつがる弁をしゃべらない」という噂との関連で」『特殊教育学研究』、第四九巻第三号、二三七-二四五頁
（3）松本敏治・崎原秀樹・菊地一文（二〇一五）「「自閉症は方言を話さない」との印象は普遍的現象か――教員による自閉症スペクトラム障害児・者の方言使用評定から」『特殊教育学研究』、第五二巻第四号、二六三-二七四頁
（4）佐藤和之（二〇〇二）「人はなぜ方言をつかうのか」『國文學』、第四七巻第一一号、八八-九五頁
（5）松本敏治・崎原秀樹・菊地一文（二〇一三）「自閉症スペクトラム障害児・者の方言不使用についての理論的検討」『弘前大学教育学部紀要』、第一〇九号、四九-五五頁
（6）松本敏治（二〇一六）「自閉スペクトラム症幼児および定型発達幼児の方言使用について――青森県津軽地方の保健師への調査から」『弘前大学教育学部紀要』、第一一五号、八三-八八頁
（7）小枝達也（二〇〇七）「広汎性発達障害・アスペルガー障害」『母子保健情報』、第五五号、一八-二二頁
（8）木村直子（二〇〇九）「幼児健康診査における「発達障害」スクリーニングの手法」『鳴門教育大学研究紀要』第二四巻、一三一-一九頁
（9）Le Couteur, A., Lord, C., & Rutter, M. (2013) ADI-R（ADI-R日本語版研究会（監訳）土屋賢治・黒田美保・稲田尚子（監修）『ADI-R日本語版マニュアル』金子書房）
（10）松本敏治・崎原秀樹・菊地一文（二〇一五）「自閉スペクトラム症の方言不使用についての解釈――言語習得から方言と共通語の使い分けまで」『弘前大学教育学部紀要』、第一一三号、九三-一〇三頁

第4章

（1）ハッキング・I（著）江口重幸ほか（訳）（二〇一七）『マッド・トラベーズ――ある精神疾患の誕生と消滅』岩波書店
（2）江口重幸（一九八七）「滋賀県湖東一山村における狐憑きの生成と変容――憑依表現の社会-宗教的、臨床的文脈」『国

立民族学博物館研究報告』、第一一巻第四号、一一一三―一一七九頁
（3）ルクレール・G（著）宮治一雄・宮治美江子（訳）（一九七六）『人類学と植民地主義』平凡社
（4）ガーバリーノ・M・S（著）木山英明・大平祐司（訳）（一九八七）『文化人類学の歴史――社会思想から文化の科学へ』新泉社
（5）綾部恒雄（編）（一九八四）『文化人類学15の理論』中公新書
（6）ギアーツ・C（著）吉田禎吾ほか（訳）（一九八七）『文化の解釈学Ⅰ』岩波書店
（7）ラドクリフ＝ブラウン・アルフレッド・R（著）青柳まちこ（訳）（一九七五）『未開社会における構造と機能』新泉社
（8）野家啓一（一九九三）『科学の解釈学』新曜社
（9）クーン・T（著）中山茂（訳）（一九七一）『科学革命の構造』みすず書房
（10）清水昭俊（一九九二）「永遠の未開民族と周辺民族――近代西欧人類学史点描」『国立民族学博物館研究報告』、第一七巻第三号、四一七―四八八頁
（11）柄谷行人（一九八九）『隠喩としての建築』講談社学術文庫
（12）クリフォード・J／マーカス・G（編）春日直樹ほか（訳）（一九九六）『文化を書く』紀伊國屋書店
（13）メルロ＝ポンティ・M（著）竹内芳郎・小木貞孝（訳）（一九六七）『知覚の現象学1』みすず書房／（同）竹内芳郎ほか（訳）（一九七四）『知覚の現象学2』みすず書房
（14）ヴァレラ・F／ロッシュ・E／トンプソン・E（著）田中靖夫（訳）（二〇〇一）『身体化された心――仏教思想からのエナクティブ・アプローチ』工作舎
（15）菅原和孝（編）（二〇一三）『身体化の人類学――認知・記憶・言語・他者』世界思想社
（16）イングスタッド・B／ホワイト・S・R（編）中村満紀男・山口惠理子（訳）（二〇〇六）『障害と文化――非欧米世界からの障害観の問いなおし』明石書店
（17）中谷和人（二〇〇九）「アール・ブリュット／アウトサイダー・アートをこえて――現代日本における障害のある人びとの芸術活動から」『文化人類学』第七四巻第二号、二一五―二三七頁／同（二〇一三）「芸術のエコロジーへむけて――

デンマークの障害者美術学校における絵画制作活動を事例に」『文化人類学』第七七巻第四号、五四四-五六五頁
(18) グッド・B・J(著)江口重幸ほか(訳)(二〇〇一)『医療・合理性・経験——バイロン・グッドの医療人類学講義』誠信書房
(19) 田中二郎(二〇一七)『アフリカ文化探検——半世紀の歴史から未来へ』京都大学学術出版会
(20) 菅原和孝(二〇〇〇)「ボツワナの社会福祉——ブッシュマン社会における心身障害」『世界の社会福祉11——アフリカ・中南米・スペイン』旬報社、一八五-二〇七頁
(21) 石川栄吉ほか(編)(一九八七)「アモク amok」『文化人類学事典』弘文堂、二九頁
(22) 菅原和孝(二〇一三)「『原野の人生』への長い道のり——フィールドワークはどんな意味で直接経験なのか」『文化人類学』第七八巻第三号、三二三-三四四頁
(23) 菅原和孝(二〇〇六)「喪失の経験、境界の語り——グイ・ブッシュマンの死と邪術の言説」田中雅一・松田素二(編)『ミクロ人類学の実践——エイジェンシー/ネットワーク/身体』世界思想社、七六-一一七頁
(24) 菅原和孝(一九八九)「〈映画評〉『レインマン』(B・レビンソン監督作品)」『民博通信』第四六号、四八-五二頁
(25) 菅原和孝(二〇〇二)『感情の猿=人』弘文堂
(26) 菅原和孝(一九九八)「反響と反復——長い時間のなかのコミュニケーション」秦野悦子・やまだようこ(編)『コミュニケーションという謎』ミネルヴァ書房、九九-一二五頁
(27) フーコー・M(著)(一九七四)渡辺一民・佐々木明(訳)『言葉と物——人文科学の考古学』新潮社
(28) Davidson, A.I. (2001) *The Emergence of Sexuality: Historical epistemology and the formation of concepts.* Massachusetts: Harvard University Press.
(29) 大江健三郎(一九六四)『個人的な体験』新潮社/『大江健三郎全集6』(一九六六)新潮社
(30) ベッテルハイム・B(著)黒丸正四郎ほか(訳)(一九七三)『自閉症・うつろな砦』みすず書房
(31) 山中康裕(一九七六)「早期幼児自閉症の分裂病論およびその治療論への試み」笠原嘉(編)『分裂病の精神病理5』東京大学出版会、一四七-一九二頁

(32) 山中康裕（一九八四）「深層心理学からみた親子関係の歪み――児童精神科臨床の現場から」河合隼雄・小林登・中根千枝（編）『親と子の絆――学際的アプローチ』創元社、一五七-一六三頁
(33) 井深大・河合雅雄・山中康裕（一九八五）『〇歳児の驚異――一生の知能は環境で変わる！』（改訂新版）パンリサーチインスティテュート
(34) 河盛宏明（一九八六）「自閉症の心因論の一面」自閉症児・者親の会全国協議会（編）『心を開く』第一四号、一七-四〇頁
(35) 武田泰淳（一九七三）『富士』中公文庫
(36) 田口恒夫・増井美代子（一九七六）『ことばを育てる――ことばの遅れた子の指導』日本放送出版協会
(37) ティンバーゲン・N／ティンバーゲン・E・A（一九八七）『自閉症・治癒への道――文明社会への動物行動学的アプローチ』新書館
(38) フリス・U（著）冨田真紀・清水康夫（訳）（一九九一）『自閉症の謎を解き明かす』東京書籍
(39) ミッチェル・P（著）菊野春雄・橋本祐子（訳）（二〇〇〇）『心の理論への招待』ミネルヴァ書房
(40) バロン=コーエン・S（著）長野敬ほか（訳）（一九九七）『自閉症とマインド・ブラインドネス』青土社
(41) 千住淳（二〇一二）「社会脳とは何か――社会と脳の接点を考える」『at プラス』第一四号、三四-四六頁
(42) 菅原和孝（二〇〇八）「コミュニケーションにおける自発性をめぐって――狩猟採集民におけるおとなと子どもの関わりから」『現代と保育』第七二号、七〇-八三頁／同（二〇一一）「コミュニケーションの原点を求めて――表情と関係性から」『コミュニケーション障害学』第二八巻第三号、一八一-一八六頁
(43) 大江健三郎（一九八三）『新しい人よ眼ざめよ』講談社
(44) フォークナー・W（著）尾上政次（訳）（一九六九）『響きと怒り』（フォークナー全集5）冨山房
(45) 菅原和孝（一九九九）『もし、みんながブッシュマンだったら』福音館書店

コラム04

（1）福島尚（二〇一六）『福島尚鉄道画集――線路は続くよ』二見書房
（2）Arabella Carter-Johnson (2017) *Iris Grace: How Thula the Cat Saved a Little Girl and Her Family*, Skyhorse Publishing.
（3）長谷川晶子（二〇〇四）「アンドレ・ブルトンとジャン・デュビュッフェ――アール・ブリュットの定義をめぐる見解の相違」西村靖敬（編）『20世紀文学・芸術・思想の諸問題とその位相』千葉大学大学院社会文化科学研究科、五-二四頁
（4）菅原和孝（二〇一八）「障がい者が描くこと・生きること――自閉症をもつ「ゆっくん」の絵画表現」『ナラティブとケア』第九巻、遠見書房、七四-八一頁

第5章

（1）岩間暁子（二〇一五）「第3章　家族・貧困・福祉」岩間暁子・大和礼子・田間泰子『問いからはじめる家族社会学――多様化する家族の包摂に向けて』有斐閣、七一頁
（2）フリス・U（著）神尾陽子（監訳）華園力（訳）（二〇一二）『ウタ・フリスの自閉症入門――その世界を理解するために』中央法規、九九頁
（3）田間泰子（二〇一五）「第2章「近代家族」の成立」岩間暁子・大和礼子・田間泰子『問いからはじめる家族社会学――多様化する家族の包摂に向けて』有斐閣、三一頁
（4）藤村正之（二〇〇七）「第11章　家族とライフコース」長谷川公一・浜日出夫・藤村正之・町村敬志『社会学』有斐閣、三五五頁
（5）竹中均（二〇一六）「「おひとりさま」と「経験」――自閉症者の孤独について」『社会学年誌』第五七号、早稲田社会学会
（6）山田真茂留（二〇一七）「基礎集団と機能集団」友枝敏雄・浜日出夫・山田真茂留（編）『社会学の力――最重要概念・命題集』有斐閣、六一頁

(7) 岩間暁子（二〇一五）「第1章 「家族」を読み解くために」岩間暁子・大和礼子・田間泰子『問いからはじめる家族社会学――多様化する家族の包摂に向けて』有斐閣、一二頁

(8) モンゴメリー・S（著）杉本詠美（訳）（二〇一五）『テンプル・グランディン――自閉症と生きる』汐文社

(9) 野口裕二（二〇一三）「親密性と共同性――『親密性の変容』再考」庄司洋子（編）『親密性の福祉社会学――ケアが織りなす関係』東京大学出版会、一八九頁

(10) 野口裕二（二〇一三）一九一頁

(11) フリス・U（二〇一二）一五頁

(12) 岩間暁子・大和礼子・田間泰子（二〇一五）「第8章 個人・家族・親密性のゆくえ」岩間暁子・大和礼子・田間泰子『問いからはじめる家族社会学――多様化する家族の包摂に向けて』有斐閣、二〇三頁

(13) 岩間暁子・大和礼子・田間泰子（二〇一五）一九九頁

(14) 野口裕二（二〇一三）一九〇頁

(15) 杉山登志郎（二〇一一）『基礎講座 自閉症児への教育』日本評論社、六〇‐六一頁

(16) 田中慶子（二〇一七）「家族とお金と愛情」永田夏来・松木洋人（編）『入門 家族社会学』新泉社、一五七頁

(17) 阪井裕一郎（二〇一七）「多様化するパートナーシップと共同生活」永田夏来・松木洋人（編）『入門 家族社会学』新泉社、一四三頁

(18) 阪井裕一郎（二〇一七）一四七頁

(19) 盛山和夫（二〇〇四）『社会調査法入門』有斐閣、八四頁

(20) 盛山和夫（二〇〇四）八五頁

(21) 盛山和夫（二〇〇四）八六頁

(22) フリス・U（二〇一二）一一一頁

(23) 杉山登志郎（二〇一一）九六‐九七頁

(24) 阪井裕一郎（二〇一七）一四七頁

コラム05

（1）ニキ・リンコ／藤家寛子（二〇〇四）『自閉症っ子、こういう風にできてます！』花風社

コラム06

（1）広井良典（二〇一五）『ポスト資本主義――科学・人間・社会の未来』岩波書店

第7章

（1）Premack, D., & Woodruff, G.（1978）Does the Chimpanzee Have a 'Theory of Mind'? *Behavioral and Brain Sciences* 4, 515-526.

（2）Premack, D.（1988）'Does the Chimpanzee Have a Theory of Mind?' Revisited. *Machiavellian Intelligence: Social Expertise and the Evolution of Intellect.* In R. Byrne & A. Whiten（Eds.）. Oxford University Press, p. 179.

（3）Call, J., & Tomasello, M.（2008）Does the Chimpanzee Have a Theory of Mind? 30 Years Later. *Trends in Cognitive Sciences* 12, 191.

（4）Dennet, D.（1978）Beliefs about Beliefs. *Behavioral and Brain Sciences* 4, 570.

（5）子安増生（二〇〇〇）『心の理論』岩波書店

（6）子安（二〇〇〇：一〇四頁）

（7）Baron-Cohen, S.（1995）*Mindblindness: An Essay on Autism and Theory of Mind*. Cambridge: The MIT Press, p. 60.

（8）Gernsbacher, M. A., & Frymiare, J. L.（2005）Does the Autistic Brain Lack Core Modules? *Journal of Developmental and Learning Disorders* 9, 12.

（9）Zunshine, L.（2006）*Why We Read Fiction: Theory of Mind and the Novel*. Columbus: The Ohio State University Press.

（10）Zunshine（2006: 3）

（11）Sacks, O.（1994）A Neurologist's Notebook: An Anthropologist on Mars. *The New Yorker*, December 27, 1993-January

3, 1994, 112.

(12) Brentano, F.（1997）*Psychology from an Empirical Standpoint.* New York: Routledge, pp. 88–89.

(13) Dunber, R.（2000）On the Origin of the Human Mind. *Evolution and the Human Mind: Modularity, Language, and Meta-Cognition.* In P. Carruthers & A. Chamberlain（Eds.）. Cambridge: Cambridge University Press, pp. 240–241.

(14) Zunshine（2006: 37–38）

(15) Zunshine（2006: 33）

(16) 前原由喜夫（二〇一四）『心を読みすぎる――心の理論を支えるワーキングメモリの心理学』京都大学学術出版会

(17) 前原（二〇一四：一三頁）

(18) 前原（二〇一四：一三頁）

(19) Grandin, T., & Panek, R.（2014）*The Autistic Brain: Helping Different Kinds of Minds Succeed.* Boston: Mariner Books, p. 127.

(20) 前原（二〇一四：一五頁）

(21) Russell, J., Mauthner, N., Sharpe, S., & Tidswell, T.（1991）The 'Windows Task' as a Measure of Strategic Deception in Preschoolers and Autistic Subjects. *British Journal of Developmental Psychology* 9, 340.

(22) 前原（二〇一四：三頁）

(23) Zunshine, L.（2012）*Getting Inside Your Head: What Cognitive Science Can Tell Us about Popular Culture.* Baltimore: The Johns Hopkins University Press.

(24) Zunshine（2012: 3）

(25) Zunshine（2012: 24）

(26) Zunshine（2012: 23）

(27) Zunshine（2012: 28）

(28) Zunshine（2012: 30）

(29) Zunshine (2012: 30)
(30) Salinger, J. D. (1951) *The Catcher in the Rye*. Boston: Little Brown.
(31) Salinger (1951: 55)
(32) Salinger (1951: 57)
(33) Salinger (1951: 175)
(34) Salinger (1951: 176)
(35) Salinger (1951: 162)
(36) Salinger (1951: 163)
(37) Salinger (1951: 168)
(38) Salinger (1951: 168-169)
(39) Salinger (1951: 170)
(40) Salinger (1951: 218)

第8章

(1) Weintraub, K. (2011) The prevalence puzzle: Autism counts. *Nature*, 479, 22-24.
(2) Reichenberg, A. *et al.* (2006) Advancing paternal age and autism. *Archives of General Psychiatry*, 63, 1026-1032.
(3) Sandin, S., *et al.* (2015) Autism risk associated with parental age and with increasing difference in age between the parents. *Molecular Psychiatry*.
(4) Kong, A. *et al.* (2012) Rate of de novo mutations and the importance of father's age to disease risk. *Nature*, 488, 471-475.
(5) ギルバート・S・F（著）阿形清和・高橋淑子（訳）（二〇一五）『ギルバート発生生物学』メディカルサイエンスインターナショナル
(6) Jenkins, T. G., Aston, K. I., Pflueger, C., Cairns, B. R. & Carrell, D. T. (2014) Age-associated sperm DNA methylation

alterations: possible implications in offspring disease susceptibility. *PLoS Genet*, 10, e1004458.
（7） Jenkins, T. G., Aston, K. I., Pflueger, C., Cairns, B. R. & Carrell, D. T. (2014) Age-associated sperm DNA methylation alterations: possible implications in offspring disease susceptibility. *PLoS Genet*, 10, e1004458.
（8） Feinberg, J. I. *et al.* (2015) Paternal sperm DNA methylation associated with early signs of autism risk in an autism-enriched cohort. *International Journal of Epidemiology*, 44, 1199–1210.
（9） Foldi, C. J., Eyles, D. W., McGrath, J. J. & Burne, T. H. (2010) Advanced paternal age is associated with alterations in discrete behavioural domains and cortical neuroanatomy of C57BL/6J mice. *European Journal of Neuroscience*, 31, 556–564.
（10） Sampino, S. *et al.* (2014) Grand-paternal age and the development of autism-like symptoms in mice progeny. *Translational Psychiatry* 4, e386.
（11） Yoshizaki, K. *et al.* (2016) Paternal Aging Affects Behavior in Pax6 Mutant Mice: A Gene/Environment Interaction in Understanding Neurodevelopmental Disorders. *PLoS One*, 11, e0166665.
（12） Milekic, M. H. *et al.* (2015) Age-related sperm DNA methylation changes are transmitted to offspring and associated with abnormal behavior and dysregulated gene expression. *Molecular Psychiatry*, 20, 995–1001.

コラム08

（1） 生田孝（二〇一七）「自然・生命・精神現象の諸次元と諸科学に関連した新たな精神病理学に向けて」『臨床精神医学』、第四六巻第六号、六八三-六九二頁
（2） 生田孝（二〇一一）「孤高の天才物理学者ディラック」『日本病跡学雑誌』、第八二号、六〇-七四頁
（3） 神取道宏（二〇一五）「追悼ジョン・ナッシュ――数学者、そして数理科学者として」『経済セミナー』、第六八五号、五五-五九頁
（4） 生田孝（一九九五）「ゲーデルの宇宙――病跡学的観点から」『日本病跡学雑誌』、第四九号、二七-三八頁

（5）生田孝（一九八五）「ゲオルグ・カントールの病跡」『日本病跡学雑誌』、第三〇号、五六-六五頁

（6）Asperger, H.（1944）Die 'autistischen Psychopathen' im Kindesalter. *Archive für Psychiatrie und Nervenkrankheiten*, 117, 76-136.

（7）Bleuler, E.（1911）Dementia praecox oder Gruppe der Schizophrenien. Aschaffenburg, G.（hrsg.）*Handbuch der Psychiatrie*. Spezieller Teil 4. Abteilung 1 Häfte. Franz Deuticke. Leipzig/Wien.（飯田眞・下坂幸三・保崎秀夫・安永浩（訳）（一九七四）『早発性痴呆または精神分裂病群』医学書院）

（8）Blankenburg, W.（1988）Zum Selbst- und Weltverhältnis von Autisten. *Acta Paedopszchiatirca*, 51: 273-283.（生田孝（訳）（二〇一三）「自閉者／自閉症者の自己関係と世界関係について」『福岡行動医学雑誌』、第二〇巻、一二四-一三四頁）

第9章

（1）Kozima, H., Michalowski, M. P., & Nakagawa, C.（2009）Keepon: a playful robot for research, therapy, and entertainment. *International Journal of Social Robotics*, 1(1), 3-18.

（2）小嶋秀樹・仲川こころ・安田有里子（二〇〇八）「ロボットに媒介されたコミュニケーションによる自閉症療育」『情報処理』、第四九巻第一号、三六-四二頁

（3）Frith, U.（2003）*Autism: Explaining the Enigma*（*second edition*）. Blackwell.（冨田真紀（訳）（二〇〇九）『自閉症の謎を解き明かす』東京書籍）

（4）American Psychiatric Association.（2013）*DSM-5: Diagnostic and Statistical Manual of Mental Disorders*（*fifth edition*）. American Psychiatric Association.

（5）Baio, J. *et al.*（2018）Prelence of autism spectrum disorder among children aged 8 years. *CDC Morbidity and Mortality Weekly Report*, 67(6).

（6）Schultz, R. T. *et al.*（2000）Abnormal ventral temporal cortical activity during face discriminations among individuals

with autism and Asperger syndrome. *Archives of General Psychiatry*, 57(4), 331-340.
(7) Happé, F., Ronald, A., & Plomin, R. (2006) Time to give up on a single explanation for autism. *Nature Neuroscience*, 9(10), 1218-1220.
(8) Kozima, H. (2013) Cognitive granularity: a new perspective over autistic and non-autistic styles of development. *Japanese Psychological Research*, 55(2), 168-174.
(9) Uexküll, J. von. (1982) A theory of meaning. *Semiotica*, 42(1), 1-24.
(10) Casanova, M. F. *et al.* (2006) Minicolumnar abnormalities in autism. *Acta Neuropathologica*, 112(3), 287-303.
(11) Buxhoeveden, D. P., & Casanova, M. F. (2002) The minicolumn hypothesis in neuroscience. *Brain*, 125, 935-951.
(12) Courchesne, E. *et al.* (2001) Unusual brain growth patterns in early life in patients with autistic disorder: an MRI study. *Neurology*, 57(2), 245-254.
(13) Courchesne, E. *et al.* (2011) Neuron number and size in prefrontal cortex of children with autism. *The Journal of the American Medical Association*, 306(18), 2001-2010.
(14) Casanova, M. F., El-Baz, A., & Switala, A. (2011) Laws of conservation as related to brain growth, aging, and evolution: symmetry of the minicolumn. *Frontiers in Neuroanatomy*, 5(66), 1-9.
(15) Chklovskii, D. B. & Koulakov, A. A. (2004) Maps in the brain: what can we learn from them?. *Annual Review of Neuroscience*, 27, 369-392.
(16) Rosch, E. *et al.* (1976) Basic objects in natural categories. *Cognitive Psychology*, 8, 382-439.
(17) Rinkus, G. J. (2010) A cortical sparse distributed coding model linking mini- and macrocolumn-scale functionality. *Frontiers in Neuroanatomy*, 4(17).
(18) 峯松信明ほか（著）（二〇一一）「音声に含まれる言語的情報を非言語的情報から音響的に分離して抽出する手法の提案——人間らしい音声情報処理の実現に向けた一検討」『電子情報通信学会論文誌D』, Vol. J94-D, No. 1, 12-26.
(19) 小嶋秀樹・安田有里子（二〇〇七）「行為が意味と出逢うとき——ロボットからみた自閉症児のコミュニケーション発

達」『日本音響学会誌』、第六三巻第七号、三七〇–三七四頁
(20) Lovaas, O.I., Koegel, R.L. & Schreibman, L. (1979) Stimulus overselectivity in autism: a review of research. *Psychological Bulletin*, 86(6), 1236–1254.
(21) MacNeil, L.K., & Mostofsky, S.H. (2012) Specificity of dyspraxia in children with autism. *Neuropsychology*, 26(2), 165–171.
(22) Whiten, A. (1996) When does smart behaviour-reading become mind-reading?. In P. Carruthers & P.K. Smith (eds), *Theories of Theories of Mind*, Cambridge University Press, pp. 277–292.
(23) Terada, K., & Yamada, S. (2017) Mind-reading and behavior-reading against agents with and without anthropomorphic features in a competitive situation. *Frontiers in Psychology*, 8(1071).
(24) Dennett, D.C. (1989) *The Intentional Stance*. MIT Press.
(25) Gergely, G., & Csibra, G. (2003) Teleological reasoning in infancy: the naïve theory of rational action. *Trends in Cognitive Sciences*, 7, 287–292.
(26) Asada, K., & Itakura, S. (2012) Social phenotypes of autism spectrum disorders and Williams syndrome: similarities and differences. *Frontiers in Psychology*, 3(247).

コラム09

(1) 藤野博(編著)(二〇一六)『発達障害のある子の社会性とコミュニケーションの支援』金子書房
(2) 綾屋紗月・熊谷晋一郎(二〇〇八)『発達障害当事者研究——ゆっくりていねいにつながりたい』医学書院

あとがき

この本でいうところの〈自閉症学〉（Autism Studies）とは、自閉症と呼ばれる現象への様々な学問からのアプローチの「束」を総称する呼称として、執筆者たちがつくり上げたものだ。〈自閉症学〉という言葉で、自閉症を対象とする総合的な学を提唱している。だがそれだけかというと、それだけではない。

人文社会科学系の学問では、一つの事象を事象そのものだけではなく、その事象を事象として成立させている人間の考え方や社会のあり方との関係において捉える。すると、自閉症を対象にするということは、自閉症を「障害」であるとする人間の考え方や社会のあり方を対象とすることになってくる。つまり自閉症を対象とすることは、自閉症でない「定型発達」を対象とすることになってくる、というかたちでひっくり返ってくるのである。

ここであえて、この本は〈自閉症学〉（Autism Studies）という新しい学問を提唱するだけでなく、「定型発達の当事者研究」の始まりともなっている、と言ってみよう。その意味は、こういうことである。

いわゆる人文科学、社会科学、自然科学の諸学問のうち、人間を対象にする学問は、長い間、標準的な人間の姿を明らかにしようとしてきた。このことは、今日の発達障害研究の用語を使うと「定型発達者」（標準的な発達をした人のこと）についての研究であったといえる。もともとこれら諸学問が明らかにしようとしてきた「人間」とは、定型発達の人間のことであったのだ。

いっぽうで、障害や障害者についての研究において、近年「当事者研究」という言い方が普及してきている。障害の当事者研究とは、障害を取り巻く問題やそれへの社会的な対応を考えていく中で、障害者自身が自分の障害の性質や意味について研究し、理解することで、その知見を障害への対応に役立てることができるのではないかという視点だ。そこでは一つの要素として、障害者みずからが自分の「障害」とは何だろうということを考えるために、定型発達者の視点を仮設的に経由するという作業も入ってくる。

これとまったく同じことを、ひっくり返したかたちで定型発達の人々も行うことができるだろう。定型発達、つまりいわゆる「普通」とは何かということを考えるために、発達障害とされているものの視点や立場、より明確にいえば、その世界の経験を経由するということである。

先ほど言ったように、人間を対象にする学問は、標準的な人間とは何かを探求してきた。だが「標準」であることや「普通」であることは、「異常」とされていることの理解を経由しなければ、わからない。人文科学、社会科学、自然科学、すべての学問が数千年から数百年の歴史をもち、人間とは何かについての知識や考え方の蓄積がそこにある。だがその時に、学問は常識的に「人間」とされているもの以外のものを無意識的に対象から除き、思考から排除したうえで、探求してきてしまったのではないか。考えないように、見ないようにしてきたのではないか。特に近代以降、その傾向は強まったのではないか。

二〇世紀以降、医学や生物学や脳科学など、人間存在の生物学的な領域についての学問が急速に発達し、障害とされるものの原因や機序についての理解が進んだこと、また社会そのものが大きく変化しつつあることを背景にして、その視野や思考から排除してきたもの、障害とされてきたものが注目されるようになってきた。この時に、これまで定型発達だけをモデルとして「人間」についての知を蓄積してきた諸学問は、すべてその枠組みや土台を構築しなおさなければならないステージに上がることになる。これは人間を対象とするすべての学問分野の学者たちの喫緊の課題となるはずだ。これまで学問のすべては、事実上「定型発達」についての当事者研究」だった。だがそれは無意識的にそうであったにすぎない。

文系よりも理系の学問による人間研究のほうが、当事者研究意識の度合いは、相対的に明確であったかも知れない。理系の研究はいつも、標準と異常の対照を基本的な枠組みとするからだ。しかし理系の人間研究は、文系の人間研究における「人間」（＝定型発達）についての知見の厚みを知らなければ、狭い地域や一時代の産物にすぎない人間像を、意識せずに標準のコントロール（対照群）として、仮説と実験を組み立ててしまうことになるかも知れない。

また一方、文系の人間研究は、古代のアリストテレスから近代のヘーゲルまで、一級の人文学者たちは常に自然科学の最先端の成果と向き合いながら「人間」について考えてきた事実を、もう一度、思いださなくてはならない。ここには文理連携の新しい可能性がある。

非定型発達についての知見を視野に入れたとき、あらためて「定型発達の当事者研究」としての諸学問のあり方が自覚され、反省され、大きな構造変動がそこから始まるのである。

この本はそのような試みの端緒を示そうとした、実験的な試みの集まりである。

＊

この本の執筆者の多くは、早稲田大学において二〇一五年より開催されてきた「学際的自閉症研究会」において交流してきた。学問や立場の垣根を越えた自由闊達な議論と交流の場をもたらしてくれた関係者一同に深く感謝したい。最後に本書出版のためにご尽力いただいたミネルヴァ書房の丸山碧さんに心より感謝を捧げる。

二〇一九年一月

執筆者を代表して　野尻英一

索　引

（＊は人名）

あ　行

か　行

さ行

た行

な行

や　行

ら　行

わ　行

欧　文

那須 政玄（なす せいげん） コラム07
早稲田大学名誉教授

大隅 典子（おおすみ のりこ） 第8章
東北大学大学院医学系研究科教授

生田 孝（いくた たかし） コラム08
聖隷浜松病院顧問（精神科），名古屋市立大学医学部臨床教授

小嶋 秀樹（こじま ひでき） 第9章
東北大学大学院教育学研究科教授

加藤 浩平（かとう こうへい） コラム09
東京学芸大学教育学部研究員・非常勤講師，編集者

國分 功一郎（こくぶん こういちろう） 鼎談
東京工業大学リベラルアーツ研究教育院教授

熊谷 晋一郎（くまがや しんいちろう） 鼎談
東京大学先端科学技術研究センター准教授，東京大学バリアフリー支援室室長

《執筆者紹介》（執筆順，＊は編者）

＊野尻 英一（のじり えいいち） まえがき・第3章・あとがき
大阪大学大学院人間科学研究科准教授

＊髙瀬 堅吉（たかせ けんきち） 第1章
自治医科大学大学院医学研究科教授

高森 明（こうもり あきら） コラム01
ASD 当事者（自閉症スペクトラム）

＊松本 卓也（まつもと たくや） 第2章・鼎談
京都大学大学院人間・環境学研究科准教授

佐藤 愛（さとう あい） コラム02・コラム04
立命館大学言語教育センター嘱託講師

松本 敏治（まつもと としはる） コラム03
教育心理支援教室・研究所カジュマルつがる代表

菅原 和孝（すがわら かずよし） 第4章
京都大学名誉教授

竹中 均（たけなか ひとし） 第5章
早稲田大学文学部教授

三浦 仁士（みうら ひとし） コラム05
特定非営利活動法人ピアサポート・北　介護士

相川 翼（あいかわ つばさ） コラム05・自閉症当事者本リスト
武蔵高等学校中学校社会科（公民）講師，青山学院高等部公民科講師，
公立小学校特別支援学級介助員

内藤 由佳（ないとう ゆか） 第6章
志布志法律事務所弁護士

高橋 一行（たかはし かずゆき） コラム06
明治大学政治経済学部専任教授

持留 浩二（もちどめ こうじ） 第7章
佛教大学文学部准教授

〈自閉症学〉のすすめ
―オーティズム・スタディーズの時代―

2019年4月30日　初版第1刷発行　〈検印省略〉
2019年7月20日　初版第2刷発行

定価はカバーに
表示しています

編著者　野尻英一
　　　　髙瀬堅吉
　　　　松本卓也
発行者　杉田啓三
印刷者　田中雅博

発行所　株式会社　ミネルヴァ書房
607-8494　京都市山科区日ノ岡堤谷町1
電話代表（075）581-5191
振替口座　01020-0-8076

創栄図書印刷・清水製本

ISBN978-4-623-08648-1
Printed in Japan